# 核心素养视角下的实验项目化学习

于建江　著

HEXIN SUYANG SHIJIAO XIA DE
SHIYAN XIANGMU HUA XUEXI

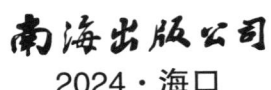

南海出版公司

2024·海口

图书在版编目（CIP）数据

核心素养视角下的实验项目化学习 / 于建江著. --
海口：南海出版公司，2024.2
ISBN 978-7-5735-0716-7

Ⅰ．①核… Ⅱ．①于… Ⅲ．①教学研究 Ⅳ.
①G420

中国国家版本馆CIP数据核字(2024)第003258号

HEXIN SUYANG SHIJIAO XIA DE SHIYAN XIANGMU HUA XUEXI

# 核心素养视角下的实验项目化学习

| | |
|---|---|
| 作　　者 | 于建江 |
| 责任编辑 | 余　靖　邱靖雯 |
| 美术设计 | 清　风 |
| 出版发行 | 南海出版公司　电话：（0898）66568511（出版） |
| | （0898）65350227（发行） |
| 社　　址 | 海南省海口市海秀中路51号星华大厦5楼　邮编：570206 |
| 电子信箱 | nhpublishing@163.com |
| 经　　销 | 新华书店 |
| 印　　刷 | 河北赛文印刷有限公司 |
| 开　　本 | 710 毫米 × 1000 毫米　1/16 |
| 印　　张 | 14.25 |
| 字　　数 | 230千 |
| 版　　次 | 2024年2月第1版　2024年2月第1次印刷 |
| 书　　号 | ISBN 978-7-5735-0716-7 |
| 定　　价 | 68.00 元 |

　　教育到底是什么？教育的最终目的是什么？这是每一位教师都必须思考的问题。21世纪，各国都将核心素养作为教育的目的，面对核心素养落地的迫切要求，与之对应的理念、教学内容与方式必然要进行改革。实验作为理科的重要学习方式，同样肩负着核心素养落地的重任。

　　实验作为一种操作性强的学习方式，与生活、学生成长密切相关，这使得实验教学应该是学生最为愿意的学习方式。不仅如此，实验教学也成为推进《义务教育课程方案和课程标准（2022年版）》的重要学习方式，该标准指出："开展实践性教学，让学生在'做中学'，实验教学是个重要途径。"但随着对分数的过分追求，演实验、背实验的现象屡见不鲜，实验偏离了基本的育人方向，制约了应有的育人效果。因而，探索实验教学改革的路径成为必然的选择。

　　我欣喜地看到，在这个探索的过程中，于建江老师带着临沂的实验教师团队，以项目化学习作为改革的切入点，以临沂市教育科学规划专项课题作为推进措施，加强专业团队建设，开展了大量行之有效的研究工作，取得了较为丰硕的成果，这本书既是他们前期探索成果的结晶，也是未来推动实验教学继续探索的有效参考依据。

　　这本书首先回应了对实验教学应有的教育认识。

　　实验教学应该是有"人"的教学。德国著名教育学家斯普朗格曾说过："教育的最终目的不是传授已有的东西，而是要把人的创造力量诱导出来，将生命感、价值感唤醒。"每个知识点的学习都不仅仅是为了获得这个知识，而是成为学生生命成长中的一部分，组成学生对自我、对世界、对人生的看法，形成学生解决问题的一系列策略。要想进行这样的改革，不仅仅是知识的改革、教学方式的改革，有"人"的教学一定要解决真实性的问题，不是按照程序的模仿学习。项目化学习恰恰以真实性问题作为驱动问题，引发学生自主探究、迭代学习，并以成果的展示与反思来回应、反馈学习的效果，让学生体验到学习的成功与收获，发展对学科以及外部世界的内在兴趣。

　　实验教学应该是有"物"的教学。实验教学不仅仅是记住基本的操作方式和实验的现象，也不是仅仅掌握有关实验的基础知识，而是要求学生以实验为载体，经历有意义的实践过程，通过自己亲身的实践和操作，融合思考、假设和验证等多种学习，在主动运用观察、观测、模拟、体验、设计、编程、加工、饲养、种植、参观、调查等方式的过程中，以专家思维来看待和解决问题，实现对多种解决问题策略的综合和优化，从而掌握基于实验的解决问题策略。通过项目化学习，让学生拥有真实的问题解决经历，成为积极的行动者，调动已有的知识经验、能力基础，创造性地解决真实情境中的问题。

实验教学应该是有"用"的教学。所谓有"用"并不是指在考试中能够获得多少分数，而是在现实和未来的生活中是否能够运用所学到的知识和能力，能否用好这些知识和能力。正如怀特海所言："当一个人把在学校学到的知识忘掉，剩下的就是教育。"具体知识忘掉后，剩下的是思维习惯和行为教养。学习的过程不是背实验现象，不是记住那些死的知识，而是突出实验的思路，强调实验证据，关注推理过程。项目化学习作为一种综合性的学习方式，恰恰是通过学生在解决真实性问题的过程中形成专家思维，最终具备跨情境的迁移能力，这种能够把所学到的知识迁移到新的情境中就是核心素养。这种有思维含量和思维发展意义的学习，能让学生热情而有创意地生活，感受到学习的意义。

同时，这本书还有其自身的优势和特色。我感受最深的有以下三点：

一是独特性。对项目化学习的研究成果不少，学科的项目化学习在设计、实践等方面也有很多可借鉴的经验。不过，由于实验教学自身的独特性，其项目化学习与学科项目化学习有着很多不同的地方，这需要对已有的成果进行适当的转化、整合和优化，围绕实验教学的改革，探索项目化学习的设计与实践，这是我见到的第一本，相信这本书对所有致力于实验教学改革的教师会有所启迪。

二是前瞻性。素养导向的教学改革是这个时代的艰巨使命，也是教师义不容辞的责任，从人的成长视角反思、优化现有的实验教学是我们必然的选择。本书在整个思考、总结的过程中，一直围绕育人这个视角进行思考，从引导学生成为主动学习者和终身学习者的角度，总结提炼项目化学习的设计与实践策略，为实验教学中推动核心素养落地提供了理论和实践的建议和思路。

三是工具性。在本书中，作者和他的团队针对当前学校和教师在推进实验项目化学习中遇到的困难，提供了详细的操作建议、相应的辅助工具和支架，并辅以丰富的案例，有着很强的操作性，很多操作思路和工具都具有较强的指导性，这不仅能对本地教师提供指导，也为更多有志于科学、有效地开展实验项目化学习的教师提供了值得借鉴的成果。

项目化学习作为一种综合性的学习方式，在当前的教育背景下推进会遇到很多认识上和技术上的难点，在具体的推进过程中，也必然存在着需要优化的地方。对于教师来说，看几本书未必就可以做好。其实，我更欣赏这种探索和坚持的精神，当我们开始探索了，不就是在真实的实验项目化学习实践中进行迭代学习吗？做完几个项目，踩过几个坑，经过几轮反思，最终就会真正地掌握。

是为序。

魏光祥

2024年1月

（本序作者单位：山东省教育发展服务中心）

教育的核心目的是育人，是培养合格的社会主义建设者和接班人。

作为接班人，一定是站直的中国人，要有坚定的信仰、健全的人格和良好的品德；要坚定地听党话、跟党走；要敢于吃苦耐劳，不怕困难；要勤于修身，善于反思；要阳光向上，心态健康，追求进步。正如南开大学抗战时期所培养的学生，"抗日战争胜利后，在被立案惩处的汉奸之中，没有一个是战前的南开学校毕业生。"[①] 这样的教育结果是我们所欣慰的，也是作为一名教育工作者应该追求的。

作为合格的建设者，要有胜任各项职业和完成各种任务的能力。当下的教育所培养的学生要面对未来几十年的职业变化，很多现在学习的很多内容在未来未必还有相应的职业。特别是近些年，随着人工智能的普及和大数据、区块链等信息技术的快速发展，多数重复性和单纯靠体力的职业在消失，正如有研究指出，"在未来 20 年内，有将近一半的传统岗位有被人工智能取代的风险。"[②] 因此，重新思考教育所传授的知识和应该培养学生什么样的能力，是每位教育者不得不面对的问题。

实验教学既是学科教学的内容，也是学科教学的形式，是将理论转化为技能、方法与思想的重要途径。实验教学不仅着眼于实验操作本身，而且还要不断培养学生的研究思维、态度和方法。这种从关注技能训练、考试分数到全面育人的转变，需要相应的学习方式变革。项目化学习作为一种与学生成长密切关联的独特育人方式，正在不断地探索和得到了更多的认可。学生围绕一个个真实性的任务情境，通过合作探索、成果展示来不断地获得成长。"一项任务的执行或者操作本身不仅仅在于我们取得某种结果那样的显在价值，更在于我们遭遇一项任务时候所经历的一个痛苦、积极并坚持到底的一种探索精神。"[③]

---

① 彭景晖，李笑萌，陈建强. 教育救国，知识分子抗战之路——南开抗战教材《东北地理教本》重现始末 [N]. 光明日报，2015-9-14（4）.
② 许远. 未来的职场职业教育准备好了吗？——兼论职业核心素养对于未来职场的重要性 [J]. 中国培训，2017（24）：20-23.
③ 贾志国. "核心素养"目标的历史追问与当代实践 [J]. 当代教育论坛，2018（1）：7-12.

项目化学习不仅仅是一种学习方式的变革,还涉及教师的育人理念、教育思维以及教师专业素质等方面的匹配。对于一线教师,特别是实验教师来说,有着很多的挑战,这些挑战包括对项目化学习的理解与认同、项目化设计的新颖与困惑、项目化学习过程中实施组织的多元与困难、项目化学习评价的迭代挑战与推进等。教师在项目化学习的设计与组织的不同阶段会遭遇不同的问题,遇到不少的困难,这些问题和困难解决的过程不只是教师融入的过程,更是教师不断成长的过程。

　　上海市自 2013 年起启动项目化学习的区域推进,并将项目化学习写进了上海教育"十四五"规划;浙江省自 2016 年在 STEM 学习中融合项目化学习的探索,已经拓展到了教育教学的各个层面;山东省的部分学校也进行了项目化学习的试点,育人效果逐步显现。当然,在实践过程中也存在着很多不足、困难和值得进一步解决的问题,比如存在虚假学习、机械学习、替代学习等偏离的现象,丰富的项目外表下缺少思维内核,没有改变机械、低阶、被动接受学习的实质。

　　要想实现项目化学习在实验教学中应有的效果,并非行政化的推动热潮就能实现,要充分认识到决定结果的不是世界(或事件)本身,而是我们加在事件上面的认识,以及在这种认识指导下所采取的行为方式。郭华教授认为,"如若不深入地认识项目学习的本质,容易使项目学习成为一种妄自尊大的、孤立的教育改革举措。"[1] 夏雪梅教授曾言,"教育界其实从来不缺热点,缺的是一种专注和坚持""能以严谨的学术研究态度来对待当下兴起的项目化学习热,始终以终身学习者的心态来审视它。"[2] 这需要实验教师能够静下心来,以专业的态度和方式开展深入的探索和研究。因此,在区域推进项目化学习过程中,根据实验教师的实际情况,通过组建专业化的团队,开展相应的培训和指导,这种培训和指导也需要有相应的工具和文献,从这一角度考虑,编制本指导手册,引导教师学习、思考与实践探索,不仅能够激发教师的发展激情,实现教师的专业发展,更主要的是能够推进专业的项目化学习,加强项目化学习在实验教学中的应用效果,进而引领区域教育的改革。

---

①郭华.项目学习的教育学意义 [J].教育科学研究,2018(1):25-31.
②张春铭."学习素养视角下的项目化学习基本问题解析"研讨会举行 [EB/OL].中国教育网.(2019-04-29),https://www.sohu.com/a/311029473_243614.

# CONTENT 目录

# 第一章

## 实验项目化学习的价值、概念界定与规划

对教师而言，教学是再熟悉不过的场景，对实验教师而言，实验教学的一招一式、每一个环节也是熟记于心。正因为熟知，我们失去了思考；正因为重复，我们感觉到单调；正因为机械，我们感觉到乏味。面对我们熟知的世界，真的就没有重新审视的必要吗？炒鸡蛋是家庭常见的菜，一般是两个鸡蛋一起磕，鸡蛋壳的硬度相当，撞击的位置相同。理论上，作用力等于反作用力，两个鸡蛋应该一起碎，但生活中，很少有人是两个鸡蛋一起磕碎的，如何解释这种现象？再进一步追问，是主动撞击的先碎，还是被动撞击的先碎？其实，要想不在单调重复的教学场景中迷失自己，不在过分欣赏的分数中忽视学生真正意义上的成长，必然要在常见的教学场景中寻找到变革的价值与空间。

# 第一节　开展实验项目化学习的现实意义

可以说，没有哪一个时代像现在对人才的需求这么强烈。但是，对人才培养的新要求是与时俱进的，需要有与之相适应的教学和学习方式的变革。随着脑神经科学和信息技术的发展，对学生学习的脑机制和学习原理的研究有了更多的成果，实施综合性学习已经成为当下教育改革的重点，这其中就有对项目化学习的研究和推进。从实验教学本身的特点看，关联现实和生活，以科学思维和循证思维为主要学习目标的要求，更符合以项目的方式开展系统化的学习，因此进一步思考实验项目化学习的现实意义，能够加深对实验项目化学习的重要性认识，促进教师实验教学的改革热情，激发学生实验学习的高阶思维发展，推动实验教学的改革进程，增强实验教学的效果。

## 一、历史的发展将育人的重任压在我们肩上

习近平总书记在教育视察时，曾提出了"培养什么样的人、如何培养人以及为谁培养人"这一立德树人的根本问题，核心素养的提出和落实是实现育人目标的重要路径。自从 1997 年经济合作与发展组织启动核心素养项目研究，欧盟、联合国教科文组织、美国、日本、新加坡等国家和机构纷纷提出核心素养框架，2016 年 9 月，我国也提出学生发展核心素养的三大类 6 个项目 18 条框架。与之相对应的是，以核心素养为目标导向的课程改革与价值追求成为各国教育改革的热点和重点。

素养是知识、技能和态度的综合体现，所有的素养都是与特定情境相依在一起的，不存在离开特定情境的素养。"奇泽姆认为，素养有两个要素是必不可少的：第一，应用自己的所知完成特定的任务或问题；第二，有能力在不同的情境间进行迁移。"[①] 核心素养是未来人才结构的描述，一般又被理解为人的关键能力和必

---

① 转引自：夏雪梅.指向创造性问题解决的项目化学习：一个中国建构的框架 [J].教育发展研究，2021（6）：59-67.

备品格。褚宏启教授将中国核心素养框架归纳为创新能力和合作能力两大素养；刘徽教授等专家在对所有核心素养的框架分析后认为是专家素养和复杂交往两大素养。这两种分类方式在表述上有所不同，实际上的意思差不多。如果从心理学的视角看，前者与智商有关，后者与情商有关，这与权威组织对未来职业需求的预测相吻合。研究表明，不会被人工智能替代的岗位有两种，一种是不能大幅度提高生产率的岗位[1]；另一种则是工作内容复杂、人工智能替代成本较高的岗位。也就是说，教育所培养的人才如果不想被人工智能所替代，只能是具备复杂思维和解决问题能力的人才。

教育的根本价值在于"有用"，这种"有用"并不能仅仅看成是知识的积累和考试的分数，学生的学习应该具有超越学校生活以外的价值意义，并通过不断地积累形成素养，做到未来人工智能无法做到的事情。正如怀特海在《教育的目的》一书中提到的："教育只有一个主题，那就是丰富多彩的生活本身"。强调教育的"有用"和"生活价值"，并不能简单地停留在教育为未来的生存做准备这方面，而是需要追问今天的课程、教学和学习的每一个环节是否都有"生活价值"。换句话说，就是当下学生的学习与生活、生命有着什么样的价值和关联。

实现党和国家提出的育人目标，发展核心素养，离不开学科核心素养的培育。学科的学习是以课程和教学的方式进行的，从学科核心素养的特点看，无论是促进学生多样化的思维发展，还是发展学生的跨学科应用能力，课程整合和综合性学习已经成为不可回避的教育样态。在这种样态下，知识的内在结构不断地发生本质性的变化，从识记性的事实性知识以及零散性的无关联知识走向具有高度联结、能够迁移到新情境的知识；学习的方式从单一的学科、单一知识点的训练，走向综合性的学习以及基于真实性情境的问题解决，这是学科核心素养培育的必然选择。

学科核心素养的实现离不开教学，现代教学技术教育部重点实验室主任胡卫平认为，对于我们当下的教学而言，如果没有促进学生的积极思维，发展学生的大脑，培养学生的思维能力，那这样的教学是没有价值的。教学的核心是思维。[2]

①陈群波.真实任务驱动探究、表现与交流——上海市小学低年级主题式综合活动课程实践路径[J].上海课程教学研究，2021（6）.
②外研社.核心素养时代，用思维变革我们的教育[N].中国教育报，2018-10-22（11）.

这就需要思考在教学中如何引导学生的思维，进一步激发学生的创新能力，要求以学科知识为基础，通过整合性的学习方式，形成具有建构、综合性、观念与能力一致的核心素养。这种育人标准和要求的变化对当今的课堂与教学提出了巨大的挑战。

学校中的情境不可能涵盖生活中的情境，更不可能预测到未来所有的情境，想要在学校中将所有情境解决问题的方法都训练到位是根本不可能的，生活中问题情境的劣构性决定了学生学习所获得的能力中必须具备迁移能力，也就是学生能够将在一个情境中获得的知识运用到新的情境。现有的研究将迁移能力分为两种，一种是低通路迁移，也就是所要解决的任务与已经学习过的任务相似或学生熟知的情境，这种解决问题的过程属于机械刷题的过程，属于教育目标分类学的执行这一认知层次；另一种是高通路迁移，学生所遇到的新任务与原来经历过、学习过的任务不相似，或者学生不熟悉，只能重新思考解决问题的方法，实现从具体到抽象再到具体的认知过程，学习的结果是形成一种复杂的认知结构。在具体的学习过程中，前者可以通过机械的训练获得，后者更多地依赖于综合性的学习。

面对未来情境的未知性和复杂性，还需要学生具备创新解决问题的专家思维，即能够透过现象看到本质，形成概念并进行有效地判断和推理，而后得出结论，并最终解决问题。例如看到一首乐曲，如果想到的是整体旋律、方向、感觉、乐句划分、力度变化及作曲，思考的是"森林"，这就是专家思维；如果关心的是每个音符的位置、符号系统或出错的升号或降号，关注的是"树木"，这就是普通人的思维。

专家思维最为核心的特征往往表现在聚焦一个或几个领域，有着丰富的体系化知识，有着强烈的好奇心，承认自己的不足并能虚心求教；有解决问题独特的、成熟的模式，遇到新的情境善于迁移创造新的模式；最为主要的是有积极主动的思维模式，善于看到问题的本质，有自己的专业立场和态度，善于用证据说话。因此，培养学生的专家思维就是引导学生能整体地看到问题的本质并形成独特的思维习惯，善于迁移运用所学到的知识解决实际问题。

《人是如何学习的：大脑、心理、经验及学校（扩展版）》一书中提到，专家思维是以大概念来组织的，但同时也指出"专家的知识常常镶嵌在应用的情境之中"。[①]佩奇和西蒙指出："在解决问题时，专家倾向于首先理解问题，而新手则急于找到解决问题的方法。"伯拉特和斯卡达玛丽亚提出："专家把资源投入到追求新目标和解决更高层次问题中，而这些问题是以前没有能力解决的，在能力极限边缘上工作是专家的特征之一。而非专家则运用常规解决'问题'，所以需要他们解决的'问题'越来越少。如果总是把问题降低到用自己已经学会的模式和程序来解决，就会使人停滞不前"。如果不能科学地理解大概念，不能把握好真实性情境，即使是按照项目化学习的步骤组织，采取最新的教学方式，也会回到传统教学的模式上，走向对知识本身的关注，忽视了学习对学生成长和生命的意义。

当然，任何事情都有两面性，专家思维模式是好的，能看到整体性、系统性和逻辑性，但也往往会忽略细微之处，导致"只见森林，不见树木"。之所以在关注学科核心素养的过程中强调和重视专家思维，并不是否认这种思维存在的局限性，只是因为当下的教学中，在强调细分知识体系、关注学科知识结构、强化基础知识的题目训练等过程中，已经超过预期地培养了学生对"树木"等细化知识的掌握。没有普通人的思维基础，就不可能有专家思维的呈现，因而关注学科核心素养并非是不要知识的学习和技能的训练，是需要在真实的、复杂的情境中进行学习，进而获得高阶思维能力、解决问题能力和知识迁移能力。强调专家思维，是在这种细化知识的基础上，能够具备整体的视角统领起所学的知识，能够解决更为复杂、多变的生活现实问题，实现学生成长的生命价值意义。

在分析有关不同学科类型对学生学习的影响关系中可以看出，对学生的学习能力影响是不同的（见图1-1）。基于这样的分析，也就容易理解为什么要进行学科统整，要创设真实性情境，要采取项目化学习、STEM学习等跨学科学习等。即使是项目化学习等综合性学习，不同阶段的学生学习的方式也不相同。在真实性的情境中，小学生采取"游戏化学习"和"体验式学习"的"玩中学"方式；初中生采取"探究式学习"和"研究性学习"的"做中学"方式；高中生采取"基于设计的学习"和"基于问题的学习"的"干中学"方式。

---

[①]顾晓燕.以大概念为核心的初中语文大单元教学策略探究[J].考试周刊，2022（9）.

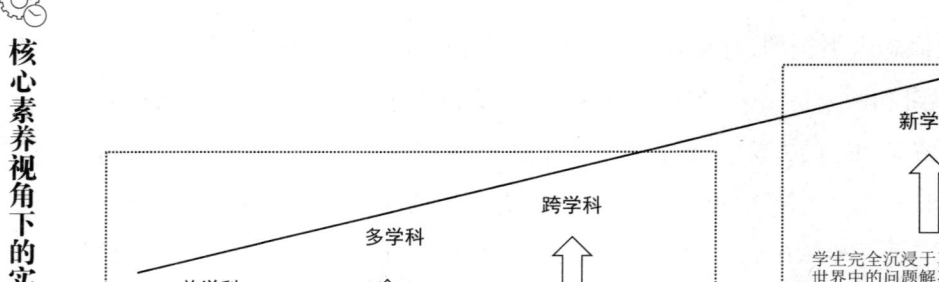

图 1-1　不同学科类型对学生学习的影响

从现有的教学组织看，以班级授课为主要形式的工业化教育方式，关注的是学校内学习的知识和获得的分数，很少考虑这些知识在学生走出学校后对学生有什么样的价值，对学生的生命、生活有着什么样的实质性影响。这种学习不仅知识点是零散的，而且考试意味着这些知识学习的结束，就像学生在海边带着一个瓶子按照老师的要求不断捡拾各种色彩的贝壳、鹅卵石，最后学生将这些贝壳和鹅卵石上交，教师验收学生捡拾的数量、丰富程度并赋以相应的分数，至于为什么要捡拾这些，教师评价之后还有什么价值，学生并不知道，也体验不到。这种缺乏体系、价值、迁移和创新的知识学习，将丰富的学习生活变成了单纯的完成任务，不仅让学生失去学习的兴趣，而且影响到了高阶学习的效果。

在具体的实践过程中，由于各种因素的影响，教学本身的效果受到了制约，影响到学生综合能力的发展，进而影响到学生的学习成就体验。要改变这种现状，最为主要的是开展综合性的学习和整体性的学习，包括大概念、大单元、项目化学习、问题式学习、STEM 学习等实践性学习，都在解决当前教学中面临的育人问题。以实验为基础的自然学科，在培养综合思维能力、创新能力以及循证能力、研究能力等方面都有着不可替代的作用。在这些学科中，实验是其基础和重要组成部分，是育人的重要组成部分，这些实验与生活、生命密切相关，能够有效地激发学生的好奇心和探究欲。针对目前实验教学中存在的应试目的强、模仿操作重和验证结果多等实际问题，项目化学习是实验教学应有的变革途径。

## 二、学科教学的核心问题是对学习的研究

教学的本质涉及两个问题，一个是"教"，一个是"学"，"教"的目的是为了"学"，"教"的效果也必须依赖于"学"。因此，研究如何进行"教"必须要研究学生是如何进行"学"的。崔允漷教授曾经指出，"教了不等于学了，学了不等于会"。还可以进一步拓展，会了未必就是真正成长了，就能培养出党和国家期望的人才质量。研究学生的学习，必然要从影响学生学习的因素进行思考，这些因素包括学习的基础和机制、学生为什么愿意学习、学习什么样的知识以及怎样进行学习。

学习的基础是大脑，大脑如何接受外界的刺激以及将信息转化为支配学生行为的认知和技能，随着脑神经科学研究的不断深入，学习机制的研究取得了丰富的成果。学习机制的研究成果主要存在三大流派，一是行为主义学习流派，认为知识积累的关键因素是刺激、反应以及两者之间的联系，学习就是通过加强建立刺激与反应之间的联结。目前以刷题为主的强化训练模式基本属于行为主义学习理论的应用。二是认知主义学习流派，把学习过程看作信息加工的过程。认知主义的教学目标在于帮助学习者习得事物及特性，使外界客观事物（知识及结构）内化为其内部的认知结构。强调要根据学生的认知结构，通过设置恰当的问题情境，激发学生的认知需要，并通过学生同化和顺应等行为活动，形成新的认知结构，从而获得发展。三是建构主义学习流派，认为知识不是通过教师传授得到，而是学习者在一定的情境即社会文化背景下，借助其他人（包括教师和学习伙伴）的帮助，利用必要的学习资料，通过意义建构的方式而获得。"情境"、"协作"、"会话"和"意义建构"是学习环境中的四大要素。如杜威的"五步探究"教学就属于这类理论的应用，新课程改革的一个主要理论支撑也是建构主义。

《训练复杂认知技能》一书中提到："在工业和职业领域，需要人来完成的复杂认知任务就变得越来越重要。"[①] 复杂认知任务的完成依赖于复杂学习，需要提高复杂认知技能。行为主义认为需要对一系列"刺激—反应"联结进行复杂集合；认知主义强调学生要了解、控制和反思自己的学习活动并实现在新情境中的迁移；

①冯锐，刘丽丽．整体论视域下的教学设计探讨 [J]．开放教育研究，2009，15（4）：69-73．

建构主义则强调要为学生提供复杂的、具有挑战性的真实性学习问题，所要解决的问题是复杂的、劣构的。培养学生高阶思维和综合能力，所需要的情境应该是复杂的、多元的，项目化学习的驱动问题往往是复杂的、劣构的真实性问题，是基于复杂的社会化情境，学生在学习过程中并不单纯地局限在书本知识，而是通过团队协作，针对具体的问题选择合适的理论、方法和工具，借助教师提供的支架和资源来寻找解决问题的方法，并以成果的形式展现学习效果。项目化学习更贴近真实的社会，有利于学生将学习的知识应用到现实社会解决真实的问题。

随着 CT 和核磁共振等医学技术的进步，对学习机制的研究也在逐步深入，其中神经科学的研究成果对于我们更好地理解学习机制有着一定的启发。神经科学关于学习的研究发现在学习中存在着认知、策略和情感三个网络系统。一是认知网络系统，解决学习"什么"的问题，在大脑的顶叶部位，通过收集事实，对所看、所听、所读等进行分类，主要是识别信息。二是策略网络系统，解决"如何"学习的问题，在大脑额叶部位，通过规划及执行任务、组织及表达观点、写作或解决数学问题等，主要是寻求策略。三是情感网络系统，解决"为何"学习的问题，在下丘脑部位，包括引起兴趣、保持动机、接受挑战、保持兴奋和兴趣等功能。只有三个系统协调统一，才能真正让学生进行有效的学习并取得有效的学习效果。

学习的过程是一种认知过程，现有的研究成果将学生认知活动和问题解决活动概括为三个方面，对应着三种学习能力。一是知识和经验的输入，对应着学科的学习理解能力，学生通过观察、记忆、提取信息、概括、关联、整合、说明、论证、推导等方式，能够完成记忆和回忆、辨识和提取、概括和关联、说明和论证等学习理解活动。二是知识和经验的输出，对应的是学科的应用实践能力，学生通过分析、解释、推论、预测、设计、证明等方式，能够利用所学核心知识分析和解释实际情境中的原理、进行预测与推论、选择并设计问题解决方案等应用实践活动。三是知识和经验的高级输出，对应的是学科的迁移创新能力，通过复杂推理（综合问题解决），系统探究（问题假设、系统设计实施、建立模型），创造性思维（批判性思考、评价、反思、想象、创意、发现远联系等）等活动方式，能够进行复杂推理、系统探究、发散思维、想象、创意设计、批判思考、远联系发现等基于学科知识经验的创造性活动。[1]

俗话说"巧妇难为无米之炊"，研究学生的学习必然要对"学什么"这一问题进行深入地思考。教学中涉及"学什么"的问题最为关键的是知识。在当今信息激增的时代，学生不可能学习所有的知识，四百多年前斯宾塞提出的"什么知识最重要"这一问题依然是需要思考的问题，还需要进一步思考的是什么知识可以学习，用什么样的方式进行学习是合适的等问题。马奇在《经验的疆界》中把"学习"发生的过程划分为三个层面，第一个层面是学习"做什么"，学习的目的是寻找好的技术或工具、战略或合作伙伴；第二个层面是学习"如何做"，主要内容是精炼并改进在某项技术、战略或合作伙伴上的能力，可以理解为对学习行为进行计划、监测和改进；第三个层面是学习"期盼什么"，其核心定位是调整绩效目标，实现学生学习的生命和成长意义。在当下的学习模式中，无论是强调机械记忆、重复训练，还是传统的授课和考试方式，常常是把从一本书中看到的、课堂上听到的信息作为不相关联的事实来被动接受和记忆，其重要的目的是为了通过考试，获得好的分数，这种记忆和学习内容是粗略的，由于很少花心思理解和系统的整体练习，就没办法长久保持和迁移到新的情境中，只能是浅层次的学习。尽管这种状态下的学生学习也是勤奋和努力的，但他们努力的视角是在机械重复上，没有从知识价值等上位的角度寻求突破，实质上是用战术上的勤奋掩饰战略上的懒惰。这种情况下的学习不仅难以形成系统化的知识运用体系，更难以形成学科核心素养，自然就没有学生发展学科核心素养落地的可能。

有效教学的评价标准有很多，在现实背景下，我们不可能抛开成绩谈有效，但这里依然有几个问题需要进一步思考。一是所评价的分数是否与学生真正的成长是吻合的，或者说二者的相关度有多大。二是获得该成绩所付出的时间、精力等成本有多大，有没有更加便捷、高效的科学学习方式。三是获得成绩过程中的方式是否对学生的成长造成了误导或伤害，如严重超出了学生的负荷，或造成了学生的厌学。20世纪末发表在《牛津教育评论》上的一篇实证文章表明，体罚是抑制学生破坏行为的最有效办法，但现代教育却明令禁止这一行为，其原因在于体罚不仅会对学生的身体和心灵造成不可逆转的伤害，而且更是在向学生宣告

---

①王磊.学科能力构成及其表现研究——基于学习理解、应用实践与迁移创新导向的多维整合模型[J].教育研究，2016，37（9）：83-92.

"为实现自己的欲念而把暴力作为最后手段的行为是正当的"。[①] 由此，我们不得不追问"有效的"与"适合的"哪一个更符合教育判断呢？教育的复杂性关联，并不是达到了"有效的"标准，便可以不择手段、直奔主题，选择更为适合学生的成长方式是每一位有情怀的教师应该思考的问题。单纯的机械重复训练，对熟悉情境问题的解决经验的积累并不是学生真正的成长，有效的成长必须进行理性和科学的研究。俄罗斯教育学家有一个形象比喻："总结和不断完善制作煤油灯的先进经验，是根本不可能导致电灯出现的。"因此，基于项目的学习活动是变革学生学习方式、促进学生成长的重要途径。

在对学习策略的研究上，有一个关于学习方式研究的成果——学习金字塔，阐释了不同学习方式与学习效果之间的关系，与之相对应的是教师的采用情况，又称为学习方式与教学方式的悖论（见图 1-2）。大量被动的学习方式在传统的教学中被教师习惯地使用，以至于不少教师感慨，平常学生的学习很好，换个情境就不会了，这样的结果恐怕与大量的被动学习不无关系。克伯屈的一句话，"儿童要先获得狗的爪子、腿、身子、尾巴和头的概念，然后凑起来形成狗的概念。这不是太荒谬了吗？"[②]

| | | 学习内容平均留存率 | 教师采用率 |
|---|---|---|---|
| 被动学习 | 听讲（Lecture） | 5% | 95% |
| | 阅读（Reading） | 10% | 80% |
| | 视听（Audiovisual） | 20% | 70% |
| | 演示（Demonstration） | 30% | 65% |
| 主动学习 | 讨论（Discussion） | 50% | 45% |
| | 实践（Practice Doing） | 75% | 20% |
| | 教授给他人（Teach Others） | 90% | 5% |

图 1-2　学习方式与教学方式的悖论

①杨婷.当教育成为一种循证实践——兼与格特·比斯塔等人对话 [J].全球教育展望，2021，50（7）：54-63.

②崔允漷.如何落实学科核心素养？课程专家崔允漷教授教你 6 招 [EB/OL].（2019-08-28）https://www.sohu.com/a/337125257_263168.

项目化学习促进学生经历认知合作中的冲突、观点碰撞，提升学生解决问题的能力、探索与设计的能力，并在学习的过程中持续实践，有效主动、自主探索，在持续解决问题和自主建构，所用到的学习方式恰恰是学习金字塔中主动学习所涉及的，包括讨论、实践和教给他人等学习方式。这种学习无论是梳理需要解决的核心问题，还是设计学习任务和展示评价反思成果等，都是在系统的链条下整合学习内容和能力发展，最终提升学科核心素养。

所有人都要认识到学生主动学习的重要性，学校教育在成立之初，便致力于让学生愿意学习。理论上，实验教学与现实的密切关联以及实验本身的趣味性，理应是学生喜欢的学习方式，但是与之匹配的有意义学习、探究性学习常常做不到，而令学生生厌的死记实验现象，照搬实验流程，重复机械操作等现象大量存在，原本充满生命意义和成长价值的实验学习却成了学生厌烦和极力逃避的学习活动。要想改进实验教学，提高实验教学效果，我们不得不重新审视学生的动机和维系这种动机的教学组织方式。对于动机的研究，布鲁纳指出，单靠好奇心是远远不够的，因为好奇心往往是"短暂、表面和易变的"，安德烈·焦尔提出了动机公式，即"动机＝需求 × 价值"。在自然需求的基础上，越是真实的任务对学生的吸引力越大，越是有挑战性的任务，学生完成后获得的价值越大，要为学生创设不确定性的情境，引导学生完成一个具有挑战性的真实性任务，学生会感觉到由衷的满足和自信。海因里希·鲍尔斯费尔德指出，"太多的学生形成了只能对付那些简化了复杂性的问题的途径和策略……更糟的是，这对于学生自我概念、自信心和个性特征的形成产生了毁灭性的影响。"[1]

在实验项目化学习过程中，恰恰为学生提供了具有生活意义和生命价值的真实性情境和挑战性任务，而在全程的评价中，既有对学生在每一阶段问题解决的评价，也有对学生团队合作、学习成果的评价，所有这些都会加强学生的价值感。更为主要的是基于团队协作的学习方式，使得学生感受到学习过程中与他人共同前进、顿挫以及突破等心理状态的变化。团队成果的分享过程会进一步加强学生学习的价值体验。

---

①莱斯利·P·斯特弗，杰里·盖尔.教育中的建构主义[M].高文，徐斌艳，程可拉，等，译，上海：华东师范大学出版社，2002：109.

推进项目化学习，也体现在国家文件政策中。《关于深化教育教学改革全面提高义务教育质量的意见（2019）》将推广项目化学习作为深化课堂教学改革，提高教育教学质量的重要路径。《义务教育课程方案（2022 年版）》提出突出学科思想方法和探究方式的学习，加强知行合一、学思结合，倡导"做中学""用中学""创中学"。探索大单元教学，积极开展主题化、项目式学习等综合性教学活动，促进学生举一反三、融会贯通，加强知识间的内在关联，促进知识结构化。因而，从改变学生的学习状态、提高学习质量的角度看，项目化学习是实验教学改革的必然之路。

### 三、项目化学习是破解当前实验教学问题的途径

对科学课程的本质的认识已经发生了四次飞跃，从科学知识到科学方法、实验，从科学实验到科学探究，再从科学探究到科学证据（论争）[①]。实验教学作为科学课程常用的学习方式之一，是指在教师的指导下，教师或学生利用一定的教学材料和设计，来控制实验的操作过程，使得实验对象发生某些变化，通过观察这些变化验证知识或获得新知识。实验本身来源于生活或客观世界，其操作性和探究性有着较强的吸引力，应该是学生最喜欢的学习方式，也是获取知识的有效途径。但是，由于对实验本身认知的偏差以及现实中各种评价因素、观念的影响，当前对实验教学的认识还停留在了解、理解、记住科学知识的层面上，所开展的实验教学无论是在学生知识获取，还是学生学习价值的获得等方面都无法发挥应有的作用。

受到现实评价导向以及教育习惯的影响，丰富多彩且对学生充满吸引力的实验教学已经异化成了应试的手段，追求的是分数，本应让学生经历实践、探究活动的实验学习变成教师讲实验、学生背实验，出现了物理不碰物（物体）、化学不见化（变化）、生物不懂生（生命）的现象。即使认识到实验教学的重要性，开展一些实验教学，常常也存在一定的问题，比如讲述代替探究、操练代替探究，教师直接告知"探究"的过程和结果。脱离真实情境的讲述，过分注重词语解释，探究活动成了记忆活动。在这种情境下，学生即使有机会动手实验，也往往是按

---

①崔允漷.新高考背景下，教师要从三个维度建构"新教学"[EB/OL].（2019–11–16）.https://www.sohu.com/a/354232566_113042.

照教师给定的程序和要求进行模仿，最终成了机械的技能操练。对此，可以通过行政的手段来规范实验教学的要求，强化对实验教学的评价改革。但是，我们不得不思考的问题是，培养学生具有良好的实验操作技能，熟练地掌握实验流程，能够得出结论和撰写研究报告，就是实验教学的根本目的吗？能否实现2022年版新课程标准中所提出的培养学生核心素养的要求呢？

更为主要的是，在当下的实验教学中，我们对实验教学现有的局限性认识不足。现有的认识主要是，通过特定的步骤（问题、假设、实验、分析、结论）来进行实验，无论是演示实验还是分组实验，都是通过观察和实验验证变量之间的关系，发现事物发展的规律，尽管这样的思维能够培养学生的探究能力，提升学生的实验技能，最终还是存在着科学推理过程简单化这一弊端。

有这三个原因，其一是强调探究的过程中忽视了学生思维框架的形成，诸如关于植物生长的探究，学生提出验证肥皂水、米水、发酵水、食盐水对植物生长的影响，甚至研究音乐、噪声对植物生长是否有影响，学生得出了比较符合科学的结论，教师也认为学生通过科学的思维方法验证了自己的假设。然而需要反思的是，真实的植物生长是否都是这样的环境，植物生长的机理是什么？是否验证砂石、盐碱环境对不同植物的影响更合理？显然，当问题来源于主观猜测而不是基于客观事实时，就偏离了思维形成的框架。

其二是强调实验是获取证据的唯一有效方法，忽视了世界问题的多样性。从事物发展的规律看，理论与证据之间并非简单的线性关系，科学实验只是一种重要的、特殊的人类探索活动，它所能提供的被我们称作实验事实的东西不过是特定条件和过程的产物，本身并不能像镜子一样被拿来直接照出理论的真伪。[①] 况且，证据的多维性和来源的多样性使得科学研究更加丰富有效。显然，这样的认识带来的是学生对实验的盲从而不是对证据来源与分析方式的科学认知。

其三是过分强调经验和直观观察。观察是科学研究的重要方式，也是实验获得证据和结果的重要来源方式，对于寻求结果和证据之间的关系有着重要的作用。在实验探究中，如果不能形成科学的思维方式，就会导致实验的过程和结果指向到已有的经验而不是基于证据的解释。例如"如何腌好咸鸭蛋"这一生活问题里面包含着的实验要素，学生可能会从盐的渗透方面来进行思考，探索如何提高盐

---

① 罗星凯. 有理的科学知识被无理地"验证"——从理科教学中实验结果与理论的不相符谈起[J]. 人民教育，2007（7）：36-38.

的渗透速度和渗透浓度。至于之后蛋黄出油这一现象则不会深入地思考，忽视了盐能造成蛋白质变性这一问题。其实，在革命战争时期缺药的情况下，战士们会经常用盐水消毒，甚至用石灰水消毒，其原理就是蛋白质变性。因此，腌咸鸭蛋的过程最为重要的规律是离子会使得蛋白质变性。缺少了这样的思考，很容易将看似是培养科学素养的实验引导到实验操作本身上来。

实验教学是培养学生科学研究能力的重要途径，而科学研究能力主要包括三个方面：提出问题——界定问题——解决问题。从现有的实验教学组织看，"提出问题"往往由教材和教师代为完成，很多教师可以代为完成的问题常常是良构问题，即目标、条件和途径三个要素都很明确的问题，解决这种问题所形成的经验并不能迁移到其他情境中。甚至是在教师的引导下，学生主观臆想的问题，并不符合客观现实的真实情境，这样的问题缺少对真实生活的观察或者对客观事实的思考，无论探究结果如何，都难以形成科学的研究思维。在实验教学中，学生解决问题的过程表面上看是学生经过自我思考、探究或小组合作完成的，实际上，要么是教师提供了完整的实验解决方案，要么是教师提供了解决问题的思路，学生按照老师的提示一步步完成的，其结果是学生缺少学习的积极性，也无法真正感受到学习和成长的价值。

值得反思的是，"界定问题"这一过程很难在实验中落实，教师可能会从词语的层面或者解决问题的思路上追问，但这并不是真正解决"界定问题"的方法，教师和学生也没有认识到"界定问题"的重要性，也不具备科学界定问题的方法，很多教师和学生都是凭借想当然的经验来理解。例如某化工厂有一种用来测量腐蚀性液体流速的流量计，几个月后腐蚀性液体侵蚀了流量计使其中的液体泄漏。能否"找到一种制作流量计的材料，使其不会被腐蚀导致危险液体的泄漏"。学生一直在通过实验方法寻找耐腐蚀的材料，最终并没有找到。如果界定问题，我们会发现该问题的实质是解决液体泄漏问题，既然流量计耐腐蚀的周期是几个月，那么定期更换流量计就可以了。由此可以看出，缺少有效的界定问题，往往会停留于问题表面，忽视了问题的本质。作为研究的一个重要环节，有研究者指出，在解决问题的过程中，要拿出一半的研究力量对研究的问题作出科学的界定。郑也夫《知识分子研究》一书中说："一个概念被千百人亿万次地使用，并不说明这一概念已经具备了明确、公认、凝固的定义。"恰恰反映出当下现实生活和教

师在教学中的一种认知状态，正是因为缺乏界定问题和追根求源的意识，致使有人说现在的教师是"一直认真地、积极地做着并不十分理解的事情"。

专家之所以具备专家思维，是他们知道在什么样的情境下去界定问题，寻找到研究应该关注的核心点。如研究 A 和 B 两种类型轿车的刹车性能，依照理论上的分析，刹车距离越短越好，因此在实验中会测量每一种类型的车中多辆车的刹车距离，然后计算平均值，平均值越小刹车性能越好。从现实来看，如果开车不能准确地预判这种类型车辆刹车的距离，会存在平均值小而最远和最近距离差很大的现象，就像一个玩笑说的，如果和马云在一起平均收入，我们都是亿元户。在现实生活中，刹车的目的是为了安全，因此刹车距离越稳定越好，从这个角度分析，在判定车辆刹车性能时，应该考虑的是每次刹车距离的恒定性，也就是刹车最远距离和最近距离的差距越小，刹车性能越好。所以界定问题不同，研究的核心和方向也不同，最终解决问题的价值也就不同。

专家思维不仅仅是专家的专利，在日常生活中也经常会出现应用专家思维解决问题的案例。如某山地养鸡场给鸡投放饲料的器皿经常被鸡抓倒，而且鸡在啄食时嘴抛足刨，这样会浪费很多饲料，急需解决饲料浪费问题。为此，很多人研究如何固定饲料器皿，增高器皿边沿的高度，如此一来，不仅收发器皿增加了困难，还因边沿的增高使鸡啄食增加了难度。该问题的本质是防止鸡抛洒饲料，解决问题的关键是鸡进食时嘴与足抛洒不出饲料即可。于是，养鸡人在一根粗塑料管的上侧均匀地挖出两排圆孔，管内投放饲料，鸡头伸到圆孔里啄食，鸡足无法抓到饲料，饲料浪费问题迎刃而解，还大大降低了饲料器皿的成本。[1]

实验教学面临的最大问题是为了实验而实验，没有打通实验与现实世界的通道，学生不能运用生活中的经验解决学科学习中的问题，如印刷厂检验书本是否存在漏页多页的现象，从科学的角度所能采取的是验证页码数的方式，这种方式在实际应用中却是十分繁琐且不合实际的。在印刷厂里，检验成品书本是否存在多页漏页的现象，使用的工具却是电子秤，装订成册的书籍十本一组称量，如果不符合给定的质量，这组书籍中肯定有书籍出现页码问题，就将这组书籍检出来，在完成全部书籍的检验后，将这些存在问题的书籍再随机分组称量，很快能解决问题。更为重要的是，在现有的机械训练为主的学习方式下，很多学生尽管获得

---

[1] 该案例由兰陵县矿坑镇初级中学吴清芳老师提供。

了知识，但并不能将在学校所学到的知识有效地迁移到现实和未来解决问题。曾经有个笑话，一位理科博士想称称自己几个月的儿子体重，设计各种固定孩子的器材，看着忙乎的丈夫，妻子一把抱过孩子，称了称两个人的体重，然后又称了称自己的体重，很快就算出了儿子的体重。笑话固然是笑话，但其中蕴含的问题不得不让我们反思。

之所以出现这种现象，是因为在知识的学习过程中脱离了现实性的情境，学习的过程是去境脉化的，通过这种学习，学生也许能够适应考试的要求，获得理想的分数。不过，这种知识是适应学校场景而非现实生活的真实性场景，这种知识是没有办法迁移的，无法解决真实性问题。脱离真实情境的后果，用不科学的方法学科学，并没有让学生经历完整的问题解决过程。更为关键的是，这样的教学很难培养出学生的科学素养，导致现实中不少学生科学考100分，却没有科学素养，一些人用科学知识造假药、假疫苗、毒品等。科学素养是一种综合能力，必然要在综合性的学习任务中获得。传统的科学探究教学有其必要，但还需要改进和提升实验教学的方式。因此，科学教育不应该传授给孩子支离破碎、脱离生活的抽象理论和事实，而是应当慎重选择一些重要的科学观念[1]，用恰当、生动的方法，帮助学生建立对世界的完整理解。

科学素养不单单是知识和技能，还有对人的关注，所谓科学的态度实际上是对人的态度，是这些知识在解决问题过程中与人的关联、对人的影响。也可以说，科学素养中一定包含着基本的伦理要求，这种要求既包括用伦理的观点看待现实中的问题，也包括用伦理的底线来审视研究活动。如对转基因食品是否影响健康问题的调查、辩论以及利用已有研究成果的剖析等；如在明知道某种现象（如食用不健康食品）会对人的健康、心理产生不良影响，依然采取该研究方法就违背了基本的研究伦理。可以说，实验项目化学习中驱动问题的提出改变了原来学科学习从低阶开始并且主要在低阶徘徊的特点。围绕大概念进行的知识重构，依托项目化学习真实性情境的反思、综合能力的提升不仅仅是运用科学知识解决问题，更是基于人类和社会伦理和道德视角下的综合判断，这样的决断以及基于这种决断下的问题解决方式才具有真正的现实意义。

从已有的项目化学习实践上看，存在一个值得关注的现象，以往学业上的"好

---

① 刘凌云，郑光美.普通动物学（第 4 版）[M].北京：高等教育出版社，2009.

学生"在项目化学习过程中并没有与他们学业成绩相对应的表现，甚至会让人有所失望。一方面表现在学习过程中不愿意与人合作，或者别人不愿意成为他们合作的伙伴，社会性交往能力比较差，这与现实中一些优秀的学生比较孤单实际差不多，而这种社会性交往恰恰是核心素养需要培养的关键能力。另一方面在面对复杂的、开放的问题情境时，所表现出的解决能力与他们以往的做题能力不匹配，甚至不如平时学业成绩一般的学生。对普通学生而言，在项目化学习过程中更能体现解决问题的能力，也能获得更多的成功体验，更有助于改变他们的生存状态。从这些实践的成果看，项目化学习能够改变目前教学中存在的问题，让更多的学生在更多的方面获得成长。现实的成功和对美好未来的预期使得我们有理由相信，以项目化学习推动实验教学的改革所会迎来的美好前景。

任何教育改革都离不开教师的参与，教师素质的高低直接影响到改革的进程和改革的效果，审视所有的教育改革，无不都把教师素质提升作为改革的重要因素，项目化学习改革涉及教育理念、教育方式的变革，一定离不开教师的专业发展。如果再按照以往常规的培养方式提升师资水平，往往会出现两张皮的现象，增加教师的负担。在项目化学习研究进程中，其中的理念、操作等也是教师学习和成长的重要载体，必将成为教师专业发展的有效途径。通过专家组、总课题组、指导组和课题研究组的协同推进，在专家组和总课题组提供的思路框架下，采取相应的指导和培训、文献和资源支撑、过程跟进指导、研讨交流平台的搭建等措施，以教师的自主参与和反思为主要手段，实现项目化学习最终成为推动教师专业发展的平台。

# 第二节 相关概念的理解

项目化学习的提出已有很长的时间，国外深入研究也有几十年，我国开始重视并广泛实践则是近十年的事情，由于其广泛性，取得了很多值得学习和借鉴的成果。从实验教学的角度分析，进行项目化学习的研究依然是一个空白，很多实验老师对相关的问题和内容并不是十分熟悉，在推进和实施中会遇到很多问题，固然在学校和学科层面有解决问题的做法，但涉及实验教学的特殊性，很多问题需要通过研究来解决。有专家指出，研究中要拿出一半的时间来界定问题，界定问题的过程就是要弄清楚问题到底是什么，解决问题的方法有哪些，哪些问题是可以推进的。同样，对于项目化学习而言，其中涉及很多的概念，这些概念是教师没法绕过的问题，这就需要清晰地界定和理解，在此基础上才保证项目化学习的科学性，进而保证其育人效果。

## 一、项目与项目化学习

要想研究和推动项目化学习，必然要对项目化学习有一定的理解。从实验教学改革的实际出发，需要理解与之相关的项目、项目化学习的界定、类型等相关内容。

### （一）项目化学习的理解

项目化学习是基于项目的学习，生活中的项目随处可见，多种多样，教师每天也都会经历、参与和组织各种项目，如组织学生设计校园树牌、社会调查、实践、实验等，项目有大有小，大型的项目像沂河环保调查、校园农场规划设计、学生健康营养餐研究等，小型项目像家庭厨余垃圾调查、为爷爷设计低糖营养餐等。

项目作为一个专业词语，最早于 20 世纪 50 年代在汉语中出现，是指在一定的时间、资源等约束条件下具有明确目标的一次性任务。根据该定义及生活经验，可以看出所有项目都具备以下特点，一是确定性。所有项目都有对应的准确时间、内容、目标。二是成果性。成果是作为反映任务完成情况的重要内容，以成果的形式反映任务完成情况，是项目区别于其他活动的重要指标。三是连续性。项目的目的是为了解决问题，这些问题都可以进一步分解和解决，项目完成的过程是解决具有关联性的一系列问题的过程。四是条件性。所有项目在解决过程中，都会受到相应的时间、资源（含设备、材料、根据、人力、资金）等多种条件的限制。

与生活中理解的项目不同，项目化学习中的项目有其独特性。一是主体特定性。整个项目的完成主体是学生，所有方案的设计、问题解决、成果梳理展示以及反思优化，都需要学生在特定的时间和情境内完成相应的任务。二是学习关联性。项目化学习完成项目的目的不是为了完成任务，而是通过解决一系列的问题，将所学的相关知识进行系统迁移、综合运用、深度理解，最终通过相应的成果来展示其学习的收获，可以说，学生在这一过程中的学习相比于完成任务更为重要。三是前提设计性。学生在项目化学习中需要解决一系列具有挑战性的复杂任务，这些任务和要求是基于课程标准和学生成长的需要进行的系统设计，是一种人为的特定活动情境。

项目化学习（project-based learning，简称PBL），又称基于项目的学习，最早起源于16世纪意大利罗马的建筑师学院的"项目方法"，最初是面向建筑师而开展的建筑设计竞赛。1918年，威廉·赫德·克伯屈最早界定了项目化学习的概念，并提出其流程包括主题、计划、实施以及评价四个阶段。20世纪60年代开始作为一种中小学的学习方式，成为一种系统的教学活动，围绕社会上的真实问题开展包括设计项目计划、实施项目步骤和制作项目作品等探究过程，学生在项目实施过程中学习相关知识和技能。夏雪梅教授认为，项目化学习是学生在一段时间内通过对真实有挑战性的问题进行持续探究，达到对核心知识的再建构和思维迁移。其操作性特征包括七个方面，分别是真实的情境、复杂的问题、超越学科、专业设计、合作完成、成果导向、评价跟进。

项目化学习可以理解为以学科的核心概念和原理为中心，学生以小组合作的方式围绕所选择的某一个具体的学习项目，在学习过程中充分选择和利用身边的学习资源开展项目探究活动，在教师给定的时间内完成项目任务和作品，在原有知识水平上主动构建新知识和加强相关技能的一种学习模式。

高质量的项目化学习一般具备以下四个特点，一是指向核心素养的课程实施。

项目化学习不是对课本知识的简单运用或技能操作展现，是在课程框架下，综合性运用各种知识和技能解决真实性的问题，在这一过程中，理解学科的核心概念，具备本学科学习所要培养的关键能力和必备品格。二是基于真实性驱动问题情境。项目化学习所要解决的问题是真实性的，学生在真实性的情境中经历学习、思考、实践，建立起学习与世界的关联，并将学习获得的能力迁移到新的真实性情境中。三是学生的学习是一种高阶学习。学生在复杂的、具有挑战性的真实性情境中，完成具有高阶思维的任务，融合运用各种知识技能，实现学生的深度化学习。四是能持续进行反思和实践。项目化学习最终要以成果的形式反映出学习效果，成果梳理、展示以及反思优化，是一个持续进行的过程。项目完成后遇到的问题将是后续项目学习的重要问题来源，这种持续的实践过程是项目化学习的一个重要特点。

判定是否是项目化学习并不仅仅是因为选的是项目，而是其中是否具有项目化学习的要素。比如要求学生搜集家庭垃圾处理情况，编制宣传小报，如果仅仅是一项活动，没有有效的驱动问题和一系列的协同学习，难以说是项目化学习；在植树节前夕，组织学生为校园植物悬挂名称和属性的卡片，如果其中没有系统的探究活动和指向更深的价值引领，也往往就是学校的一项活动；学了酸碱指示剂，让学生解释红薯粥为什么是绿的。如果在其中的学习过程中，学生没有自主的探究过程，只是按照教师给定的步骤操作，也不能说是项目化学习；学生制作投石器，如果仅仅强调技能的学习，忽视了知识迁移能力，就成了手工课。判定项目化学习最为核心的要素为是否具有产品，这些产品是否公开，是否有对产品的反思与改进。

（二）相似概念辨析

项目化学习与传统的教学相比，更加凸显育人性、整体性和表现性，是基于真实性问题的探究学习，注重知识的系统性运用和迁移能力的培养，是以单元重新构建的基于学的设计。在具体的实践中，与传统教学中的很多教学形式既有相似之处，也有不同的特点，只有对这些问题的进一步理解和掌握，才能更好地推进项目化学习，提高学生的学习质量。

1.项目化学习与基于问题的学习、探究性学习。这二者都可以简写为 PBL，既有相同之处，也有一定的区别。基于问题的学习以问题解决为导向，以问题解决的过程为核心，通过设置问题情境引导学生合作解决某个特定的问题。项目化学习以完成项目，制作产品为导向，根据目标制定团队协作方案，并在协作中解决遇到的一系列问题。相同之处在于这二者都是以真实世界密切关联的问题为导向，以问题解决的过程为主要形式，在学习过程中都强调学生的主体性，通过教师的引导进行探索并解决问题，指向学生知识与技能的自主建构，注重培养学生的批判性思维、问题解决和合作能力等。区别在于对问题的选择上，项目化学习的问题更侧重于现实的、复杂的跨学科问题，目的是通过问题的解决形成产品，而基于问题的学习则强调问题解决的方案，未必要有产品。在学习的过程及组织上，项目化学习一般比基于问题的学习更系统、更深入、时间更长。可以说，项目化学习包含了问题解决的过程，但内涵较之更加广泛，基于问题的学习可作为短期的项目化学习而独立存在，也可作为项目化学习的一部分，存在于项目化学习的某一阶段。

2. 项目化学习与小课题研究。小课题研究是解决问题的一种方式，通过系统化的方案设计和实践解决问题。从学生综合实践课程以及研究性学习的组织中，小课题研究是学生常用的一种方式。项目化学习与小课题研究都是基于特定的问题，设计或编制解决问题的方案，并最终解决问题。但是二者依然有着一定的区别。一是由于解决问题的类型不同，小课题研究最终的成果可以是方案，也可以是倡议书，并非所有的课题成果都是产品。二是小课题研究强调围绕个人遇到的困境问题进行，常常是基于学生兴趣的问题。项目化学习是基于课程标准和学生发展实际选择展开研究。三是学生开展的小课题研究往往聚焦小问题，研究的切口较小，解决问题的时间和周期较短。项目化学习是基于大概念的整体性学习，指向学科和学生成长的最核心、最本质的问题，需要较长的周期和系统化的合作与实践。小课题研究的问题如果与项目化学习研究的问题相类似，可以是项目化学习的一种类型。项目化学习分解成的子问题可以通过小课题研究的形式进行解决。

3. 项目化学习与 STEM（STEAM）。STEM 是科学（Science）、技术（Technology）、工程（Engineering）、数学（Mathematics）四门学科英文首字母的缩写，STEAM 则在 STEM 的基础上增加了艺术（Arts），实质上是项目化学习的一种类型，偏向数学、工程整合等领域。项目化学习范围更广阔，除了上述领域，还包括人文科学、社会科学等领域的内容。

4.项目化学习与项目活动。二者都是围绕一定的问题进行的项目活动，但二者有着一定的区别。一是项目活动聚焦的是活动任务的完成，如稻米种植过程中围绕小鸟吃稻苗这个项目，主要的任务是防止小鸟吃稻苗，可能会采取使用拦挡网的方式，那么只要完成了拦挡网的制作和覆盖，就完成了整个项目。但在项目化学习中，除了考虑要解决的这个问题，还需要关注小鸟的生存状态。学习要围绕一定的大概念进行，通过系统的设计，引导学生建立起行为与思维、认知之间的关联，围绕真实性的问题建立起与世界、社会的关联，是一种深度的学习与思考方式。

## 二、知识

无论是何种学习，都离不开知识，在教师每天谈着核心素养、关键能力和必备品格等词语时，似乎不需要再关注知识，似乎只要重视这些素质的发展而不需要学习基本的知识。有大量的研究表明，对于某些领域（如国际象棋、历史、科学和数学）专业知识的研究表明，专家思考和解决问题的能力主要依赖于有关学科领域的大量知识的储备。[1] 更为关键的是，伴随了所有教师教学生涯的知识并没有能够被多少教师真正地理解。知识的学习之所以成为诟病，成为应试教育的帮凶，并非知识本身出了问题，是因为教师对知识的理解、认识不到位，在教学的过程中采取了以机械记忆和训练为主的学习方式，学生掌握的是大量依赖识记获得的、不能迁移到新情境的"事实性知识"。而项目化学习就是为了解决这种知识学习存在的问题，在教师的指导下，围绕具有挑战性的项目确定真实性的情境和问题，学生通过合作积极地进行探究和实践，掌握学科的核心知识以及应用这些知识解决实际问题的综合能力，那学生就有必要弄清楚何为知识，项目化学习中的知识到底是什么，如何进行学习等问题。

在世界飞速发展的今天，很多研究者指出知识在飞速增长，甚至以知识爆炸来形容知识增长的惊人速度。知识总量成几何指数增长，总量翻番的时间从50

①贾积有.人工智能赋能教育与学习[J].远程教育杂志，2018，36（1）：39-47.

年缩短到 3 ~ 5 年。未来学家推测，今天的科技知识将只是 2050 年的 1%。<sup>①</sup>面对数量这么庞大的知识，学生不可能学习全部的知识，更不可能学会所有的知识。其实，从现有的研究看，所谓的知识爆炸仅仅是信息的激增，而真正的知识增长速度并没有这么快，就像几百年前的知识在今天依然被认定为公理一样。有研究表明，信息是节点，只有按照一定的逻辑进行链接才能成为知识，学习的过程就是认知网络中生成的新认识发现。在对知识分层的研究中，处在底层的是符号，符号具有了意义就成为了信息，信息有了一定的体系才有逻辑，在逻辑的体系下学习和思考才能形成有效的思维方式，也就是学生具备了专业解决问题和迁移解决问题的能力。实际上，学生的学习必然要有价值感，也就是学习的过程要与学生的生命成长与生命价值关联起来，才能实现真正的意义层面的学习，这也是项目化学习所要达成的目标。

尽管信息的增长并不能真实地反映出知识的增长水平，但依然是一个庞大的体系，且存在不同种类的知识，所以我们依然无法回避斯宾塞提出的"什么知识最有价值？"这个著名命题。作为一名教师，只有对知识有了深刻的理解，能够区分不同分类的知识，熟悉认知发展层次，才能选择合适的知识并围绕这些开展项目化学习的设计与组织，进而引导学生获得"有用的知识"。不同的知识分类下知识的构成并不相同，学习这些是让教师进一步区分哪些知识在哪个层次上是可以作为项目化学习的内容、项目化学习的方式等。当然，在不同的理论体系下知识的认识和分类并不相同，限于篇幅和本书侧重于操作，无法对这些内容展开更详细的阐释，需要教师根据所提供的内容，拓展学习相关的文献，进一步理解知识和更好地运用于项目化学习。

（一）认知目标分类框架

教育目标分类是教学设计必须关注的问题，在众多的研究者中，布鲁姆等将教育目标分为认知、情感和动作技能三个领域，并从实现各领域的最终目标出发，确定了一个细化目标的程序。后续研究者安德森在认知目标分类的基础上进行了修订，提出了知识维度分类与认知水平分类的二维知识框架（见表1-1）。

---

① 高书国. 大数据时代的数据困惑——教育研究的数据困境 [J]. 教育科学研究，2015（1）：24-30.

表 1-1　认知目标分类学新框架

| 知识维度 | | 认知过程维度 | | | | | | | | | | | | | | | | |
|---|---|---|---|---|---|---|---|---|---|---|---|---|---|---|---|---|---|---|
| | | 记忆 | | 理解 | | | | | | | 应用 | | 分析 | | | 评价 | | 创造 | | |
| | | 识别 | 回忆 | 解释 | 举例 | 分类 | 总结 | 推断 | 比较 | 说明 | 执行 | 实施 | 区分 | 组织 | 归属 | 核查 | 评判 | 生成 | 计划 | 构建 |
| 事实性知识 | 术语 | | | | | | | | | | | | | | | | | | | |
| | 具体细节与要素知识 | | | | | | | | | | | | | | | | | | | |
| 概念性知识 | 类别、分类知识 | | | | | | | | | | | | | | | | | | | |
| | 原理、概括 | | | | | | | | | | | | | | | | | | | |
| | 理论、模式、结构知识 | | | | | | | | | | | | | | | | | | | |
| 程序性知识 | 学科技能与算法知识 | | | | | | | | | | | | | | | | | | | |
| | 学科技巧与方法知识 | | | | | | | | | | | | | | | | | | | |
| | 确定何时使用适当程序知识 | | | | | | | | | | | | | | | | | | | |
| 元认知知识 | 策略性知识 | | | | | | | | | | | | | | | | | | | |
| | 关于认知任务的知识 | | | | | | | | | | | | | | | | | | | |
| | 自我知识 | | | | | | | | | | | | | | | | | | | |

　　该认知目标分类框架将知识分为了事实性知识、概念性知识、程序性知识和元认知知识，对每一种知识有着更为详细的分类、具体的阐释和学习的案例。这种知识维度的分类为项目化学习提供的依据是，如果知识的学习停留在事实性知识的层面，就偏离了项目化学习的本质。

　　认知目标分类框架同时明确了根据认知水平从低阶到高阶的认识目标六个层次，即记忆、理解、应用、分析、评价和创造，并对每一种认知水平进行了细化。这种基于认知复杂程度进行划分的方式，反映了学生在学习过程中的认知变化，可以对学生的学习结果做出准确的判定，如果学生的学习处在记忆、理解、应用层面，则属于浅层次的学习。项目化学习指向高阶的分析、评价和创造，能使得项目化学习有据可依。更为主要的是，依据这种分类层次可以更容易拟定项目化学习的目标，设计具体的任务，具有较强的操作性。

　　该认知目标分类框架是以经验性的语言工具对目标的描述，建立在知识是客观的，可以与心理活动分开存在的知识观基础之上的，如果用以描述隐性的情感、态度等目标就显得困难。在实际操作中，各种认知维度往往交织在一起，也很难区分出在具体的解决问题过程中有哪些独立的认知活动。尽管如此，该认知目标分类框架对项目化学习的价值在于，我们可以通过每个学习活动指向的最为主要、最高层次的认知维度确定学生的学习目标，特别是对刚刚进入项目化学习中的教师有着较好的操作参考。

（二）SOLO分类评价法视角下的知识分类

SOLO分类评价法是一种评价理论，基本理念是人在学习新知识过程中表现出来的思维阶段是可以观察到的，因此称为"可观察的学习成果结构"。该理论认为，学生的学习结果存在着量的变化和质的起点数量的变化，学生的认知水平会随着其在学习过程的量变到质变而进入到更高一级的阶段。通过学生回答问题可以判定学生的认知水平所处的阶段，并对学生的思维发展水平进行评价。应用该理论的成果，可以对项目化学习中学生认知发展的水平作出判定，并据此设计和评价项目化学习的结果。在SOLO知识分类体系的研究中，比格斯把学生的学习结果分为五个层次，见图1-3。

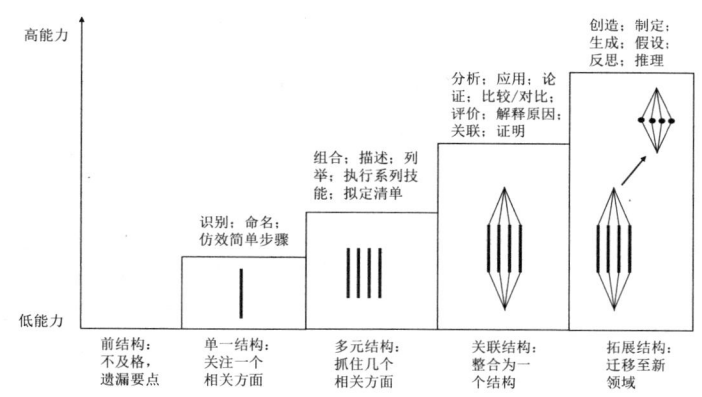

图1-3 学习结果类型

从其应用来看，该分类体系并不能有效地评价学生的知识掌握程度，对于项目化学习中涉及的知识等需要依据其他知识分类体系进行评判。同时，有关研究也显示，在实际操作中不仅对操作者要求高，在理论转化为实际操作的过程中也会有很多问题需要解决，这需要在使用过程中积极开展研究，寻求更多的问题解决策略。

（三）马扎诺的学习维度框架

马扎诺的体系在布鲁姆、建构主义知识观和心理学发展成果的基础上，提出人的学习过程包括三个主要的系统：自我系统、元认知系统和认知系统，外加知识这一因素。学生面对一个新的学习任务的时候，首先是由自我系统来判断任务的意义并决定投入的程度，也就是学习的动机问题。在解决了动机问题并决定投入学习之后，学生会依据已建立起来的元认知系统决定学习行为的目标、方式和策略，然后运用认知系统中存储的具体认知技能去经历认知过程并完成学习任务。根据这一理论，马扎诺提出了学习维度框架（见图1-4）。其中，与认知策略关联的有知识的习得与整合、知识的研究与精化和有意义地运用知识三个维度，它们依次由低阶向高阶发展，但它们之间并非割裂关系，高阶学习基于低阶学习进行。该框架较好地区分了学习的目标类型和目标之间的联系，是目前项目化学习重要的知识维度框架，也是指导项目化学习设计、评价的重要依据，在操作上更加具体，更便于操作。

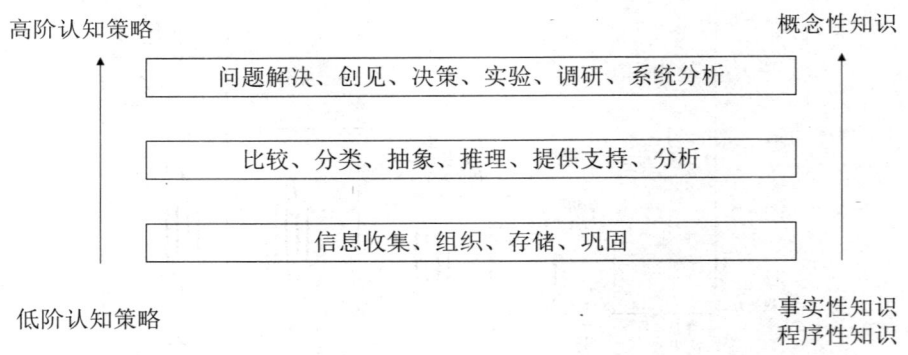

图1-4　马扎诺的学习维度框架

（四）威金斯内容优先知识框架

威金斯在《追求理解的教学设计》中，将知识按照层级分为大概念和核心任务、需要掌握和完成的重要内容、需要熟悉的知识，形成了对学生所要学习知识的框架体系。以生物体的知识结构体系为例，威金斯提出的明确内容优先次序框架，见图1-5[①]。

①该图由临沂华盛实验学校石彤慧老师设计。

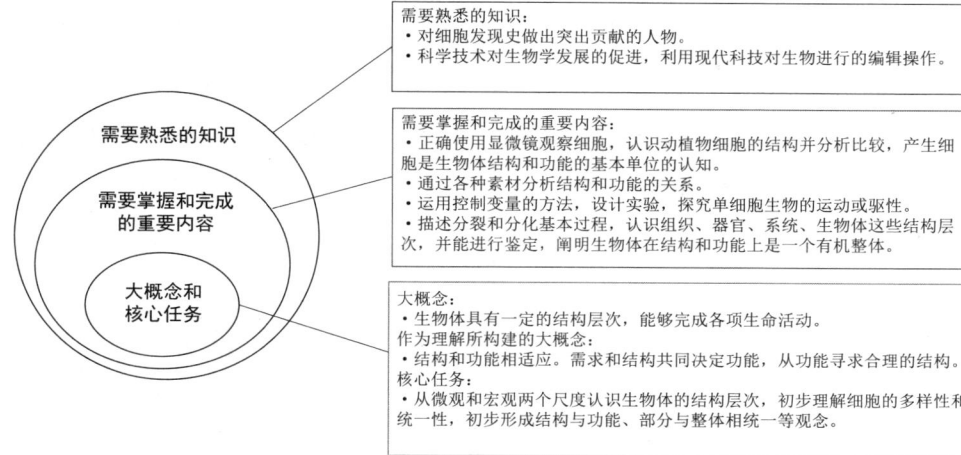

图 1-5　威金斯提出的明确内容优先次序框架

该知识分类将知识按照"理解"分为了六个不同的层次，这个知识体系对于项目化学习的设计与实施来说有着重要的借鉴价值，教师能够从大概念的视角审视项目化学习所承载的知识、能力，能在综合的视角下审视、设计与实施项目化学习，对于转变教师的教学理念、优化项目化教学有着积极的价值，所提供的可操作工具对项目化学习有着极其重要的作用。同时，在该书中还提出了评价优先的逆向教学设计，其中该书提供的三阶段设计模板对项目化学习的设计有参考价值（相关内容见第二章）。

（五）其他分类

在具体的实践中，也有研究者从我国教育教学的实际出发，提出了新的知识分类标准，这些知识分类方法可能不如国外的分类体系框架完整，但本土研究成果更容易被教师所理解和接受。如吴刚平教授将知识分为事实性知识、方法性知识和价值性知识；也有研究者针对科学领域的知识与技能进行详细的分类，见图1-6。

把握知识分类是进一步理解学生应该学习什么、学习到什么程度、采取何种方式学习是有效的，这为后续的项目化学习设计以及过程组织提供了基本的参考依据，确保学习过程的科学性和有效性。特别是在知识分类的基础上，明确知识与学习方式之间的对应关系，能够为后续的项目化学习提供重要的理论依据。对知识的研究和分类绝非上述几种，在不同的知识观下，知识分类框架各不相同，但每一种分类框架在其理论框架下都是严谨的、完整的，在具体运用中，需要更多地学习、研究拓展文献，并且根据其详细的阐释在实践中不断地磨炼，才能真正地掌握其理论内涵和具体操作。这样，才能科学地确定项目化学习的目标和内容，科学地评价学习的效果。

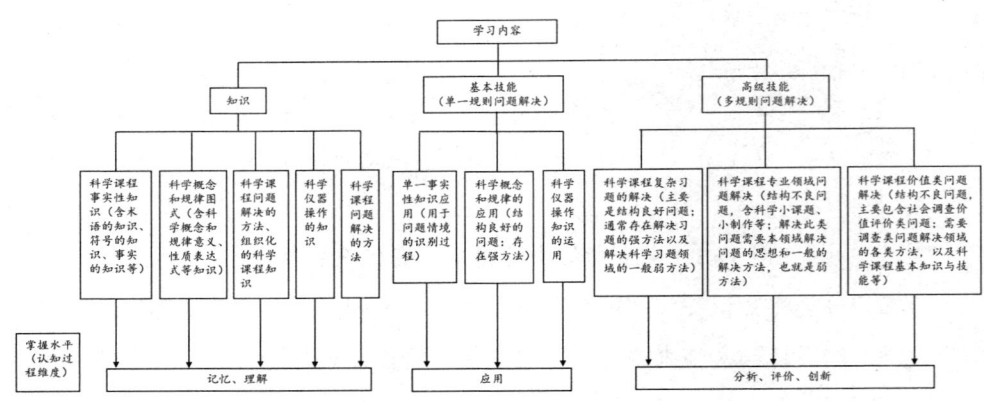

图 1-6 科学课程认知领域学习分类及学习层次

### 三、大概念

项目化学习实质上是以问题解决为核心的真实性情境学习方式，强调核心知识的获得以及对知识的深度理解和完整建构，要真正起到统摄、建构各种学习资源的作用，就要统整学生的学习与发展，培养其综合能力与核心素养。能够实现这种统整与统摄的知识就是大概念，无论是设计还是评价，都会用到大概念。由于大概念被引入我国教学的时间不长，加之教师理论研究的深度和思维方式所限，在理解上有着很多的困难。正是因为绕不过去，所以需要教师课后用更多的时间弄清楚这一问题。为了便于直观地了解大概念是怎么一回事，还是通过诺贝尔物理学奖获得者美国科学家费曼讲述的父亲对他培养的故事谈起。

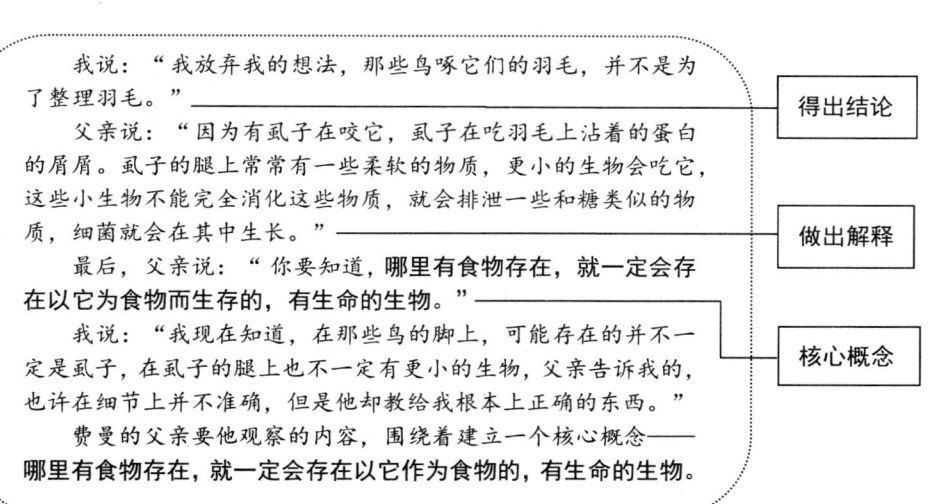

有一次一个孩子问我："看见那只鸟了吗？你知道它是什么鸟吗？"

我回答："我一点都不知道。"

他说："那是一只褐色的、会发喉音的画眉，你父亲什么也没教你吗？"

父亲说："看那只鸟！它的名字叫斯宾赛鸣鸟。"（父亲其实并不知道这只鸟的正确名字）

父亲又说："在意大利它叫XXX；在中国它叫XXX；在日本它叫XXX；你可以知道用世界上不同的语言如何称呼这种鸟。但是，学完了这些，你实际上根本不了解这种鸟，你只知道世界上居住在不同地方的人对这种鸟有不同的称呼。"

我："是！"                                      **提出问题**

父亲："鸟为什么要啄它们的羽毛？"

我："可能是它们飞行时把羽毛弄乱了，它们啄羽毛，以便把它们的羽毛理顺。"                      **做出假设**

父亲说："让我们仔细观察一下，它们是在刚刚落下时啄得最多吗？实际上要看清楚这一点，并不困难，比较一下那些刚刚落下的鸟和已经在地上走来走去的鸟，它们在啄羽毛上看不出差别。"   **通过观察检验假设**

---

我说："我放弃我的想法，那些鸟啄它们的羽毛，并不是为了整理羽毛。"                           **得出结论**

父亲说："因为有虱子在咬它，虱子在吃羽毛上沾着的蛋白的屑屑。虱子的腿上常常有一些柔软的物质，更小的生物会吃它，这些小生物不能完全消化这些物质，就会排泄一些和糖类似的物质，细菌就会在其中生长。"             **做出解释**

最后，父亲说："你要知道，**哪里有食物存在，就一定会存在以它为食物而生存的，有生命的生物。**"

我说："我现在知道，在那些鸟的脚上，可能存在的并不一定是虱子，在虱子的腿上也不一定有更小的生物，父亲告诉我的，也许在细节上并不准确，但是他却教给我根本上正确的东西。"              **核心概念**

费曼的父亲要他观察的内容，围绕着建立一个核心概念——**哪里有食物存在，就一定会存在以它作为食物的，有生命的生物。**

对于知识在人的发展中的作用，人们认识到以下两点，一是建立知识的关系网络比知识本身的事实性积累更重要；二是建立领域知识内部、领域间知识以及知识与现实世界问题解决之间的联结和统整是实现学习和理解的重要机制。布兰福特在 2000 年曾指出，知识不仅仅是一系列事实和公式的累积，知识更应该围绕着核心概念或者重要理念，将它们组织在一起，最终形成思维。

2018 年普通高中课程标准，首次使用大概念（Big ideas）一词，并指出应以学科大概念为核心来优化课程内容结构化。大概念也有学者译为大观念，目前对这一概念的界定和理解很多，林恩·埃里克森认为大概念是指向学科中的核心概念，是基于事实基础上抽象出来的、深层次的、可迁移的概念。2005 年，美国科学促进会（AAAS）提出大概念是"能将众多的科学知识联为一致整体的科学学习的核心"。许多学者都提到过大概念的重要性，其中威金斯等把大概念比作"车辖"，有了车辖，车轮等零部件才能组装起来，否则只能散落一地，毫无用处。

大概念可以被界定为反映专家思维方式的概念、观念或论题，它具有生活价值。其主要理解有两点，一是大概念的"大"不是指庞大、基础，而是核心，与小概念既有区别又有联系。如"蚯蚓能很好地适应在泥土中的生活"（小概念），对应"生物体需要经过很长时期的进化才能形成在特定条件下的功能"（大概念）。小概念只有在具体情境中经常运用才可以不断迁移，也只有纳入到大概念的认知结构中，才能被激活且不容易遗忘。二是大概念的"概念"不单指平时理解的具体概念，其范围更广，包括概念、观念和论题等。威金斯认为，大概念通常表现为一个有用的概念、主题、有争议的结论或观点、反论、理论、基本假设、反复出现的问题、理解和原则。所以，大概念可以表现为一个词、一个短语、一个句子或者一个问题。

大概念包括哲学概念、共通概念和学科概念等，围绕这样的分类，可以形成学科知识结构的"金字塔"，见图 1-7。

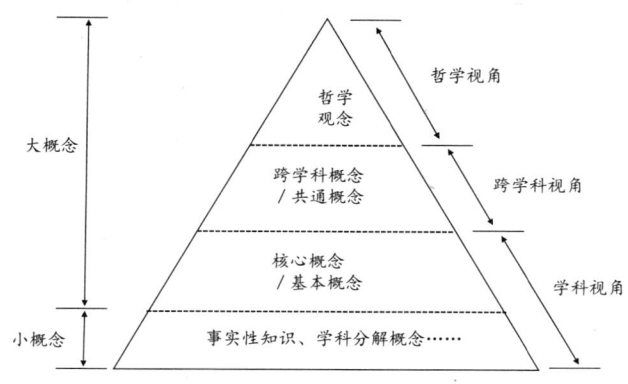

図中文字：
哲学视角
大概念
哲学观念
跨学科概念/共通概念
跨学科视角
核心概念/基本概念
学科视角
小概念
事实性知识、学科分解概念……

图 1-7　围绕"大概念"的学科知识结构"金字塔"

　　在学科教学中，大概念还会逐级分解到小概念和具体概念，这是开展教学的重要依据，围绕这样的概念体系进行设计，能够培养学生的综合能力。以初中生物"传染病"为例，可以构建起概念的层级图[①]，见图 1-8（图见下页）。

　　从学习效果上看，学习可以分为高通路迁移和低通路迁移，能够适应未来社会发展需要的人才一定是高通路迁移的学习路径。高通路迁移是能够形成较强的神经网络，需要每一次有意义的信息输入与神经元之间的激活，将学习到的知识迁移到不同的情境中并加以运用，遵循的是"具体——抽象——具体"的路径；低通路迁移往往是重复相同的信息，刺激微弱，形成的通路是有规定的，只有在相似的情境或提示下才能激发，遵循的是"具体——具体"的路径，很难迁移到新的问题情境中。在小学数学四年级的植树一节的教学中，教师习惯用植树推导出间隔和树的关系，以具体的树作为例子，在生活情境如钉扣子、钟声、学生排队等时，习惯询问学生一句"这个题目中，树是什么？"学生回答是"扣子""钟声""学生"等，学生在应用该逻辑关系解决植树以外的问题时经常出现错误，教师归结为学生不熟练，实际上是因为其中采取的是低通道迁移学习，学生解决问题中的情境（如扣子）需要转换为具体情境（树）才能解答。如果教师能够将植树问题上升到端点和间隔的建模或逻辑关系，就形成了"具体——抽象——具体"的路径，在解决生活情境中的复杂问题时就有了迁移的能力。在实验教学中，项目化学习作为一种统整与统摄的学习方式，所获得的能力需要具有较强的迁移

①该图由临沂第四十中学高敏敏老师、临沂孟园实验学校曲敏老师设计。

性，也就是必须要用大概念作为统领，采取高通路迁移的学习方式。因此，在设计和实施项目化学习过程中，要注重大概念的设计与引领。

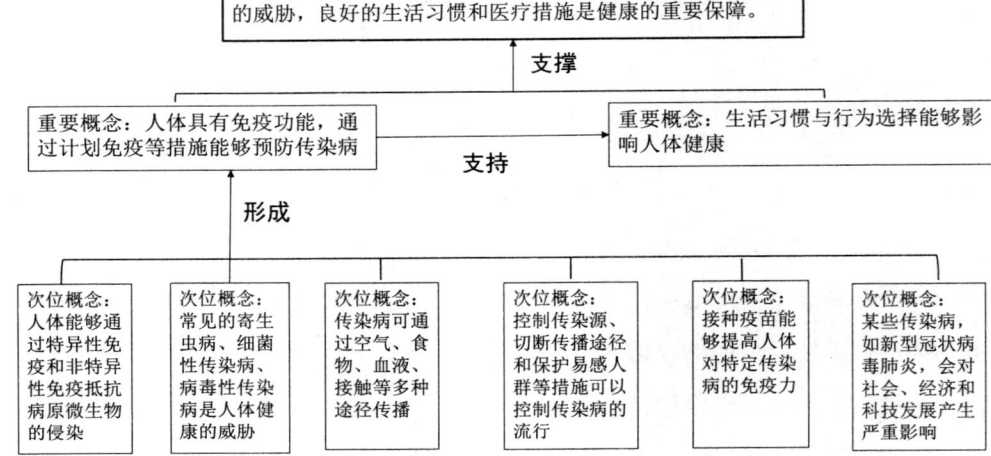

图 1-8　初中生物"传染病"概念层级图

大概念不可能当作事实来教授给学生，让学生去记住"大概念"就违背了用大概念组织学生学习经验的初衷。但是在大概念的统领下，通过有效的科学组织，形成学生的科学综合能力。以化学关键能力的形成为例，见图 1-9。

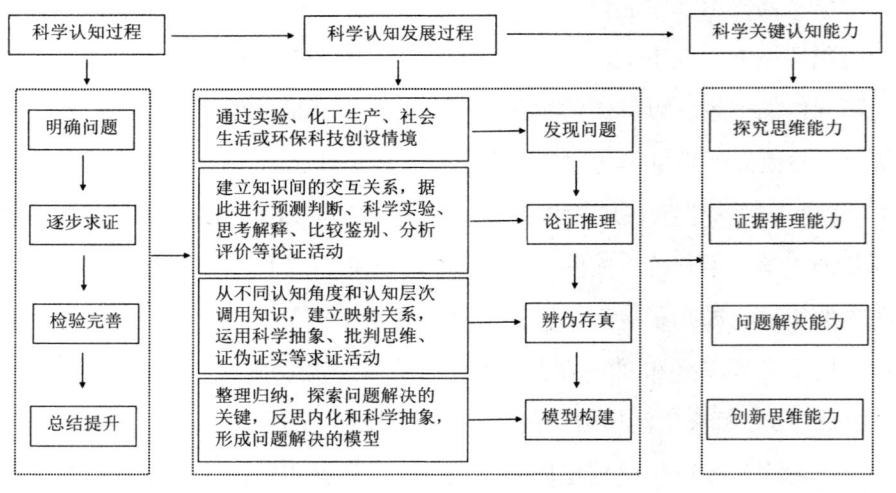

图 1-9　关键认知能力的形成路径

大概念引领下的学习，学生最终获得高阶思维，而这恰恰是项目化学习所要达到的目标。学习的核心目的是为了获得解决复杂问题的综合能力，能创造性生活，这类能力往往就是高阶思维。在不同的专家视野中，高阶思维的界定并不相同，目标分类学中的分析、评价和创造是高阶思维。苏珊·M·布鲁克哈特等人将高阶思维划分为创造性思维、批判性思维和问题解决能力。

不同的研究者对大概念的特征有不同的分类标准，一般说来，比较认同和便于理解的大概念特征表现在以下四个方面。一是中心性。大概念对本学科或本单元的其他概念起到了提纲挈领和纲举目张的作用，如同一个文件包将所有的小概念按照不同的逻辑、结构组成一个有序的、有关联的合理框架。二是聚合性。大概念、核心概念、具体概念和小概念构成了整个概念的网络结构，在这个结构中大概念不仅居于中心地位，更是通过各种逻辑、关系将所有的概念有机地进行连接，既有概念层级的纵向联结，这种联结为不同学段学生的学习设计提供了依据；又有横向的联结，为跨学科或多个领域的学习设计提供了依据，为实现更高层次的综合性学习奠定了基础。三是迁移性。大概念是具体概念的抽象，这种抽象出来的认知能够解决所有包含该抽象认知的问题情境，而不是具体概念所针对的相似情境，超越具体情境的能力应用过程是一种高通道迁移，是应对未来世界复杂情境所能具备的能力。埃里克森指出大概念有极大的迁移价值，随着时间的推移能被应用于许多其他纵向的学科内情境和横向的学科间情境，以及学校以外的新的情境。[1] 四是持久性。怀特·海曾经谈到："当一个人把在学校学到的知识忘掉，剩下的就是教育。"什么样的知识可以忘记，一定是事实性知识，是那些通过记忆、机械训练获得的知识，剩下的东西是学生对知识、学科的深入理解、深刻感悟，能够用这些知识解释生活中遇到的各种现象、解决遇到的各类问题。那么，可以运用、不被遗忘的知识是具有中心地位和网络体系中的大概念，持久性是大概念的重要特点。基于大概念及其特征的理解，可以设计学习内容和学习方式。图1-10是围绕"探究"的大概念所进行的系统思考[2]。

①李刚，吕立杰.国外围绕大概念进行课程设计模式探析及其启示[J].比较教育研究，2018，40（9）：35-43.
②该图由临沂第四十中学高敏敏老师、尹红霞老师设计。

大概念：探究是获取证据的模式，该模式可以形成解释、获得答案。

科学理解（领域具体概念与内容）
科学概念：
为了寻求某种答案，以相关知识点为中心进行探究的过程。
生命科学：
生物中结构与功能间的内部联系。
化学科学：
化学反应的内部原理可以被发掘出来。
地球科学：
对地球演变漫长过程的追踪。
物理科学：
各种力间的关系可以通过探究将它们联系起来。

设计：
心脏结构与功能的统一
地球的演变
各种力的关系
酸与碱的化学性质

评价标准：
①学生能描述出知识概念的内在原理。
②学生能将学习过的知识点与现实生活相联系并说出具体的事例。
③学生能和其他人解释出在现实生活中发生的现象的产生原因。

图 1-10　围绕"探究"的大概念的系统设计

## 四、创造性

创造力和创新思维是学生发展核心素养的重要组成部分，也是培养学生核心素养必须关注的问题，项目化学习作为指向核心素养的重要学习方式，不可能回避创新素养的培养，创新的核心是创新意识和创新能力，体现在学生的创造性上。创造性是学生在面对各种不确定的问题时，通过不断的学习、充足和反思，实现知识和能力的迁移。

不同的专家对创造性（Creativity）的分类不同，有理论研究指出，人一生的创造性分为学习过程中的微 C（mini-c），日常生活中的小 C（little-c），专业领域中的专 C（pro-c），杰出人才的创造性大 C（big-c）。详细解释见表 1-2。

表 1-2　创造性分类一览表

| 类型 | 解释 |
|------|------|
| 微 C | 就是对一个事情的重新理解和新的想法。 |
| 小 C | 解决日常问题及适应变化的能力,如找到方案解决问题、重新利用废品做出有用的生活用品。 |
| 专 C | 在任何一个行业、学科研究或工作中,专家们每天都在围绕自己的专业领域进行创新和发明,这部分创意就会对社会的进步起到推动作用。 |
| 大 C | 要求个体具备高水平的创造性思维,深厚的专业知识,在特定的领域具有才能及创造产物得到社会的高度认可。 |

　　生活中的大多数人都会经常有新的想法,也会遇到事情不断地反思,这就是微 C 的表现。学校教育要在此基础上培养学生的小 C 能力,项目化学习恰恰能够达成这样的育人目标。在项目化学习的领域上,能够引发学生创造性能力的问题包括日常问题、学科问题、多学科问题和跨学科问题,与之相匹配的项目类型包括活动项目、学科项目、多学科项目和跨学科项目,这也是目前项目化学习主要的分类情况。

　　活动项目往往与学生的个人成长、品德完善等有关,聚焦学生日常遇到的各种问题。与实验相关的问题,在学习上要么属于学科,要么属于多学科项目范畴,要么与跨学科项目交叉。因此,在实验项目化的分类上,我们结合学习的需要,将活动项目的类型替换成微项目,即在某个实验中的某个学习阶段或者在实验中的某个内容采取简单的项目化学习方式。具体情况见表 1-3(表见下页)。

表 1-3　微项目、学科项目、多学科项目、跨学科项目的比较

| 项目 | 微项目 | 学科项目 | 多学科项目 | 跨学科项目 |
|------|--------|----------|------------|------------|
| 涉及学科 | 单个学科 | 单个学科 | 多个学科 | 多个学科 |
| 学科界限 | 学科界限清晰 | 学科界限清晰 | 学科界限明晰 | 学科融合 |

| 问题网络 | B学科元素 → A学科问题 | C学科元素、B学科元素、D学科元素 → A学科问题 | E学科元素、A学科元素、B学科元素、D学科元素、C学科元素 → 主题 | 问题1、问题1、问题1、问题1、问题1 → 问题 |
|---|---|---|---|---|
| 隐喻 | "和面"项目 | "面条"项目 | "沙拉"项目 | "奶昔"项目 |
| 基本理解 | 围绕某个简单知识点的探究活动，或者课外的某个小主题的探索等。 | 围绕学科的关键概念组织的学习，其他学科知识服务本学科学习。 | 围绕真实性问题情境，涉及的不同学科关键概念或能力界限分明。 | 解决问题所涉及多个学科的能力或大概念，难以区分具体的学科知识。 |
| 所覆盖的知识范围 | 某个单一的内容或主题 | 以某个学科的核心知识为主 | 多个学科知识和能力的整合 | 超越具体学科的概念体系 |
| 创造性类型 | 微 C／小 C | 微 C／小 C／模拟专 C | 微 C／小 C／不同学科中的模拟专 C 组合 | 微 C／小 C／不同领域的模拟专 C 组合 |
| 问题类型 | 学科问题 | 学科问题 | 多学科问题 | 跨学科问题 |

　　这种分类是在实验教学中项目化学习的分类，在这种分类中，微项目严格意义上说是属于一种学科学习方式或在大的项目中分解成的某一阶段、某一环节的项目化学习方式。而在学生成长过程中，与学生学科学习之外的综合性发展往往采取活动项目的形式进行，这种类型的学习既可以是学科项目化学习的延伸，也可以是多学科或跨学科的学习方式。微项目区别于其他项目在于所选择的问题是学生在日常生活中遇到的问题，超越学科本身，更多指向学生综合能力的发展。

　　当然除了上面的分类，还可以按照内容分类，主要包括任务式项目化学习，由教师指定项目和要求，学生按照要求完成；主题式项目化学习，围绕一定的现实主题开展，往往是多学科或跨学科项目；问题式项目化学习，围绕真实性的问题组织学生开展调查、实践或实验等；开放式项目化学习，没有固定的要求，解决问题的方式开放多元，多数是跨学科项目。还有研究者提出按照问题本身的真实性程度，分为解决学科关键概念和关键问题的学术性项目、赋予学生真实生活角色的虚拟情境项目、真实的生活世界项目。其实，无论何种分类形式，其目的都是教师根据相应的分类结果按照已有的项目化学习组织经验，进行相应的设计和学习实践。当然，在实际运行中需要根据实际情况加以调整和优化。

# 第三节　实验项目化学习的规划

实验教学是一项培养综合能力的教学过程，不是单靠一个项目的学习就能达成的。从另一个方面来说，受到资源等多种因素的制约，对项目的可行性、关联性以及科学性等都有待于思考。况且，有些项目作为独立的项目进行存在着周期长、所需资源多、教师实施难度大等多种问题，自然会影响到项目化学习的质量，因此在确定项目、项目规划与项目设计等方面需要系统化思考。这样教师才能明确在什么样的位置上、什么样的状态下开展项目化学习。一般来说，项目化学习要经历确立项目——研制设计方案（规划）——形成具体项目实施方案与资源（设计）——项目的实施、观察与跟进——项目复盘与反思。

## 一、确立项目化学习的项目

在设计项目过程中，要充分考虑儿童研究的特点和样态。儿童研究的四大特点，一是孩子气，儿童研究是孩子的研究，前提是做真研究。二是好奇心，儿童研究始于孩子对世界的好奇、关注和兴趣，是研究的内在动机和心理状态。三是想象力，想象是人类尤其是儿童认识世界、理解世界、创造世界的独特能力和鲜明特质。四是创造力，人类特有的综合性本领是产生新思想、发现新事物的能力。由此，呈现出在研究中的四大样态，一是"情景场"研究，持久深入的研究常常发生在具体、真切的学习场景和研究环境中。二是"问题串"研究，问题不是单一和孤立的，通过关联和分解、发现和追问使好的问题通往正确的方向。三是"小项目"研究，儿童研究贵在"小"，是儿童想做的、可以做的研究。四是"无主题"研究，"无主题"不是没有主题，而是表达出主题永远呈现出开放和敞开的状态。[1]

项目化学习需要项目，项目是实验教学中落实学科核心知识、核心方法和核心素养的重要载体，从实验与生产生活、学生生存的需要出发。因此，项目的来源也同样如此，包括社会性的议题、当前热点问题和身边需要解决的问题，这些

---

[1] 李琳.支持"学"——教学制度创新的价值追寻 [J].人民教育，2018（7）：55-58.

问题是真实性的问题，是学生关心关注的感兴趣的问题，是学生能够解决且有助于达成育人目标的问题，指向这样的问题选择、确定成项目才能确保学习的质量。实验教学中的项目化学习往往以学科本身的问题确定项目，但作为一项推动学生学习的方式，有关实验的项目化学习也会支撑学校的发展，引导学校不断地推进特色品牌建设的档次。因此，在项目的确立上要考虑综合性、系统化的育人特点。一般说来，项目确立的方式有以下几个路径。

（一）已有传统或特色的改造

很多学校有着传统文化或育人的特色，在其发展过程中有些元素与研究、实验有关，或者用到实验相关知识技能的学习作为支撑，从而丰富学校的育人活动，形成更大的课程特色或育人特色。这些特色以课程或主题活动作为承载，如在传统的活动中确定实验项目化学习的项目，不仅丰富学校的育人资源，也能提高学生的成长质量。如在传承民族文化的过程中，有的学校基于学校种植、实践基地，以中医药作为切入点，有多种推进方式，诸如社团、校本课程、项目化学习等。不同的学习方式有着不同的发展定位、学习形式，以项目化学习的方式，融合实验教学，有利于提高学习的质量。如有的学校采取主项目的形式，围绕"中医药的传承"，进一步确定的驱动问题包括如何推动人们对中医药的认同、中医治疗效果如何得到保证、中药如何保证质量、中医技法如何传承、中医药剂如何更加方便有效、中药提纯的有效方法等，每个驱动问题又能进一步细化成一个个项目，如中药提纯的方法，可以细分的项目包括提纯的类型、药剂、提纯量和提纯度等。还可以结合当前抗疫，开发中医在新冠疫情中的作用等。

（二）学校课程的拓展或转化

学校的综合发展有特色的校本课程或拓展性的学习活动，这些课程在体系上往往侧重于技能的学习和训练，在项目化学习以前多数以活动的形式进行学习。在实验项目化学习中可以将相关的课程内容确定为项目或者对学校的课程体系进行重构，增加以实验项目化学习为主要形式的课程架构。如劳动教育属于综合实践领域的学习，作为一项活动或者一门学科课程都可以开展。临沂第八实验小学开发楼顶的空中农场，围绕这些农场开设了各类种植课程。结合小学科学采取项目化学习，不仅仅着眼于种植中的劳动，涉及多个领域的项目，包括空中农场的设计规划项目，细分为种植植物类型、自动浇灌系统、病虫危害与预防；科学种植项目，细分为最佳品种种植、生长影响因素、科学过程管理；虫害无污染防治、产品营销等。还可以进一步拓展为挑战性的项目，如谁的种植收益最大，同类种植谁的成本最低，谁的产品最受欢迎，诸如此类等。还可以拓展到其他学科的学习，如写观察日记、农场作文、农场摄影、农场海报制作等项目。每个项目的学习中都包括了规划、设计、探究以及成果展示等环节，综合运用多种能力，不断地提升学生的综合能力。

（三）社会现实困境的思考

项目化学习关注真实性问题，学生生活在现实社会中，其中热点难点问题，往往是学生重要的项目来源，用小项目撬动社会大问题，让学生在学习中像专家一样思考、分析，从而提升社会责任感。当前，很多热点问题如光盘行动、二孩政策、膳食、防疫等，并没有现成的、标准的答案，对于学生来说，都是需要关注的问题。面对同一个热点问题，不同年级学生的关注点、学习的内容和方式并不相同，从这些热点中选择项目，既可以设置成递进的年级主题进行，也可以按照不同的主题组成同年级学生的学习序列项目。比如在学校饲养家蚕项目的确立上，可以开展多个类型的项目化学习[1]，见表1-4。

表1-4　饲养家蚕项目的确立

| 问题领域 | 日常问题 | 学科问题 | 跨学科问题 | 超学科问题 |
|---|---|---|---|---|
| 驱动问题 | 如何在实验室饲养家蚕？ | 家蚕的生长发育和繁殖过程是怎样的？ | 家蚕为人类提供了蚕丝，哪些古诗词描绘了家蚕生活的场景？ | 家蚕对人类社会的贡献是什么？ |
| 项目类型 | 微项目 | 学科项目 | 跨学科项目 | 超学科项目 |
| 创造性重点 | 查询资料，制定实验方案。 | 以文字、照片、视频方式记录实验过程。 | 古诗词描写家蚕生活场景的诗句。 | 从纺织、化工、医药、保健、丝绸之路、文化等方面调查探究家蚕的综合价值。 |
| 可能的创造性成果 | 家蚕饲养手册 | 探究实验报告 | 家蚕诗词绘本 | 调查报告 |

[1]该表由临沂第四十中学高敏敏老师和临沂沂堂中学陈世通老师设计。

再如，围绕日常生活中烧水这个现象，也可以确定不同层面的项目，见表 1-5[①]。

### 表 1-5　烧开水项目的确立

| 问题领域 | 日常问题 | 学科问题 | 跨学科问题 | 超学科问题 |
|---|---|---|---|---|
| 驱动型问题 | 如何烧开一壶水？ | 如何提高烧水效率？ | 怎样烧开水才能彻底消灭细菌和细菌芽孢？如何避免水垢沉淀？ | 人类如何更合理利用能源？ |
| 项目类型 | 微项目 | 学科项目（物理） | 跨学科项目 | 超学科项目 |
| 创造性重点 | 创造性的解决问题思维过程。 | 实验观察创造性。设计实验方案的创造性 | 生物创造性；化学创造性；创造性问题解决的思维过程 | 历史、地理、政治、化学、生物等各学科的知识创造性综合。 |
| 可能的创造性成果 | 烧开一壶水的方案 | 探究实验报告单 | 烧开水注意手册；总体设计方案 | 人类与能源利用模型的构建 |

（四）好奇心的挖掘与孕育

好奇是青少年的天性，正因为他们对世界充满了好奇，有着千千万万个"为什么"，才会不断地探究世界，获得知识与成长。而这种探究恰恰是实验项目化学习项目的来源渠道。一方面我们可以利用青少年已有的好奇心确定项目，另一方面也可以通过适当的引导，启发青少年的好奇心，再确定项目。其中，可以从两个层面尝试，一是利用学生在学习中的困惑点诱发学生的好奇心。比如人教版生物八年级上册"细菌"一节中，提到了巴斯德巧妙的鹅颈瓶实验，但是教材只有简单的文字介绍以及图片展示，学生虽然知道了实验结论，但是依然存在着疑问，为什么"鹅颈"就能阻止细菌的进入？如果将瓶颈垂直向上拉得足够长还能有相同的效果吗？如果只是水平拉长不弯出"鹅颈"是否也行呢？从这些疑问出发，确定了"夏天肉汤的保鲜"这个项目。二是通过任务的变化，使得整个活动激发起学生的好奇心和探究欲。如在临沂市很多地方的中小学都有中午在学校就

---

[①] 该表由兰陵县矿坑镇初级中学蒋竹泉老师设计。

餐的安排，都在课间安排一次酸奶或者牛奶。从生活经验看，一般喝完酸奶后，包装盒上都会残留一部分酸奶，有的会撕开包装盒尽量喝干净，也有不少人喝完后就扔了，很少有人关注这些酸奶盒中到底残留了多少。如果仅仅让学生去测量残留量，也许能够提高测量工具的运用技巧（如量杯等），也能在一定程度上提高学生的节约意识。如果教师对此设计一个项目，不用任何现成的测量工具（如量杯、尺子、天平等工具），如何测量酸奶的残留量？在这个项目化学习过程中，学生要解决的不仅仅是测量问题，关键是要设计测量方案，包括如何制造、变造测量工具，适合不同类型工具（如可以测量体积、测量重量、长度单位）的测量方案是什么、还必须寻找说明最为科学、准确的测量方法是什么、如何展示测量的成果等。这样的项目化学习富有太多的挑战性和不确定性，正因为这种挑战性才能更好地激发学生的好奇心，调动学生的探究积极性。可以这么说，利用的资源越少，所遇到的条件越恶劣，对解决问题的能力要求越高，越需要更多的思考和探索。从学习效果看，后者比利用工具测量更容易培养学生的创新能力和解决问题的综合能力，这样的设计才有了真正意义上的项目化学习的味道。由此，还可以看出另外一个问题，当有的老师抱怨实验项目化学习时资源不够、学校不重视等现象时，更需要教师从项目化学习的核心要素出发，创新设计项目，进而实现预期的实验教学育人目标。

在项目确定后，需要相关的学科老师、学校领导等组成评审小组对整个项目进行综合评审，在确定项目后再规划出不同类型的子项目，为进一步的项目化学习创造条件。

## 二、实验项目化学习规划

规划是根据项目情况，按照学生的发展需求和成长规律进行的系统化思考，可以对多个项目或多个主题按照一定的逻辑关系，进行学习进程、资源利用等体系架构。这样的规划有利于寻求符合学生成长规律的项目化学习系列，增强学习的针对性和效果。

在实验教学中，可以进行项目化学习的内容有很多，教材中的实验可以按照项目化学习的要求对每个可以进行项目化学习的实验进行设计。同时，结合实验与生活密切相关的特点，可以在学科项目化学习的基础上延伸或拓展学科实验。

下页这部分课程这里根据目前学校发展和实验教学的现状，按照规划的范围不同有着不同的规划方式，一般说来在学校中常用的方式有以下几种，见表1-6。

### 表1-6　学校项目化学习的规划形式

| 序号 | 规划类型 | 内容构成 | 学习领域 |
|---|---|---|---|
| 1 | 学校课程规划 | 部分实验课程 | 跨学科 |
| 2 | 学校课程规划 | 全部实验课程 | 学科／跨学科 |
| 3 | 学校主题活动 | 作为部分内容 | 学科／跨学科 |
| 4 | 学科主题活动 | 全部为实验内容 | 学科 |
| 5 | 教材实验验证 | 全部为实验内容 | 学科 |
| 6 | 学科课外实践 | 全部为实验内容 | 学科／跨学科 |
| 7 | 生活主题活动 | 全部或部分实验 | 学科／跨学科 |

在实际规划过程中，还有很便为详细的内容需要思考，在这里结合平时的规划案例进一步阐释。

（一）课程形式的规划

课程是学校最为重要的学习载体，也是规划学校教育的重要方式。学校在进行课程建设或开发校本课程中，从育人的角度考虑需要综合培养学生的设计、规划、研究以及创新等能力，这些都会涉及科学或实验方面的内容，而课程的实施需要相应的资源和条件，学校又无法保证在任何条件下能将所设想的课程都落实到位。从高效育人的角度和课程实施的角度分析，学校需要对课程做出系统的规划。自然，在考虑课程体系架构和课程实施的过程中，对实验项目化学习的项目进行规划设计，成为项目化学习项目规划的一种重要形式。这种规划的价值在于将实验项目化学习纳入到学校整体育人体系中，容易得到学校领导的重视，获得相应的资源和支持，能保证项目化学习的顺利组织。更为主要的是，这类项目化学习是在学校育人体系下进行的，容易达成学校的育人目标，提高育人质量。

1.独立课程样态的规划。

在学校课程规划中，根据学校的育人目标，将某一个项目开发成一门课程，将实验学习的相关内容进行整合，从而形成学校的发展课程。这类项目规划的好处是能够符合实际，对学校的特色发展和育人质量的提升都有价值，得到的学校资源和支持也越多，易于后续的推进。过程中遇到的困难主要是对教师的结构化思维要求较高，还需要纳入学校课程体系，得到学校的专业支持，所以规划起来有难度。如某校开发的校本课程中有"小小科学家"这门课程，在不同的学科中有着不同的设计，其中围绕初中物理的课程架构设置了两大板块的学习内容，一是跟着科学家学研究，主要是将教材中所要学习的实验以项目化学习的形式进行；二是像科学家那样做探究，这部分主要是运用教材中的知识来解决现实生活中的问题，凸显学生的创新与综合解决问题的能力。整个课程的架构就是围绕实验项目化学习进行的设计，既有助于增强学生基本知识学习的深度，又能实现学校的育人目标[①]，见图1-11。

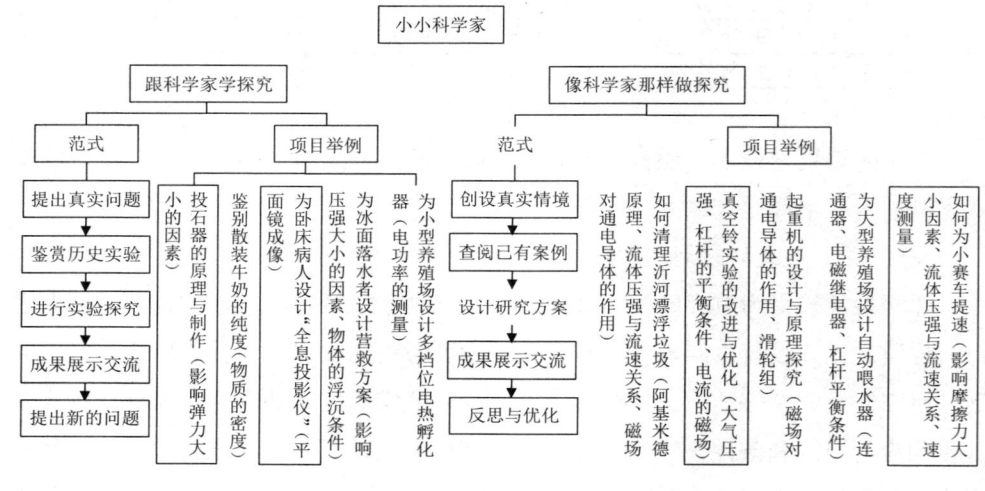

图 1-11 "小小科学家"项目化学习规划

2.作为学习方式的课程规划。

实验项目化学习作为某一类课程中的学习内容和方式，最终支撑起课程的实施与目标达成，这类项目的规划方式能够解决学生学习方式单一、学习知识不系统等问题，有利于综合解决问题能力的提升。这类规划往往将项目纳入到课程体系或作为某一课程中的一个或多个章节的学习内容。这部分规划的实验内容多数不是新授课的内容，主要是对已学知识的综合运用，从而更好地达成育人目标，是目前较为可行的规划方式。在规划时难度也比较大，对教师的结构化思维有一定的要求，且需要对实验项目化学习较为熟悉，有一定的规划能力。如某小学利

---

① 该案例由临沂沂河实验学校岳洪艳老师提供。

用学校周边茶叶种植和茶厂的便利条件，开发了"茶"这门课程，这门课程不仅仅需要实验、研究等项目的学习，也包括了其他文化、技能、经济与养生等多方面的知识学习。在这门课程中，有部分学习内容是对实验或研究知识的综合运用，在这里，实验项目化学习成为该课程达成预期学习目标的重要学习方式，规划见表 1-7。

表 1-7 "茶"项目化学习规划

| 阶段 | 学习目标 | 项目 | 子项目 |
|------|----------|------|--------|
| 知茶 | 搜集有关茶的史料，了解茶的发展历史，茶与生活的关系，提升对茶的热爱之情。 | 茶之历史 | 茶的起源、品种变化、茶的移种 |
| | | 茶与生活 | 饮茶习俗、茶之保健、科学饮茶 |
| | | 茶与经济 | 茶与经济、茶农生活、茶叶营销 |
| 识茶 | 了解茶叶的种类和特点，初步识别和鉴赏茶叶，逐步体验茶的丰富多彩和鉴赏技巧。 | 茶树习性 | 识茶技术、茶树鉴赏、茶叶鉴别 |
| | | 茶之种类 | 茶之种类、炒制类型、营养特点 |
| | | 佳茗鉴赏 | 品茶标准、茶之评价 |
| 种茶 | 利用茶基地进行茶园的管理、初步体验茶叶加工，具备劳动意识和基本的劳动技能。 | 茶园管理 | 生长条件、茶树管理、有机茶种植 |
| | | 茶叶加工 | 茶叶采摘、加工工艺、茶的炒制 |
| | | 茶叶保存 | 保存技巧、改进研究 |
| 品茶 | 了解传统的茶文化和茶艺，体验茶文化的深厚底蕴，能表演简单的茶艺，享受劳动的成就感。 | 茶艺历史 | 茶艺文化、茶艺种类、茶服设计 |
| | | 沏茶艺术 | 泡茶用水、泡茶程序、泡茶敬茶。 |
| | | 茶叶品质 | 茶叶品质鉴定方法、鉴定技巧 |

续表

| 阶段 | 学习目标 | 项目 | 子项目 |
|------|---------|------|--------|
| 咏茶 | 搜集与茶有关的诗词、歌曲，以汇编、交流、汇报演出等形式展示成果，加深对传统茶文化的理解。 | 诗家茶客 | 茶学名家、茶的文化、茶道人生 |
| | | 茶与艺术 | 茶诗茶赋、茶歌、茶舞剧 |
| | | 茶德修身 | 修身故事、典故轶事、故事新编 |

（二）学科项目化学习规划

学科项目化学习能推动学科深度学习，培养学生综合思维和创造性解决真实问题的能力，对学科中的实验项目进行项目化学习的规划，可以使实验教学更加科学、有体系。从实践的角度出发和思考，学科中的实验项目化规划有两种形式。

1. 学科实验的单元规划。

将某一学科或某一册中所有可以进行项目化学习的内容按照学生的认知发展规律和学习的特点，打破原来的内容顺序，围绕某个能力发展的顺序、解决某个关键问题或者某个社会关联的主题等进行重新规划设计，对某些实验做出整合、调整或增减等可以完全是学科的实验内容，也可以从能力发展的视角拓展实验，成为一系列的项目组合，既是教师开展项目化学习的顺序，也是学生学习发展的体系。

在沪科版八年级物理中，第七章是力与运动，第八章是压强，第九章是浮力，针对这三部分的实验知识，确立了"海底观光船"这个项目，设计了这样的驱动情境[①]：美丽的海底世界是很多人向往的风景，在三亚周围有很多适合潜水的地方，在潜水时能够看到美丽的海底世界，其实也有不少人害怕潜水，但同样希望看到这美丽的海底世界，如果风景区管理者想要打造一艘海底观光船，你承担了这样一个任务，如何实现让模拟的潜水器在水中任意运动。具体要求：有完整的设计图、合理的解释以及对应的模型。具体设计见表1-8。

---

①该案例由兰陵县矿坑镇初级中学物理教师蒋荣泉老师设计。

表1-8 海底观光船的子项目设计

| 子项目 | 详细要求 |
|--------|----------|
| 项目1：动力系统 | 1. 海底观光船的动力驱动装置（微型电动机）；<br>2. 相互作用力的产生以及反作用力与潜水器运动的关系（叶轮）；<br>3. 采用哪些方法减小潜水器运动时受到的水的阻力（外形设计）；<br>4. 转向动力设计。 |
| 项目2：浮力系统 | 1. 物体浮沉的条件以及浮力与潜水器升降的关系；<br>2. 潜水状态控制设计；<br>3. 重心稳定控制设计。 |
| 项目3：材料系统 | 1. 制作材料的密度<br>2. 制作材料的防水性、透明性；<br>3. 黏合剂的防腐蚀性、防水溶解性；<br>4. 固定各种零部件的支架材料。 |
| 项目4：电路系统 | 1. 可视化观测装备（摄像头、灯光）；<br>2. 电源及开关的电路设计；<br>3. 潜水器运动遥控指令控制设计。 |
| 项目5：产品制作 | 1. 根据老师提供的材料样品，参赛队选取制作材料；<br>2. 设计、制作和优化潜水器；<br>3. 产品形式：设计方案、模型、可操作产品。 |
| 项目6：作品比赛 | 比赛设置三个项目：<br>1. 潜水器设计方案；2. 潜水器模型；3. 潜水器水下竞技。 |

该项目化学习围绕"物体运动、相互作用力、摩擦力、浮力、物质的密度、压强、电路、信息的传递"等相关知识，融合了化学黏合剂的相关知识学习，建构学科要素之间、知识与真实问题之间的内在联系，引导初中生从多角度、多学科看待真实问题，促进学生创新思维的发展。以此达到学科核心素养的培养，实现"学习的最终目的，不是让学生去掌握一大堆知识，而是去重点掌握那些可迁移的知识和能力"。

2. 学科中主题单元规划。

围绕某一主题或某一发展任务、遇到的问题等将相关的学习内容按照项目化学习的要求进行项目化学习规划，有助于深化这一问题的综合解决，提升学生综合解决问题的能力，强化学生的学习效果。设计见表1-9[①]。

表1-9　"趣味物理之旅"课程内容

| 单元 | 主题 | 课题 | 学科知识 | 课时 |
|---|---|---|---|---|
| 一 | 多彩的光 | 1. 人造彩虹 | 光的色散 | 1 |
| | | 2. 针孔眼镜 | 小孔成像 | 1 |
| | | 3. "空箱"取物 | 平面镜成像 | 1 |
| | | 4. "浇不灭"的蜡烛 | 平面镜成像 | 1 |
| | | 5. "转身"的女孩 | 凸透镜成像 | 1 |
| | | 6. 荒野求生——用冰生火 | 凸透镜对光的会聚作用 | 1 |
| 二 | 奇妙的声音 | 1. 玻璃杯演奏音乐 | 声音的产生 | 1 |
| | | 2. 看见声音 | 用光放大声音的振动 | 1 |
| | | 3. 纸杯上会跳舞的小人 | 声音具有能量 | 1 |
| | | 4. 荒野求生——竹子哨笛 | 音调与频率的关系 | 1 |
| 三 | 神奇的力量 | 1. 浮不起的乒乓球 | 浮力产生的原因 | 1 |
| | | 2. 会爬杆的苹果 | 惯性的利用 | 1 |
| | | 3. 敞口而不变小的气球 | 大气压强 | 1 |
| | | 4. 千疮百孔的瓶子装水 | 大气压强 | 1 |
| | | 5. "深水炸弹"的制作 | 液体压强 | 1 |
| | | 6. 荒野求生——口香糖开椰子 | 压强与受力面积的关系、牛顿非流体力学 | 1 |

---

① 该表由郯城县育才中学邓善红老师设计。

| 单元 | 主题 | 课题 | 学科知识 | 课时 |
|---|---|---|---|---|
| 四 | 生活中的热 | 1. 人造"雪" | 升华与凝华 | 1 |
| | | 2. 纸杯、气球烧水 | 着火点与沸点 | 1 |
| | | 3. 冰水烧开水 | 沸点与大气压的关系 | 1 |
| | | 4. 瓶子吹气球 | 液化与大气压强 | 1 |
| | | 5. 热动力风车 | 能量的转化 | 1 |
| | | 6. 荒野求生——纯净水的获取 | 汽化与液化 | 1 |
| 五 | 有趣的电 | 1. 生活中奇妙的静电 | 摩擦起电 | 1 |
| | | 2. 设计会眨眼会说话的机器人 | 串并联电路设计 | 1 |
| | | 3. 自制可调速的风扇 | 滑动变阻器的设计电路 | 1 |
| | | 4. 自制"电热刀" | 电流的热效应 | 1 |
| | | 5. 土豆、水果电池 | 电池的原理 | 1 |
| | | 6. 荒野求生——电池生火 | 生活中的短路 | 1 |
| 六 | 身边的磁 | 1. 利用磁铁将小鸟、树叶飞起来 | 磁体的吸铁性 | 1 |
| | | 2. 磁动力小火车 | 电与磁 | 1 |
| | | 3. 悬浮的陀螺 | 磁悬浮 | 1 |
| | | 4. 玩转电磁铁 | 电流的磁效应 | 1 |
| | | 5. 荒野求生——磁铁辨别方向 | 磁体的指向性 | 1 |

（三）学科拓展设计

综合性的项目化学习或系统化的项目化学习是培养学生综合解决问题能力的重要方式，因此根据学生的发展特点和认知规律，可以围绕生活中的某一现实问题或为了培养某一综合能力的主题进行系统地规划。在规划中往往有两种形式。

1.按照学习进阶的单学科规划。

在某一学科中，根据青少年的认知发展水平和特点，结合学习的进阶关系，对相关的项目进行设计，成为某个阶段推进的实验项目化学习内容。这种设计既可以是学科学习的拓展，也可以是学习新知识与综合运用的结合。如在初中化学关于燃烧的相关知识学习中，涉及教材的相关知识包括燃烧需要的条件为可燃物、充足的氧气（空气）、燃烧物燃烧需要的最低温度；灭火的三个途径是隔绝氧气（空气）、降低温度到着火点以下、清除或隔离可燃物。在对这部分知识进行分析的过程中，可以根据学生掌握知识的难易程度或学习的顺序设计一个或多个项目。在实践中，有学校老师设计了"生日火炬"这个项目，其情境设定为全班同学想为班中的留守学生举办一个生日晚会，为了增加晚会气氛，有同学说想让每个人都能带来一个特色的生日火炬。根据这样的情境设计了系列项目化学习的具体项目。具体设计见表1-10。

表1-10　生日火炬项目一览表

| 项目 | 学习板块 | 具体实验 |
|------|---------|---------|
| 燃烧 | 影响燃烧因素 | ①点燃需要的温度条件；②燃烧需要的空气量；③燃烧的物质种类 |
| | 火焰大小控制 | ①促进燃烧的原理；②燃烧面积与火焰大小关系；③燃烧物与火焰大小关系；④进风量与火焰大小关系 |
| | 燃烧材料选择 | ①木炭燃烧实验；②蜡烛燃烧实验；③油料燃烧实验；④气体燃烧实验 |
| 安全 | 避免出现火灾 | ①灭火的实验；②安全燃烧距离；③安全的可燃物 |
| 外观 | 形状设计 | ①不同形状对火焰形状的影响；②不同形状的安全性测试 |
| | 外表装饰 | ①外表装饰材料的色彩搭配；②不同装饰材料的可燃性实验 |

对初中生而言，这样的项目化学习的定位和设计是合适的，对高中学生而言，应该有着更加全面的学习。燃烧的实质是氧化反应，那么不仅仅是氧气的存在，比如二氧化碳能够助力钠的燃烧，水也能助力钠的燃烧，还有爆炸也属于燃烧的一种，因而燃烧条件中的空气（或者氧气）就不太合适了，准确的说法应该是助燃剂。同样是这个项目化学习，学习的内容还可以更加丰富。比如燃烧物的选择，灭火实验也有很多的选择和需要研究的问题。实际上，对此分析，也想说明在不同的学习阶段，同样内容的实验项目化学习涉及的核心概念、解决问题的策略等都会有所不同，从学生认知特点出发调整和优化项目化学习的设计是提高学习针对性、保证学习效果的重要因素。

2. 跨学科的拓展规划。

围绕学生的好奇心、主题或热点问题，进行现实生活项目的系列化设计，形成综合性的项目化学习体系。该规划的项目化学习更多地体现在对所有涉及的学科知识进行综合运用上，以丰富学生的学习体验，提升学生综合解决问题的能力。如针对小学六年级的学生开展的"我的自传书"所进行的项目化学习规划，涉及造纸、撰写、装订等多个项目的学习，见表1-11

表1-11 "我的自传书"的项目化学习规划

| 项目 | 子项目 |
|------|--------|
| 项目一：纸的认识 | ①纸的历史与种类<br>②常见制作类型 |
| 项目二：古法造纸 | ①材料的选择<br>②制浆<br>③抄纸与晾晒 |
| 项目三：自传撰写 | ①自传文稿撰写方法<br>②不同装订模式的排版与抄写 |
| 项目四：装订 | ①折叠装订<br>②线装 |
| 项目五：封面设计 | ①封面构思<br>②版面构图<br>③封面排版 |

再如，围绕"电"这样的项目可以确定不同学科学习的内容，如电能的产生（化学）、电能的应用（物理）、电能对生物的影响（青蛙电击反射）、生活污染（废旧电池处理，环保等），在每个学习内容选定后进一步确定项目化学习的项目，成为跨学科的拓展学习规划。

### 三、子项目的规划

在项目规划中的项目往往是上位的、中心的、具有统领性的项目，这些项目往往需要的条件多、资源多，针对项目本身进行，往往有一定的难度。要想有效地落实好这些项目，就需要对项目进一步分解成可以在短期内或一个课时内实施的子项目。这些子项目的解决要清晰地指向大项目的育人目标且两者要有着密切的关联和内在的逻辑性。细化后的子项目既便于教师组织，也便于学生学习，由于前期的系统规划确保了子项目之间的关联性，更容易达成预期的目标。

子项目的规划方式有很多种方式，从便于教师操作和使用的角度看，主要有两种具体的规划方式。

（一）线性链形式的规划

大项目可以分解成连续的几个单一项目，且后面子项目的解决有赖于前面子项目的学习，这种具有递进关系的项目可以按照线性链的方式进行规划，一般是按照项目学习活动的时间或顺序进行。相比较而言，每个子项目虽然相互关联但又具有一定的独立性。这类规划方式便于融合学科的学习，同时又能够灵活地调整时间单元，分段组织，每个子项目又可以根据需要采取"课上 + 课余时间"的灵活组织方式，在某种程度上解决项目化学习课时不足的问题。

科学地洗衣服是生存的一种技能，也是学生必须掌握的一种能力。洗衣服的过程会用到洗涤剂，其中涉及的相关化学知识在初中和高中的化学课程标准中都有要求，针对这部分知识，可以设计"洗涤的学问"这个项目化学习。如果放在初中，可以围绕洗涤剂去除油污是发生了乳化作用的影响因素进行，相对比较简单，但对于其基本原理和更多的知识并不能理解。高中二年级化学中有"合成洗涤剂的生产"这部分知识的学习，围绕该项目化学习，可以设计更多的学习内容和需要探究的问题。洗涤并非生活中常见的洗衣物和洗碗，其关键是"从被洗涤对象中除去不需要的成分并达到某种目的"。从这一视角出发，结合学生的认知特点和知识逻辑，可以分成多个子项目进行学习，见表 1–12。

表 1–12 "洗涤的学问"子项目设计

| 子项目 1 | 子项目 2 | 子项目 3 | 子项目 4 | 子项目 5 | 子项目 6 |
|---|---|---|---|---|---|
| 洗涤的原理 | 常见洗涤剂的去污原理 | 常见洗涤剂的比较 | 洗涤剂中的酶 | 科学使用洗涤剂 | 洗涤剂的污染及防治 |

这些子项目在具体实施过程中，还需要根据课时、学习效率等继续拆解为学习任务和学习活动，通过这样的过程，进一步提高项目化学习的效率，增强解决问题的可操作性。

（二）金字塔形式的规划

细化子项目可以按照层级划分，每一个子项目进一步细化后并非是单一的项目对应关系，就需要采取金字塔形式的规划方式进行规划。这种规划比较适合大一些的项目，需要相应的结构化处理，对教师的思维方式有一定的要求，相对来说有一定的难度。

紫花苜蓿以"牧草之王"著称，是经济价值较高的植物，但是紫花苜蓿对种植条件，特别是土壤有着较高的要求，喜中性或微碱性土壤，要求土壤 pH 值 6.5 ~ 8，含盐量在 0.3% 以下。如果作为一名农业科技人员，想着在家乡开展紫花苜蓿的种植，如何解决影响条件？结合初中阶段化学酸碱度的学习以及生物、地理等相关知识的学习，设计了一个"紫花苜蓿种植"的项目化学习。在这个项目化学习中，涉及了土壤条件、阳光空气和水肥三个子项目，在土壤条件的项目解决中，又可以涉及土壤酸碱度的测量以及改善土壤酸碱度两个子项目，这样不断地进行分解，就可以规划出金字塔式的项目化学习子课题分解体系。具体规划见图 1–11。

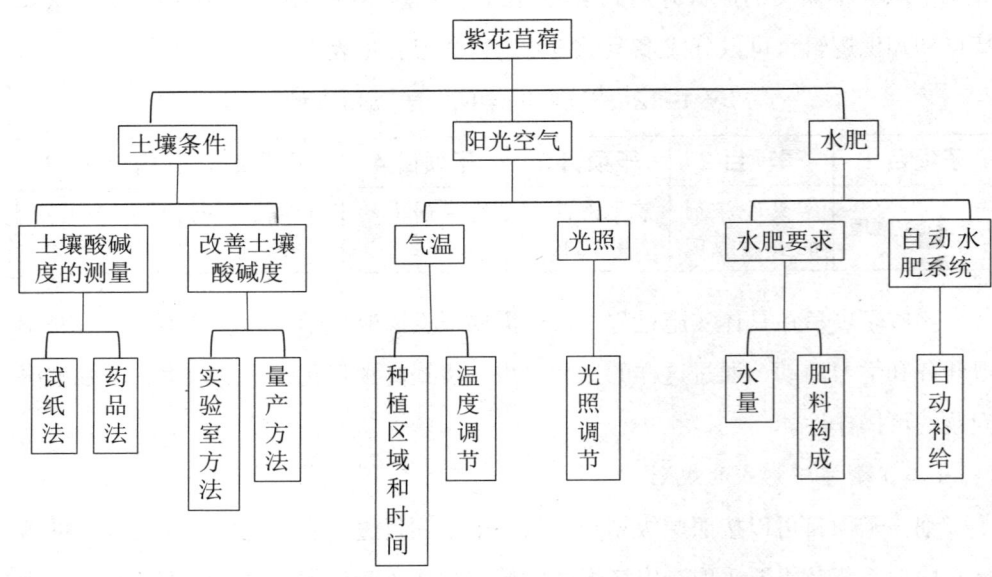

图 1-11  紫花苜蓿项目化学习的规划

　　规划好了项目后，需要对规划的结果进行适当地评估，既可以引入专家进行审核，也可以让教师团队进行集体讨论，定下最后的规划结果后，还需要将每个项目按照项目化学习的进程对每个阶段的内容进行详细地设计。鉴于多数教师在设计这部分都有困难，设计的质量高低直接影响到后续的实施和效果，最为关键的是规划可以有专家的参与，甚至由专家代替设计，但每个项目具体的学习设计却没法由专家代替，即使是现成的方案依然需要教师从实际出发进行调整和优化，因此，我们将在下一章阐释项目化学习的具体设计。

# 第二章

## 实验项目化学习的设计

　　前面提到的规划和设计类型是需要开展什么样的项目，这些项目在实施过程中的思路是什么并没有涉及。因而，在学校育人目标体系或实验教学的总体目标下确定项目后，需要对每个具体项目的实施思路进行具体设计。既然项目化学习不仅仅是做项目，也不是为了做项目，而是一种学习方式，那么面对学生的学习需求和学生综合能力发展的需要，只有进行系统化的设计才能保证后续科学地组织实施，才能确保实现项目化学习应有的效果，进而实现以高阶学习带动低阶学习，培养学生的高阶思维能力。项目化学习如果有团队的话，最好进行团队设计，特别是最开始阶段，整合集体的力量，在相互的碰撞和资源共享中逐步熟悉项目化学习的设计，提高设计质量。随着不断学习和熟练，或者教师水平较高，也可以独立进行设计。但是，涉及跨学科的设计，同样需要团队设计。

# 第一节　项目化学习的组织形式

项目化学习的设计，就是在项目确定后，对整个学习的过程进行规划设计。在设计时，教师可以独立或与其他教师合作进行项目化学习的设计。作为一种学习方式，教师也可以与学生一起进行设计，将该过程纳入到学生的学习过程中。设计的过程是进一步确定项目目标定位、学习方式以及评价方式的过程。要想进行完整设计，必然要了解项目化学习的组织形式，这样才能把握设计的内容与重点，进而明确设计的内容和设计的方式、项目达成标准等。

## 一、项目化学习设计的基础

进行项目化学习的设计，绕不开的三个问题，一是项目化学习的学习环节有哪些；二是目前设计有哪些导向；三是设计上有哪些形式和成果可以借鉴。所有这些都是教师在进行项目化学习设计前必须了解和学习的。更为主要的是，在每个学习环节的设计上，教师对具体操作流程和注意要点不仅仅要了解，还应在实践中不断应用并熟练掌握。

（一）项目化学习环节

项目化学习不同于传统的学习流程，有着特定的学习环节和要求，从项目学习的发展历程来看，不同的研究者提出的学习阶段各不相同，多数研究者提出的项目化学习环节包括四个基本要素，即项目化学习的情境、内容、活动和成果。目前，国内项目化学习的流程大致分为六个步骤，即选定项目、制定计划、活动探究、作品制作、成果交流、活动评价。根据提前规划的项目，组织学生以协同共同体的方式进行探索，包括制定问题解决方案、实际探究（实验）、制作有代表性的成果、最终进行成果展示和反思，每一个环节都是有机联系的整体，形成一个个不断迭代进步的闭合学习圈，见图2-1。

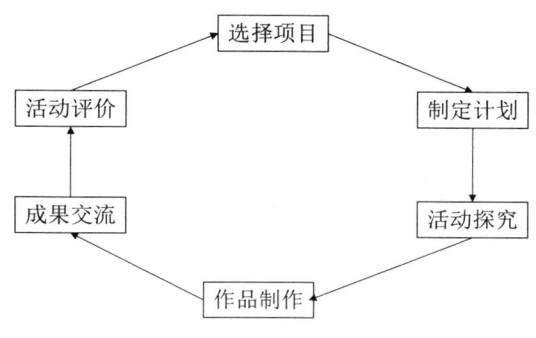

图 2-1 项目化学习的基本流程图

上海市在具体的实践中对相关的流程进行了修订和完善，并形成了2018年版和2020年版两个不同的学习环节。与其他地区的项目化学习相比，上海的版本增加了反思学习要求，在完成任务活动以及针对成果的评价基础上进一步强化了学生的自我评价、反思与迁移能力，从而保证了学习环节的完整性，更加有利于提高学生的综合素质。2018年版的项目化学习是一个连续的学习活动，反思与迁移就意味着项目的结束，见图2-2。

图 2-2 上海 2018 年版项目化学习流程图

而2020年修订版则强调学习的闭环，并且每一个项目的结束是另一个项目的起点，构成了学生螺旋式上升的学习历程，见图2-3。

（二）项目化学习的设计形式

项目化学习的设计有基本的理论基础和模式，在设计过程中要选择适合的设计形式，这是进行项目化学习的重要依据，也是提高设计质量，保证学习质量的重要基础。

1. 项目化学习设计的形式。

不同的设计形式下关注的重点不相同，设计的思路也有差异，了解设计形式可以指导教师进一步思

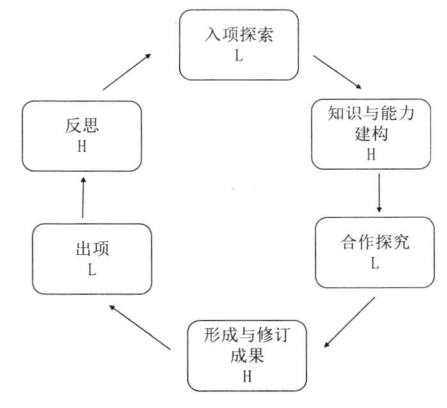

图 2-3 上海 2020 年版项目化学习流程图

考、审视项目化学习设计的重点。目前对项目化学习设计的研究主要有以下三种思路。

基于情境的设计思路。围绕要进行的项目确定具有挑战性的真实性问题情境，根据情境中所包含的驱动问题，引发一系列需要探索和解决的问题，围绕这些问题设定具体的学习任务，引导学生围绕问题进行协同学习。这种设计既可以是学科项目化学习的设计，也可以是跨学科项目化学习的设计，项目的大小取决于情境所包含的复杂性因素和解决该情境问题所需要的素质。这种设计符合一般教师的思维，是大家易于接受和习惯采取的设计思路。

基于支架的设计思路。在项目化学习过程中离不开必要的工具和支架，从项目化学习所需要的支架出发，考虑学生学习的情境、学习共同体的组建和推进、各种探究和交流工具的设计与运用等方面，在这些基础上进行预设。除了常规工具外，最主要的是利用信息技术重构项目化学习，通过支架的搭建和信息技术的融合支持，为学生的学习提供引导和帮助，以构建完整、科学、高效的项目化学习思路。

基于理论的设计思路。项目化学习说到底是一种课程化思维，是一种基于大单元的设计思路，体现了学习的综合性。对此，有很多理论的成果可以应用到项目化学习的设计进程中，比如大概念理论、STEAM 理念、创客教育理念、多元智能理论、活动理论框架、课程理论等，在其指导下进行项目化学习的设计，所设计的思路在原来六个环节的基础上融合了多元的学习内容，拓展了学生的学习空间，能够加强学生的学习效果。

2. 项目化学习的设计思路。

无论采取何种设计形式，一般都会遵循项目化学习的六个环节，只是不同设计形式下设计的重点和内容会有所差异。在具体的设计中需要考虑以下问题，一是驱动问题导向，围绕项目所选择的驱动问题设计需要学生完成的一个或多个相关的任务。二是学科综合，实验学习本身是学科所要学习的内容，但每个实验都不是孤立的存在，常常会涉及实验的定位，解决该实验问题会用到多学科知识，因此在设定任务时要注重学科综合，丰富学习内容。三是兴趣导引，无论是任务的安排，还是学习过程的组织以及评价的选择，都要根据学生的特点，适当引入学生感兴趣的内容，采取有竞争性和成就感的活动组织和评价方式，以便更好地激发学生的参与热情，强化学生的学习成就体验。四是凸显团队合作，并非所有的实验项目化学习都需要团队解决问题，但合作能力是学生需要培养的重要能力之一，也是核心素养的重要维度，在设计过程中，要注重任务本身的合作性，更好地实现学生以小组和团队形式参与学习，培养学生的交流能力和团结协作能力。

在具体设计中，项目化学习设计一般围绕六个维度思考。首先确定核心知识究竟是什么，接着形成需要探讨的指向问题，然后创设一个富有趣味性与挑战性的驱动性问题，同时要清楚需要匹配怎样的高阶认知策略，并确认主要的学习实践是哪些，最后要预设项目成果以及成果的公开方式。[①]在整个学习过程中嵌入了评价，包括过程性评价和总结性评价。围绕上述思考重点进行设计，其基本思路见图 2-4。

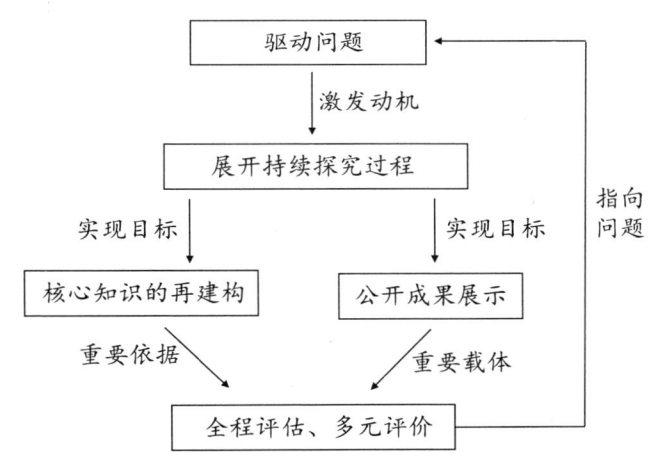

图 2-4 项目化学习的整体设计思路

针对项目化学习设计，有研究者提出了其设计的"6A"标准，教师在进行实验项目化学习设计过程中可以参考并对照反思，能在一定程度上保证设计的科学性，见表 2-1[②]。

---

①吴宇玉.为素养而教：活动类型项目化学习的设计与实施[J].上海教育科研，2022（10）：31-36.

②张紫屏.跨学科课程的内涵、设计与实施[J].课程.教材.教法，2023，43（1）：66-73.

## 表 2-1　项目学习设计的"6A"标准

| 标准维度 | 具体描述 |
|---|---|
| 真实情境<br>（Authenticity） | 1. 从背景信息引出的项目问题对学生而言是有意义的吗？<br>2. 该项目类似于成人在社区或工作间所做的工作吗？<br>3. 该项目能够给学生提供获得学校环境以外知识和能力的机会吗？ |
| 严谨规范<br>（Academic igor） | 1. 该项目能够促使学生获得和运用某一个或几个学科领域的核心知识吗？<br>2. 该项目能够促使学生运用某一个或几个学科的探索方法吗（例如像科学家一样思考）？<br>3. 在该项目中，学生发展了高层次思维或良好的思维习惯吗（例如寻找证据的意识、从多角度思考等）？ |
| 知识应用<br>（Applied Learning） | 1. 学生的学习是发生在半结构化及真实的问题情境中吗？<br>2. 该项目能够促使学生获得学习活动中的高层次素养吗（例如团队协作、技术运用、问题解决、讨论交流等）？<br>3. 该项目能够帮助学生发展自我组织和管理的能力吗？ |
| 主动探究<br>（Active Exploration） | 1. 学生在项目过程中有足够的时间探索和完成项目任务吗？<br>2. 该项目需要学生从事实际调查、运用多种方法及自主支配资源吗？<br>3. 学生在项目过程中有机会表达他们的学习体会并相互交流吗？ |
| 成人参与<br>（Adult Connections） | 1. 学生在项目过程中能够接触相关的专业人士吗？<br>2. 学生在项目过程中有机会和至少一位成人就某个环节进行合作吗？<br>3. 成人有机会对学生的工作进行评价和指导吗？ |
| 评价实践<br>（Assessment Practices） | 1. 学生在项目过程中能够根据项目目标对自己的学习进行评价和监控吗？<br>2. 成人是否帮助学生建立了对项目实际意义的感知？<br>3. 学生的工作及成果还会通过其他途径进行展示和评价吗（例如小组汇报、档案袋等）？ |

## 二、实验项目化学习的设计模式

按照现有习惯的分类方式，项目类型主要涉及微项目、学科项目和跨学科项目等，不同的项目类型在设计时侧重点有不同。在每个项目确定类型后，根据实验的学习要求进行设计，这些设计更多地考虑设计的重点。在后续的部分里对每个环节的具体设计方式进行了阐释，教师在学习借鉴并实践操作中要能够做到熟练应用。

（一）学科项目设计模式

与以往的学习活动不同，这类项目的学习重点是要做好以下四个方面的设计。一是要设计学习目标。结合课程标准以及学生的个性特点、兴趣、能力等学情，确定明确、具体的项目学习目标。二是设计驱动问题。问题是引领项目学习的关键，根据项目学习的实际组织需要，要对核心问题、驱动问题和子问题等进行设计，使得问题符合学生的认知特点，能引导学生思维发散。三是设计学习任务。从学生解决问题的需要出发，对学习的情境、任务以及具体的学习方式、课时规划及安排等进行设计，引领学生完成必要的项目学习进程。四是学习评价与学习成果设计。包括学生在学习之后会获得哪些成果，成果的呈现方式是什么，如何进行评价是必要的、可行的等。

在学科项目中的实验项目化学习涉及两种组织方式，一是围绕教材上的实验选择项目；二是教材中实验操作作为一种解决问题的能力基础，服务于更大的项目。

1.围绕教材实验的项目化学习。

这类项目不需要进一步分解成子项目，所用到的知识是原教材中学生所要掌握的知识点。在具体的设计过程中，既可以引导学生参照教材中的内容解决问题，也可以在学生学习相关的知识后，选择一个项目利用课余时间让学生进行综合运用。将课本上的实验直接设计成项目化学习，要注重学生建构知识与世界的联系，引发学生的自主学习。图 2-5 是围绕空气占据空间进行的项目化学习设计[1]。

---

[1]该案例由临沭县郑山街道中心小学杜成艳老师设计。

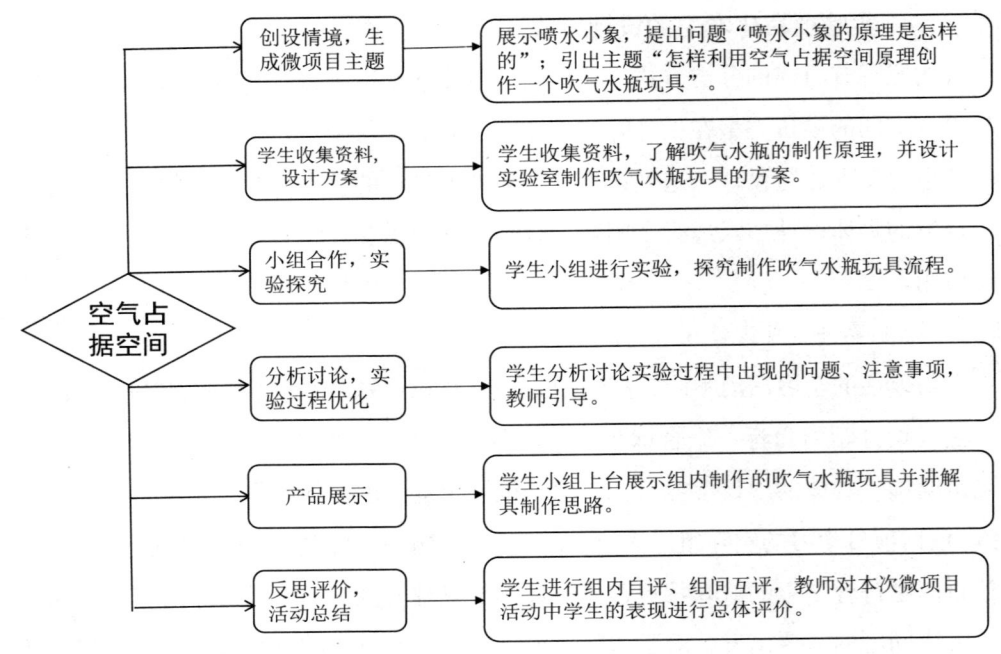

| 创设情境，生成微项目主题 | 展示喷水小象，提出问题"喷水小象的原理是怎样的"；引出主题"怎样利用空气占据空间原理创作一个吹气水瓶玩具"。 |
| 学生收集资料，设计方案 | 学生收集资料，了解吹气水瓶的制作原理，并设计实验室制作吹气水瓶玩具的方案。 |
| 小组合作，实验探究 | 学生小组进行实验，探究制作吹气水瓶玩具流程。 |
| 分析讨论，实验过程优化 | 学生分析讨论实验过程中出现的问题、注意事项，教师引导。 |
| 产品展示 | 学生小组上台展示组内制作的吹气水瓶玩具并讲解其制作思路。 |
| 反思评价，活动总结 | 学生进行组内自评、组间互评，教师对本次微项目活动中学生的表现进行总体评价。 |

图 2-5　空气占据空间的项目化学习设计

如九年级化学下册《水的净化》，学习了四种水的净化方式，有静置沉淀、吸附沉淀、过滤和蒸馏，课本也对每一种学习方式提供了相应的实验方法，学生按照教材的设计能够完成基本的学习任务。学生学习净化的目的不仅仅要掌握这些器材的运用技巧，更为主要的是在未来生活中如何用学到的知识解决真实的现实问题。在前几年东方卫视推出了一档探险节目《跟着贝尔去冒险》，全景展示了野外生存的各种生存技能，引发了青少年的好奇心和强烈的追随愿望。以此为驱动问题情境，如果"我"就是贝尔，在荒无人烟的原野中想要喝上健康的水，如何应用随身携带的简单生存物品和自然界的物品来解决饮水问题？由此构成了教材实验的项目化学习过程，见表 2-2。

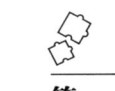

### 表2—2 《跟着贝尔去冒险》——水的净化

| 驱动问题情境 | 如果你是贝尔，正与五位同学一起冒险，如何解决饮水问题？ |
|---|---|
| 设计方案 | 想达到的标准是什么？可以选择的净化方式有哪些？最适合的净化方式是什么？<br>已有哪些工具？还需要哪些工具？如何制作这些工具？<br>如果是一个团队，如何分工合作？ |
| 实践探索过程 | 团队成员是否能高效完成任务？<br>水质能否达标？如何判定达标？水量是否够用？<br>在探索过程中，经历了几次调整，原因是什么？ |
| 成果展示与反思 | 采取何种方式展示团队取得的"水的净化"成果？<br>过程中遇到了何种困难？采取何种方式克服了困难？<br>水的净化方式（含器材）还存在哪些可以优化的空间？整个学习过程还需要改进什么？ |

2.运用教材实验所学到的能力解决更综合、更复杂的现实问题。

学生用传统的知识学习方式获得了相应的能力，这种学习要么无法真正解决现实问题，要么缺少综合解决问题的能力。由此，可以将实验的内容纳入到更复杂、更综合的项目化学习中，组合成为一个大项目，该部分内容可以作为其中的一个子项目，既可以是单元化的设计，又可以依据学生的认知发展水平，进行跨学科的设计。这种基于生活中的真实情境，需要长时间的学习，但所用到的知识属于本学科的知识体系，该项目可以继续分解成相互关联或递进的子项目，每一个子项目也可以作为一个独立的短期项目学习内容。例如同样是"水的净化"这一章节的内容，可以从青少年对航空航天好奇的心理，让学生为航天员设计一个水循环综合利用系统，该系统不仅仅是水的净化系统（化学），还涉及水的循环系统（物理），更为主要的是在太空中生活与在地球上有很大的不同，地球上水净化后的残留物不需要复杂处理，但在太空中是需要处理残留物的。所以，该项目化学习中还涉及一个关键的子项目，残留物的处理问题，比如采取化学处理变成可回收的物质；采取生物化处理，进行相关残留物的循环利用等。在这个项目中无论是规划方案，还是制作模型，所要解决的问题更复杂，需要用到的能力更综合，需要的资源更多。正因为复杂，将此项目作为新授课的实验研究并不合适，可能需要组织学生利用课余时间进行学期或更长周期的项目化学习。

无论一般的学科实验项目还是综合实验研究项目，对于子项目的设计，都可以进一步按照六个环节进行，设计时可以参照实验教学项目计划表，见表2-3。

**表2-3　实验教学项目计划表**

| 项目主题（实验名称）： | | | 项目时长： |
|---|---|---|---|
| 该实验的意义及简述：通过该项目的学习可以让学生学到什么 | | | |
| 课程（实验）相关内容：具体到某个单元的某项实验 | | | |
| 大概念及关键概念： | | | |
| 核心知识：支撑项目实验活动的相关知识 | | | |
| 驱动问题及任务：激发学生主动性的实验关键问题 | | | |
| 探究任务或活动：与实验相关的学习活动 | | | |
| 成果展示（实验过程、结果与体会等） | 成果类型 | 个体成果 | |
| | | 小组成果 | |
| | 展示方式 | | |
| 项目评价： | 项目学习过程中的评价方式： | | 项目成果展示评价： |
| 所需资源： | 实验过程用到的资源或支架： | | |

也可以参照学科项目设计模板进行设计，见表2-4。

表2-4　学科项目设计模板

| 项目名称 | | | 项目时长： | |
|---|---|---|---|---|
| 学科： | | 教师： | 年级： | |
| 相关学科 | | | | |
| 项目简述： | | | | |
| 教材和<br>相关资料 | | | | |
| 核心知识 | 1. 列出这一单元所涉及的主要知识点<br>（尽可能地全部列出，不要有遗漏） | | | |
| | 2. 提炼学科关键概念或能力<br>（将小技能整合成大技能，将零散的知识提炼成核心知识） | | | |
| 驱动问题 | 1. 本质问题<br>（将学科关键概念或能力转化为本质问题） | | | |
| | 2. 驱动问题<br>（将本质问题转化为适合的驱动问题） | | | |
| 成果与评价 | 个人成果： | | 评价的知识和能力： | |
| | 团队成果： | | 评价的知识和能力： | |
| | 公开方式：<br>网络发布（　　）成果展（　　）张贴（　　）…… | | | |
| 高阶认知 | 主要的高阶认知策略：<br>问题解决（　　）决策（　　）创建（　　）<br>系统分析（　　）实验（　　）调研（　　） | | | |
| 实践与评价 | 涉及的学习实践： | | 评价的学习实践： | |
| | 项目过程：<br>·入项活动<br>·知识与能力建构<br>·探索与形成成果<br>·评论与修订<br>·公开成果<br>·反思与迁移 | | | |
| 所需资源 | | | | |

微项目或活动项目，属于实验教学中某一个环节，或者学科项目的某一子项目，学习时间短，关注的问题比较小，可以使用项目计划书的形式进行设计。多学科项目中虽然涉及多个学科，这类项目多涉及课外实验、生活实验等内容，但这些学科的学习是为实验教学或者说更好地拓展实验教学的效果而服务的，其核心是实验的知识、技能的学习。因此，在设计上可以使用学科项目化学习的模板，不再进一步的阐释。

（二）跨学科项目设计模式

在生活中的很多问题都不可能用单一学科的单一知识就能解决的，特别是用实验来解决问题，需要整合多门学科的核心概念和能力，系统地运用多种实验能力解释现象、解决问题、创造作品，从而产生新的理解，创造出新的意义。这种学习不是简单的各学科知识的整合，而是通过某个关键问题、概念等关联起来，形成学生对世界的深刻理解，获得综合运用多种知识技能解决问题的能力。这种项目化学习往往是以课程或者多项目融合的整体架构，依据整体架构，对其中的每一个项目按照项目化学习的学习环节进行后续的设计。与实验的学科项目化学习相比，这种跨学科的学习更具有挑战性，在设计时需要考虑更多的知识、条件和资源，对教师的设计要求越高。在最开始的时候，可以由学校整合各部门进行系统设计，也可以由实验教师主导，组织多学科教师进行设计。实验项目化学习设计模板（跨学科模版）见表2-5。

表2-5　实验项目化学习设计模板（跨学科模板）

| 项目名称 | | 项目时长： | |
|---|---|---|---|
| 学科： | 教师： | 年级： | |
| 项目简述： | | | |
| 核心知识 | 1. 列出所有相关学科所涉及的主要知识点<br>（尽可能地全部列出，不要有遗漏） | | |
| | 2. 提炼跨学科的若干关键概念，或列出涉及的学科关键概念<br>（将小技能整合成大技能，将零散的知识提炼成核心知识） | | |

| 驱动问题 | 1. 本质问题<br>（应包含几个学科的关键概念，或是几个学科共享的概念） | | |
|---|---|---|---|
| | 2. 驱动问题<br>（将本质问题转化为适合的驱动问题） | | |
| 成果与评价 | 个人成果： | | 评价的知识和能力： |
| | 团队成果： | | 评价的知识和能力： |
| | 公开方式：<br>网络发布（　　）成果展（　　）张贴（　　）…… | | |
| 高阶认知 | 主要的高阶认知策略：<br>问题解决（　　）决策（　　）创建（　　）<br>系统分析（　　）实验（　　）调研（　　） | | |
| 实践与评价 | 涉及的学习实践： | | 评价的学习实践： |
| | 项目过程：<br>·入项活动<br>·知识与能力建构<br>·探索与形成成果<br>·评论与修订<br>·公开成果<br>·反思与迁移 | | |
| 所需资源 | | | |

（三）UBD 思维的项目化学习设计

UBD（Understanding By Design），是以明确的学习目标为起点，以促进学生有意义学习为宗旨，强调评价设计先于课程设计和教学活动开展的一种设计模式。该模式是以威金斯等专家的理论和教学设计为基础，是为了帮助学生理解问题和解决问题提供的一种设计思维，指向大概念的设计模式，强调以学生的学习结果出发，以评价优先的逆向设计，通过对学习结果的追问和评价的思考，追问学生应该完成的学习任务和所要达到的学习要求。该设计模式不是单课的教学设计，更适合校本课程或大单元的设计，项目化学习往往是长周期的多个项目关联的连续性学习。所以，可以借鉴该设计思维进行项目化学习的设计，见图 2-6。

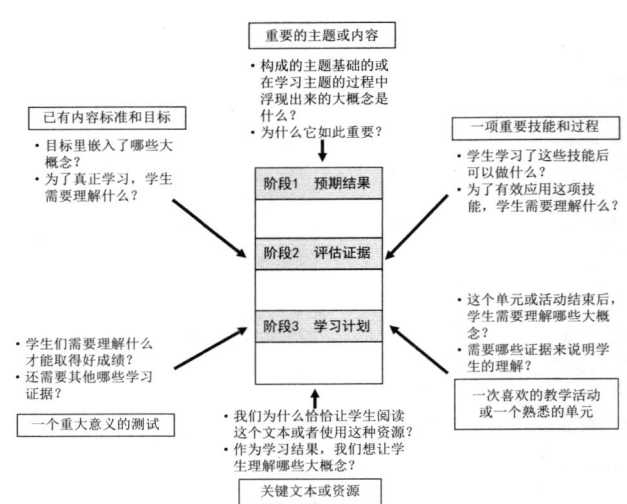

图 2-6　UBD 思维的项目化学习设计重点

详细的操作可以参照《追求理解的教学设计》一书，在该书中，对 UBD 逆向设计有着详细的步骤和操作学习的案例。一般说来，UBD 设计主要包括确定预期结果、确定合适的评估证据和设计学习任务三个阶段。[①]

阶段 1：确定预期结果是指学生应该知道什么，理解什么，能够做什么，什么内容值得理解，什么是期望的持久理解。

阶段 2：确定合适的评估证据是指我们如何知道学生是否已经达到了预期结果，哪些证据能够证明学生的理解和掌握程度。

阶段 3：设计学习任务是指如果学生要有效地开展学习并获得预期结果，他们需要哪些知识，哪些活动可以使学生获得所需的知识与技能。

详细的设计见表 2-6。[②]

表 2-6　UBD 思维的项目化学习设计模板

| 阶段 1——预期结果 |
| --- |
| 所确定的目标<br>·此设计将达到什么目标（例如：内容标准、课程或项目目标、学习结果） |

①杨新颖，吴欣歆.立足小学语文学业质量的逆向教学设计 [J].语文建设，2022（14）：15-19.
②卢卫忠，林敏.中学地理逆向教学设计策略探讨 [J].中学地理教学参考，2017（23）：26-29.

| 理解：<br>学生将理解……<br>·大概念是什么？<br>·他们获得的其他特定理解是什么？<br>·可预见的误解是什么？ | 基本问题：<br>·什么样的启发性问题能够促进探究、理解和学习迁移？ |
| --- | --- |
| 学生将会知道……<br>·作为本单元的学习结果，学生将会获得哪些关键知识和技能？<br>·习得这些知识和技能后，他们能够做什么？ | 学生将能做到…… |
| **阶段2——评估证据** | |
| 表现性任务：<br>·学生通过哪些真实的表现性任务证明自己达到了预期的理解目标？<br>·学生通过什么标准判断理解成效？ | 其他证据：<br>·学生通过哪些其他证据（例如：小测验、考试、问答题、观察、作业、日志）证明自己达到了预期学习结果？<br>·学生如何反馈和评价自己的学习？ |
| **阶段3——学习任务** | |
| 学习活动：<br>·哪些学习体验和教学能够使学生达到预期的结果？将如何设计？<br>W= 帮助学生知道此单元的方向（Where）和预期结果（What）；帮助教师知道学生从哪（Where）开始（先前知识、兴趣）；<br>H= 把握（Hook）学生情况和保持（Hold）学生兴趣；<br>E= 武装（Equip）学生，帮助他们体验（Experience）主要观点和探索（Explore）问题；<br>R= 提供机会去反思（Rethink）和修改（Revise）他们的理解及学习表现；<br>E= 允许学生评价（Evaluate）他们的学习表现及含义；<br>T= 对于学生不同的需要、兴趣和能力做到量体裁衣（Tailor）（个性化）；<br>O= 组织（Organize）教学使其充分地提升学生的学习动机与持续参与的热情，提升学习效果。 | |

# 第二节 项目化学习驱动问题情境的设计

项目化学习是在一个问题的驱动下，以小组合作的方式解决来自真实性情境的任务以获得成长的学习方式，突出特点就是在真实性情境中，围绕大概念将学习活动变成一个连续性的解决实际问题、完成真实任务的过程。项目化学习作为一种学习方式，必然要在一定的目标下进行，目标设计是一切学习设计的重要内容。在项目化学习的设计中，目标与驱动问题情境等往往是融合在一起进行思考的。与其他学习活动不同，项目化学习的目标更应该指向对核心概念的理解，要体现出成果与核心概念的一致性，能够通过成果准确地反映出学生的学习效果。因此，项目化学习设计的第一要务是确定大概念下的育人目标。

## 一、确立大概念及分解大概念

考虑到教师在目标制定中存在的不足，特别是项目化学习的综合性学习目标要求，需要从大概念的视角进行设计。对于大概念的界定及相应的理解在第一章中已经进行了必要的阐释。从大概念的视角进行目标设计，除了理解大概念，还需要掌握确立大概念的基本方法。

（一）大概念的提取路径

结合目前的研究成果分析，大概念的提取路径主要包括从上到下和从下到上的两种路径。在每一种具体的路径上还有一定的细分，也需要平时不断地实践才能掌握。

1. 从上到下的提取路径。

既然实验教学的根本目的是育人，那么从学科的育人目标出发，就能够确定学生需要掌握的大概念，这种从育人目标出发的方式反映出从上到下的大概念提取路径。

（1）从课程标准中提炼概念。课程标准是国家育人目标在学科教学中的刚性规定，是国家育人目标基本规格和质量要求的标准，课程标准中对全体学生的学习要求，体现出学科育人的价值和导向。从课程标准中可以提取出实验教学指向的育人目标。如小学科学课程标准明确了"物质科学""生命科学""地球与宇宙科学""技术与工程"等四大领域的 13 个学科核心概念和 4 个跨学科概念，这些概念就是小学科学项目化学习中的核心概念。实验教学是在这些核心概念的引领下，指向全部或部分的学科目标。

（2）从具体内容中提炼大概念。有时候，实验教学的要求并不一定在课程标准中能够找到，这样就可以围绕相关的教材或课程资源，对实验的要求、目的等进行解读，从而提炼出需要学习、理解的核心概念。如《化学与能源、化学与污染》属于"化学与社会发展"这一主题板块的内容，介绍了各种能源以及能源的利用情况，在开发过程中，还涉及人们在生产生活中遇到的水污染、土壤污染、金属污染等现实。在这些知识的背后，有一个核心的概念，那就是"如何合理利用化学变化为人类生活服务"，实际上，这就是要学习的大概念。

（3）从专家思维中提取大概念。大概念就是反映专家思维方式的概念、观念或者论题，它具有生活价值。专家的思维方式往往能够反映出大概念，但是专家的思维方式并不像教材那样有固定的文本，多数体现在物理、化学、生物、科学等有实验要求的学科的发展史、实验的探索以及实验本身等文献中，也往往体现在专家的著作论文中，还有的在科普读物中，因此，对这些文献的研究可以提炼出大概念。如在《十万个为什么》中介绍雷电、脱毛衣时的噼啪声等现象来说明静电的存在，并以生活中静电吸引来讲解静电的重要性和应用。课堂上学习的内容则是通过摩擦毛皮来示范的，而生活中的这些静电似乎并没有摩擦，更为困惑的是既然带电体能吸引轻小物体，电路中的导线或者元器件通电之后也有电，为什么没有观察到吸引轻小物体的现象？学生如果不经过实验往往存在着很多困惑。针对这个问题，可以提炼出关于科学的大概念"科学具有实证性"。

2. 自下而上的提取路径。

（1）从做事的价值中提取大概念。

学习的目的是为了获得生存的能力，学习与生活是相关联的，从生活价值的角度考虑学习的育人性，可以梳理出相关的大概念。如小学科学中的植物种植内容，在育苗阶段，会遇到小鸟吃苗，在这一问题的解决过程中，可以引导学生寻找避免小苗受到伤害的方法。如果仅仅定位在这样的育人层面，或许能够完成教学任务，但核心的育人问题还没有解决。对小鸟的爱护以及对生命的敬畏是否是育人的目标？如果是，围绕这一问题的学习势必要涉及如何保护小苗和不让小鸟受到伤害的平衡问题，由此延伸出这样的大概念"动植物之间，动植物与环境之间存在着相互依存的关系"，基于这种大概念的科学教学，能让学生学习的生活价值更加丰盈。

（2）从知能目标向上提取大概念。

有些技能虽然是学习过程必须的，但未必就是大概念，比如在风筝节前要求学生制作创意风筝，如果仅仅是完成任务，在科学课上有的教师就会将目标定位在"认识风筝的构造，利用给定材料学习设计并制作简易风筝"上，如果以此定位项目，就不再是项目化学习，反倒成了手工课或小制作课。虽然学生也掌握了这些技能，但这些学生中未来需要做风筝的有多少呢？有多少学生会靠这种学习掌握的技能支撑生活呢？因此，做风筝的价值更多是为学生搭建一个学习的平台，如果将能力定位在学生解决问题层面，其大概念为"根据情境中的客户需求和现有条件来确定目标"；如果将学习能力定位在科学层面，其大概念则提取为"外界环境影响人造物品的制作"。

（3）从学习的结果分析中提取大概念。

学习行为和结果是学生学习过程中必须关注的问题，通过评价这些学习结果，分析与学习目标之间的差距、学习过程中遇到的困难，可以提取出学习需要获得的大概念。比如观察法是实验研究的一种有效方法，特别是在小学科学的学习中，但是对于如何观察，学生并不能有效地掌握，这里面既包括基本技能的训练不到位，也有学生认识不到有目的观察的重要性以及如何做到有目的地观察。因而，针对这种学习现象，可以提炼出"适合于实验目的的研究方法是重要的"这样的大概念。

（二）厘清目标体系关系

大概念之大往往不能直接作为学生学习的目标，大概念需要在逐级分解后变成学生可以学习的项目目标，在这一过程中，重要的是要厘清概念之间的层级关系。

1.逐级分解大概念。

大概念作为一个上位概念，是学习的重要标准，但这个标准如果直接作为学生的学习目标，在实施上不仅有困难，目标也很难达成。其原因有二，一是大概念的学习是一个长期的过程，在短期内或者说在一个项目中就想让学生掌握大概念几乎不现实；二是大概念的学习需要更多的支架和资源，这些综合的因素加在一起让学生学习，对学生的学习活动也是一种挑战，甚至很难完成。因此，大概念的掌握需要逐级分解成一个个项目化学习所能达成的目标，这种分解的过程需要建立在学段和学情基础上。

大概念的逐级分解，一般按照"大概念——关键概念——具体概念"的层级进行，可以通过彼此之间的包含关系进行逐级分解，如"动物的器官结构决定器官的功能"是生物学中的一个大概念，进一步分解为关键概念"动物的蹄子形状是其生存需要决定的"，再向下分解，可以成为项目化学习的目标并与相关的学习内容结合，如"猫的爪子为什么要长肉垫"。

2.大概念转化为核心目标。

无论是学科还是跨学科的目标，最终都会指向大概念的学习目标体系，将大概念逐级分解，最终能够转化为学习目标，这种基于大概念的分解方式，意在大概念的统领下，将课程标准以及教学内容中过于零散无序的目标系统化，使学习过程具有连续性，就是要综合地考虑项目的主题，围绕主题通过分解、细化，形成具有较强关联和逻辑体系的目标体系图。

物理"运动与力"这个单元中的大概念是"力的作用可以改变物体的运动状态"，可以分解为"拉力作用于物体会让物体运动起来"，围绕这个概念的学习，可以进一步分解为具体的概念"拉力大小与物体的运动状态密切相关，拉力越大，物体运动越快"，这样的概念进一步转化为学习的核心目标。从素养的角度分析，素养包括在某种态度下运用知识和技能解决问题的能力，可以知道要想掌握这个具体的概念，涉及科学知识、科学方法（或技能）和科学态度三个方面。

（1）科学知识：按照不同的分类标准，力有着不同的类型；力不仅有大小的不同也有方向的不同；力作用于物体会使得物体变形或位置改变；力的作用点不同会影响力的作用效果。

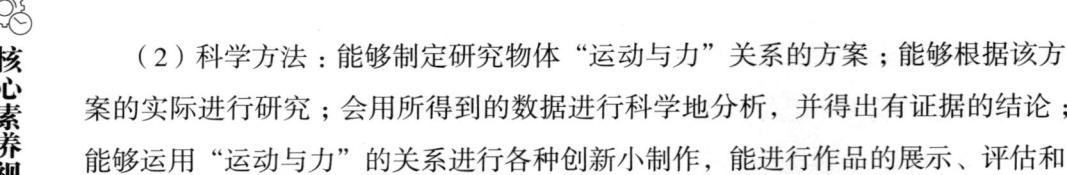

（2）科学方法：能够制定研究物体"运动与力"关系的方案；能够根据该方案的实际进行研究；会用所得到的数据进行科学地分析，并得出有证据的结论；能够运用"运动与力"的关系进行各种创新小制作，能进行作品的展示、评估和后续的调整优化。

（3）科学态度：能用严谨的方式开展研究工作；善于用包括数据、事实等作为证据；意识到团队的重要性并善于接纳不同人员的意见；遇到困难时能够变换思维视角，积极进行求助并坚持不懈；尝试运用多种思路和方法来解决"运动与力"相关的问题。

在将大概念转化为学习目标的过程中，要从学生成长的角度，结合项目化学习的特点进行综合考虑，以更好地实现实验项目化学习在学生成长中的重要作用。如在"小鬼当家"的项目化学习中，有些项目是其他学科的，如与实验有关的子项目之一是厨余垃圾处理，即使是这个项目，还可以分解为更多的子项目，如家庭湿垃圾处理项目；可以将目标定位在操作技能方面，如制作厨余垃圾肥料。展示制作的过程和成品，对学生的成长也有一定的价值，但考虑学生的成长，从实验的角度凝练更多的育人目标，并辅助以相应的学习活动，对学生的成长更有价值。因此，从跨科学的角度考虑，可以设定以下项目化学习目标。

观念：通过学习处理厨余湿垃圾的过程，认识到不同处理方式下（烘干、掩埋、制肥），各种不同处理方式的优劣等反映出不同的价值选择；认识到微生物在厨余湿垃圾处理中的作用，深化对物质与能量、生态平衡等观念的认识。

技能：能够运用所学习的生物学、化学或物理知识进行垃圾处理，寻找到解决问题的最佳方法，并通过实际探究用证据展示该处理最佳的成果，形成科学的研究能力。

担当：意识到作为社会一员在环保和生态圈中的责任，善于利用自己所学解决生活中的环保问题。

创意：能够做好产品的成果展示；以编制环保海报、图片、视频等多种方式开展科普宣传，提高人们的厨余垃圾处理意识。

核心目标的达成体现在实验项目化学习过程中每一个具体的目标实现基础之上的，在每一个的学习进程中，都有更为具体的学习目标。对此，可以借助

KUDB 目标模板，"K"即 know（学生将知道什么），"U"即 understand（学生将理解什么），"D"即 do（学生将能做什么），"B"即 be（学生想成为什么），将科学大概念融合具体的学习进程，细化为具体的学习目标。以现在小学开展较多的课程《蚕宝宝》为例，可以做成一般的实践活动或劳动活动，如果做成项目化学习，就不单单是养殖方法等问题，需要开展更加多元、丰富的学习研究，通过KUDB 目标模板，分解为四个维度目标。

事实性知识（Know）：通过收集关于养蚕的文献资料以及走访等实践活动，知道蚕的不同种类、作用、养殖中需要注意的问题；通过文献研究和实际观察，知道蚕的基本生活习性；通过相关的生物进化资料、化石等知道蚕的进化历史，能够说出人类在蚕进化中的重要作用，并能够说出化石对研究生物进化史的重要作用。

关联性知识（Understand）：通过观察蚕的化石和生长历程，理解不同生物对我们生活的影响；研究利用蚕的文献和实际感受人们对蚕的利用，明白蚕在生活中的重要作用，并能感受人们对生物充分利用的科学和技术。

实践性活动（Do）：能结合蚕的生长特点实际养殖，并通过对比研究不同养殖材料、方法下对蚕丝质量、产量的影响因素；能够实际利用蚕来制作各种产品满足生活的需要；能用身边的素材制作不同生长阶段的蚕模型；选择合适的方式展示学习的成果，并能对学习成果进行评估和改进。

核心价值观生成（Be）：在文献学习和实践学习中，激发对人们利用各种动植物提高生活质量研究的积极性，增强优化各种动植物利用效果的责任意识；掌握解决种植养殖问题的迁移能力。在成果展示与学习过程交流中，逐步形成团队合作的意识和能力，认识到生态平衡和科学利用生物的重要性，树立尊重生命、尊重自然，与自然协调发展的重要观念。

（三）充分把握学情

任何学习都是只有发生在学生身上才能实现最终的学习效果。在设计项目化学习目标过程中，不仅要考虑到实验教学的大概念，还应考虑项目化学习本身所承载的目标、与学生学习水平及需求的吻合度等问题。不同阶段的学生不仅认知水平不同，学习需求也各异，因此在理想目标确定的基础上，要通过对学情的研究，调整和优化学习目标，确保学习目标与学生需求的吻合度，确保所制定的学习目标科学、高效，才能进一步吻合学生的成长需求，提高学生参与项目化学习的积极性和主动性，进而增强项目化学习的效果。不仅如此，在后续学习的各个阶段也要时常关注学生的表现，了解学生的学习现状和学习需求，及时调整、优化学习方式，提高项目化学习的效果。

在了解学情的过程中，可以使用很多方法。

1. 四知分析模式。

在对学生的学习基础分析上，可以从"四知"维度进行考虑，一是已知，学生已经具备与所学内容相关的知识经验、能力和水平等，它决定着学生学习起点的定位。二是未知，学生学习应达到的终极目标中所包含的未知知识及实现终极目标之前学生所没有掌握的知识。三是能知，通过教学，儿童能达到什么样的目标，它决定着学习目标的定位。四是想知，学生对知识的兴趣和渴望等。

在具体分析过程中，教师要关注已知与未知，即教师先要想办法让学生的前概念暴露出来，同化正确的概念，纠正错误的观念。通过学情分析了解学生与教学主题相关的真实的已知，对比课程标准中的教学目标，教师便可推知学生实然的"未知"。同时，更要关注"能知"与"想知"，对学生"想知"的了解，教师不是被动等待学生自发产生兴趣，更多是巧妙激疑，引发学生对教学内容的学习欲望。

四知分析模式是一种方向性的思考，在具体实施过程中需要配套其他的具体方法。

2.KWL 策略。

是教师经常在教学前后进行的教学策略，它的意思是"对于学习的内容学生知道什么、学生想知道什么、学生学会了什么"。K 可以帮助教师知道学生的学习准备，以便教学内容依据学生的现有水平而设计得合理有效；W 体现了学生的学习兴趣所在，教师可以利用此方法充分调动学生的学习积极性；L 是在教学结束后进行的又一次评估，是对前次教学的反思同时又是下次教学的新的起点，和 K 又一次衔接起来[1]，见表 2–7。

---

①该案例由临沭县郑山街道中心小学杜成艳老师设计。

表 2-7 "燃烧"的 KML 分析表

| K（Know 已知道的） | W（Want to know 想知道的） | L（Learned 学到的） |
|---|---|---|
| 1. 燃烧时会发出光亮。<br>2. 靠近燃烧的物体会发热。<br>3. 燃烧时会冒出烟雾。<br>4. 燃烧是生活中常见的现象。<br>5. 能够举例说明生活中常见的燃烧现象有蜡烛燃烧、篝火、炉火等。 | 1. 燃烧需要具备哪些条件？ | 燃烧必须同时具备三个条件：可燃物、氧气和达到可燃物的燃点。 |
| | 2. 什么是燃点。 | 某种物质燃烧所需要的最低温度叫作这种物质的燃点。 |
| | 3. 如何验证燃烧的物体必须是可燃物。 | 1. 用坩埚钳夹住砖块，放在酒精灯火焰上让其燃烧，观察现象。<br>2. 实验现象：砖块不能燃烧。<br>3. 结论：燃烧的物体必须是可燃物。 |
| | 4. 如何验证物体燃烧需要达到燃点。 | 1. 两只手各拿一个夹子，分别夹住木条、长纸条，同时放到酒精灯火焰上，观察现象。<br>2. 实验现象：纸条遇到火焰便燃烧起来，木条放在火焰上，过一会后才燃烧起来。<br>3. 结论：纸条很快被点燃，木条需要一段时间才能被点燃。 |
| | 5. 如何验证物体燃烧需要空气（氧气）？ | 1. 点燃酒精灯，用灯帽盖住火焰，观察现象。<br>2. 实验现象：灯帽盖住前,酒精灯在燃烧。用灯帽盖住火焰，再取下灯帽，火焰熄灭了。<br>3. 实验结论：燃烧需要空气（氧气）。 |
| | 6. 怎样预防和处理烧伤、烫伤？ | 迅速将受伤部位用流动的冷水冲洗或浸泡在冷水中，应急处理后应尽快到附近的医院治疗。 |

3. 问题纸。

教师在新授课前发给学生"问题纸"，要求学生进行教材预习和组内交流，填写"你的问题"和"小组点评"内容，通过小组或教师对问题纸的梳理汇总，把握学生在该实验学习过程中已有的知识基础，以及可能遇到的困难，调整项目化学习目标。在具体的实施过程中，包括实施及实施后都可以用到问题纸，随时把握学生的学习进程和学习结果，教师可以根据需要设计多种类型的问题纸，见

表2-8。

### 表2-8　实验概念问题纸

| | 你的问题 | 小组点评 |
| --- | --- | --- |
| 根据你已经学过的知识和生活经验，你是如何理解这个实验涉及的概念的？ | | |
| 针对这个概念，还有哪些感兴趣的问题？ | | |
| 在这些问题中，你感觉最有必要集体解决的问题是什么？ | | |
| 如果想要解决这个问题，你觉得最为合适的实验是什么 | | |

在学情分析上还有很多的方法，针对这些方法，我们列表仅仅呈现出了基本的特点，在具体使用中还有很多需要思考和探索的问题，教师可以对此进一步收集和研究。

## 二、驱动问题设计

驱动问题是项目化学习中引发学生学习的起点，可以驱动学生主动学习，在问题解决中起到促进学生理解核心知识和重要概念的作用，要想进行项目化学习的设计，绕不开驱动问题的设计。一般说来，驱动问题不仅仅是单一的问题，还要融合与该问题密切关联的真实性情境。与一般性问题不同，驱动问题往往是由学科的核心大概念转化而来，且通过对问题进行情景化、具体化的处理，将问题镶嵌于真实的情境中。因而驱动问题的设计包括问题设计和情境设计两个要素，在真实操作中，这两个要素很难区分开来设计，但从教师便于理解的角度，我们将驱动问题的设计分为问题设计和情境设计两部分进行阐释。

（一）驱动问题的理解

进行驱动问题的设计，除了设计的方法，更要对驱动问题有着清晰的认识。因此，在设计之前，需要对什么是驱动问题、驱动问题的特点等有所认识。

1.驱动问题的理解。

要想理解驱动问题，首先要对"问题"有所理解。对于"问题"，老师经常说，教学中经常用，生活中还时不时地遇到，感觉教师都能理解是什么意思，似乎并不需要深究。很多教学改革中遇到困难，看似有很多客观条件的制约，但最为根本的往往是与教师的这种认识和观念有一定的关系，正是因为对很多看似熟悉的事物缺少深层次的追问，按照已有经验进行理解和实施，就偏离了事情的本质。对"问题"这个概念也同样如此，如果追问教师，估计有不少教师对此并不能说清楚。这种追问并非是较真，而是真正以研究的方式进入到教学改革需要解决的关键问题。

戴维森等人认为，所有问题都包含 3 个重要元素，分别为假设条件、目标和障碍。假设条件是指构成问题情境初始状态的要素之间的关系以及条件；目标是指问题的解决方案或期望的结果；障碍既包括问题解决者的特征也包括问题状况的特征，这些特征使得解决者很难将问题从初始状态转换为目标状态[1]。在项目化学习中问题的三种状态关系见图 2-7。

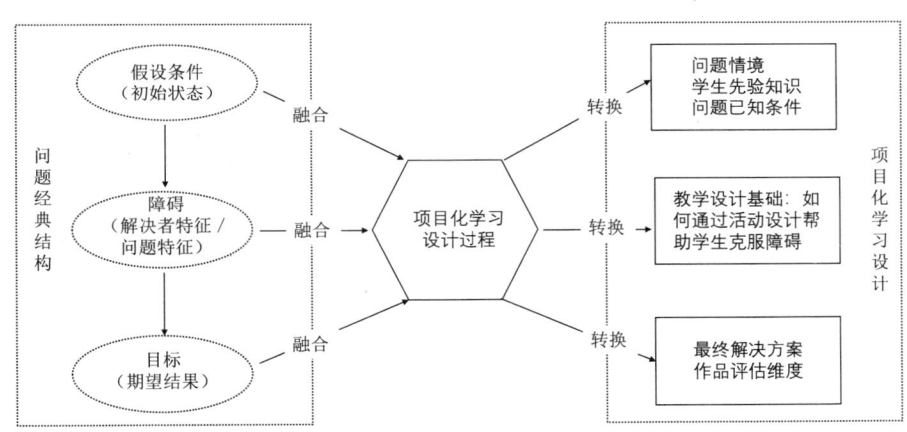

图 2-7　项目化学习中问题的三种状态关系示意图

根据该问题框架图，针对问题的不同组成部分进行设计，以养蚕中"蚕具支架的制作"的问题解决为例[2]，教师需要思考的问题见图 2-8。

①孙妍妍,何沣燊.以"工程"为中心的 STEM 课程驱动问题设计研究 [J].华东师范大学学报( 教育科学版 ),2021,39（8）：33-44.
②该案例由兰陵县教育和体育局电化实验教学服务股李安凯老师设计。

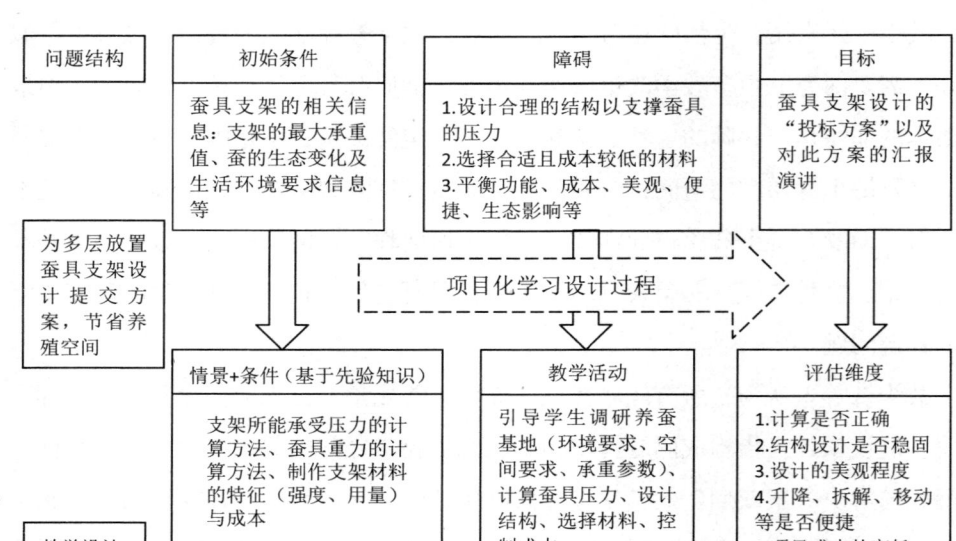

图 2-8　蚕具支架制作项目的问题结构及设计分解

2.驱动问题的理解。

项目化学习围绕真实性情境中的驱动问题进行，驱动问题是决定学生是否愿意参与及影响学习效果的"核心"，就是要将所要学习的能力转化为与学生真实生活关联的、学生感兴趣且具有挑战性的导向问题。因而，驱动问题是项目化学习设计中必须重视的，而驱动问题的设计又是教师感觉到困难的事情，结合实验教师的实际困难，需要教师能够理解驱动问题以及驱动问题的类型、设计方式、子问题的分解等，为后续的项目化学习的内容设计奠定基础。驱动问题不同于一般问题，区别见表 2-9。

表2-9 一般问题与驱动问题的区别

| | 一般问题 | 驱动问题 |
|---|---|---|
| 问题设计 | 在规定的时间内完成学校分配的校内植树任务 | 学校在植树节计划进行植树，如果你作为一位园林规划师如何设计才能确保竞标成功？要求：一是对规划方案进行阐释；二是进行竞标答辩。 |
| 区别 | 1. 问题的起始、过程要素都是固定的，要求平铺直叙，缺乏吸引力<br>2. 是为了完成任务，没有更多的探究要素和需要创新的空间 | 1. 是指向学生作为一种社会角色的真实性情境，需要解决的任务具有竞争性、创新性。<br>2. 解决问题所需要的能力涉及调查分析、探究、答辩竞标以及阐释等多种综合素质，指向核心大概念"规划设计是让生活更美好"。 |
| 引发思考的问题 | 1. 需要什么样的工具？<br>2. 合理的分工是什么？<br>3. 植树的具体方法是什么？ | 1. 校园植树的目的是什么？不同人的需求是什么？<br>2. 在该区域内，不同的经费指标下，合理的树木种类、数量和种植区间是什么？<br>3. 不同树木的养护方式是什么？<br>4. 不同树木的养护、树叶打扫、环境污染成本是多少？<br>5. 竞标方案如何撰写、需要筹备什么以及答辩需要做好哪些准备？ |

在项目化学习中，良好的驱动问题具有以下五个基本的特征。

（1）结构性。问题按照其结构特征可以分为良构问题和劣构问题。学生在学习中遇到的课本习题往往都是良构问题，一般说来，良构问题是去情境化的。在构成问题的三部分中，问题的起始条件包括了解决问题的全部信息，问题的答案有标准的、唯一的答案，解决问题的过程用到的所有知识和信息是学生熟悉的，解决问题的方法有学生熟悉的规则和规律。良构问题易于学习和掌握学生也可以通过大量的同题型训练更好的解决问题，所以重复性的、大量的机械训练成为首选。其最大的不足在于学生不能有效地将解决问题的策略应用到新的情境中，迁移性差。而劣构问题在起始条件、目标结果和过程障碍中存在着不确定性，也就是说，问题的起点不明、解决问题的策略多元、解决问题的结果不唯一。这种问题更接近真实生活中的问题，有着真实性的情境。如设计"搭建学校门口的人行天桥"时，不仅要对桥梁结构进行计算，还应考虑气候、承重、资金、地质条件、方便行人等多种情境性的问题，通过对这些问题的统筹解决找到最优方案。项目化学习指向高阶学习能力和复杂认知思维，因此项目化学习的驱动问题应该是劣构问题。

（2）情境性。良构问题是去情境化的，如按照给定的流程用稀硫酸和锌在实验室进行制氢气的实验，对应用问题的条件描述上关注的重点是稀硫酸和锌，而非实验物品的多样选择，不关心氢气来源的多样性特征和最优化方案，学生遇到的这类问题都是经过抽象处理的，缺少了对问题情境的体验。而劣构问题中一定包含着真实性的问题情境，这既是引发学习的重要因素，也是学生解决问题的重要条件或解决方案的构成部分。如"武河湿地现状调查研究"项目，学生需要对水质、河流、植被、动物类型、生存情况、居民生活方式等诸多因素进行综合分析，无论是设计调查方案还是实地考察，都会让学生在真实性的情境中运用所学到的知识针对不同的因素进行自主选择。学生所选择的调查方案、实验方法、分析方法都是多样化的，最终形成了不同的结果。因此，情境性是驱动问题的重要特征。

（3）复杂性。问题的复杂性既与问题空间有关，又与问题本身所包含的因素有关。所谓问题空间，就是问题始发状态、操作状态和目的状态组成的解决问题状态，这三个状态的不同构成了四种不同的问题空间。①简单良构问题情境，有着清晰的始发状态、目的状态和操作状态，解决问题的路径或方法是唯一的。②复杂良构情境，有着清晰的始发状态、问题状态和操作状态，但解决问题的途径和方法有很多，解决这些问题可以使用多种路径，也可以寻找最佳的路径。③简单劣构情境，有着清晰的目的状态，但始发状态和操作状态都不清楚，在解决问题的过程中，依靠经验难以直接解决，需要弄清楚问题的始发状态是什么，围绕不同的状态确定与之相对应的解决问题路径。④复杂劣构情境，引发问题的三种状态都不清楚，这种问题是未知的，解决过程难度很大，但基于这类问题的项目化学习对学生的成长价值最大。从这四类问题空间来看，问题的难度层级逐步加大，解决问题的能力要求越来越高，其中问题的创新性也越来越高。对于同一个问题空间的问题，其复杂性的四个决定因素是解决这个问题所需要的知识和技能、解决问题的过程中涉及的概念层次和应用的难度、解决问题的认识水平层次和问题本身各因素之间的状态关系。所有因素的要求越高、越复杂，问题也就越复杂。项目化学习需要培养学生的复杂认知能力和迁移能力，因而驱动问题具有复杂性特征。

（4）动态性。在问题的三个组成部分中，任何一个部分的变化都会引起整个问题的动态变化。在良构问题中，所有的因素都是确定的，所以不存在动态性的现象。而在劣构问题中，无论是问题条件、障碍还是目标都是不确定的，这些因素只要出现了一个变化，就会出现问题的动态变化。如在"鸡蛋撞地球"这个项目中，学生要完成的任务是"设计一种保护鸡蛋不破碎的装置"，要求学生寻求到解决减轻碰撞力的问题，包括可能设计的保护、缓冲、支架等多种方案，在材料变化、方法变化及在实际的碰撞过程中出现的不同结果，都是一个不断动态变化和调整优化的过程，这种动态性为学生的批判性思维和创新能力的发展营造了良好的空间。

（5）特殊性。驱动问题随着项目类型的不同，涉及的领域也各不相同，在同一个领域内解决问题需要特定的认知策略，并且有着不同的认知程度，这种认知程度的差异决定了问题的难度。从对专家和新手的研究结果中发现，决定专业水平的就体现在领域特殊性，在解决问题过程中，掌握的特殊性知识和认知策略越多，运用这种策略的水平越高，专家的水平越高。同样，在项目化学习过程中，领域特殊性越高，其驱动问题的难度越大。更为关键的是，在跨学科实验项目化学习中，所要解决的问题方案需要学生有效地运用多个学科的领域知识，这也是跨学科项目比学科项目难度大的原因之一。

3. 项目化学习中的三级问题。

项目化学习是指向大概念的综合性学习，驱动问题虽然是引发学生项目化学习的关键因素，但多数驱动问题并非直接指向大概念，能够指向大概念的问题是本质问题，具有统领驱动问题的作用。驱动问题虽然能引发学生的学习，但在操作上具有一定的难度。因此，在项目化学习的实施过程中，驱动问题需要进一步分解成子问题。由此本质问题、驱动问题和子问题就构成了项目化学习的三级问题。

（1）本质问题。本质问题是关于学科、人生和世界的重大问题，这些问题对学生的影响是重要且持久的，是需要学生经常思考且无法绕过去的问题，这些问题需要学生把所学的知识、技能等综合运用起来才能解决，往往具有抽象性、本质性和复杂性。诸如为什么要做实验、学习生物对我们人生有什么重要价值、学习遗传定律能解决什么问题。同时，本质问题往往与学科的核心概念相关联的，诸如生物学科中"器官的构造与器官所要承载的功能密切相关"这个大概念，可以设计的本质问题是影响人鼻子大小的关键因素是什么、用什么证据能证明自己的结论等，也可以结合生物发展史研究这样的本质问题，如鼻子的进化历程是什么等。

（2）驱动问题。本质问题的抽象性使得直接作为学习的问题往往无从下手，况且本质问题缺乏针对不同阶段学生的层次性，由于本质问题的本质性使得缺少与学生成长需求密切相关的真实性情境，很难引发学生的学习愿望。因此，在项目化学习的设计中，需要将这些本质问题转化为学生能够理解和解决的驱动问题。如影响鼻子大小的关键因素这个本质问题，可以转化为驱动问题"六·一儿童节有外国友人要到我们学校参观，如何根据他们鼻子来判定来自哪些地区？"驱动问题上联本质问题，并通过分解成子问题在项目化学习中不断得以解决。

（3）子问题。驱动问题在项目化学习的不同阶段会分解成不同的子问题，子问题是为了更好地解决驱动问题而出现的，一般子问题都可以组织学生通过交流、头脑风暴等方式归纳和提炼出来。比如在"吹泡泡"这个项目化学习中，可以分解成的子问题包括吹泡泡的原理是什么、什么材料适合吹泡泡、如何配比才能吹出更好的泡泡、使用何种工具才能吹出更大的泡泡、如何组队和采取何种方式吹的泡泡图案最美、如何解决泡泡液的污染问题、何种材质的污染最小、吹泡泡的原理在生活中还有何种应用？教师通过这样的问题归类，如化学问题（材料）、环保问题（污染）、价值问题（应用）、规划问题（最美）、协同问题（合作）、物理问题（吹制工具），进行分解和归类可以达成不同的目的，在项目设计阶段进一步凝练项目化学习目标以及项目化学习的进程和任务。在入项阶段，可以作为优化项目化学习任务的依据以及确定学生设计方案的走向，寻找到最适合学生的学习内容和学习方式，提高学习效果。

（二）驱动问题的设计要求

驱动问题是引发学生进入学习状态的起点，驱动问题的质量高低直接影响到项目化学习的效果，因此驱动问题的设计需要精心构思，明确思路，找准学科素养依据。驱动问题的设计是围绕问题的三个状态进行的，在设计驱动问题时，首先要明确思路，一是问题起始状态，明确有什么样的问题情境，学生在解决该问题过程中需要什么样的知识储备，在此基础上设计驱动问题的情境和已知条件；二是明晰问题的目标状态，对问题解决的理想目标进行准确地描述，包括最终成果的形式和评价方式，以及评价成果的维度、标准、评价者等，并根据这些分析来设定解决问题需要完成的任务方向和深度。在具体设计过程中，要明确问题的导向和设计要求。

1. 三种问题导向[①]。

驱动问题首先是问题，在设计之前，要了解问题的种类，不同的分类标准下问题的种类各不相同。常见的驱动问题有三类：哲学导向、产品导向与角色导向，针对这三种不同的问题类型，在设计上也有相应的三种思路。

（1）哲学导向。哲学问题是回答世界是什么、人生是什么的终极问题，是关于真实世界的问题，这些问题不只因为世界的复杂而变得多元，更为主要的是答案多种多样又能自圆其说，其思辨性和复杂性，不仅需要严谨的思维过程，还因其接近专家思维，是训练学生高阶思维的重要途径。该类问题本身多数属于社会科学学科的驱动问题设计导向，在实验项目化学习过程中，学生围绕该问题进行的调查、实验所得到的观点、数据和事实恰恰成为解决问题佐证的重要材料。这种哲学导向的思考和探究，一方面可以培养学生严谨的科学态度和循证思维方式，另一方面，面对多元的答案能够培养学生评价问题的多维度视角，这对于辩证地看待生活、看待世界和看待人生有着不可替代的作用。

（2）产品导向。项目化学习的主要特征是要有成果，产品是学生重要的学习成果，也是项目化学习不同于其他学习方式的重要标准之一。在项目化学习中，教师对学生的预期学习成果有着明确的定位，可以将获得该产品需要解决的问题

---

①张玮逸，刘徽. 项目化学习中驱动性问题设计的三种导向 [J]. 上海教育，2020（26）：34-37.

设计成驱动问题。如教师期望学生展示一本自己制作的书，那么驱动问题就可以设计成"如果想着在毕业前留给弟弟妹妹一本介绍个人风采的书，你将如何制作？"如果教师希望得到的是一份方案，那么驱动问题可以设计成"市政府计划在城区设立口袋公园，你认为最合理的设置方案是什么？"如果教师希望学生能够展示自己的研究成果，则可以将驱动问题设计成"想为家乡的农博园制作一套自动浇灌系统，你想如何证明这套系统是最科学的？"产品驱动直接指向了成果，有着明确的学习方向，且也容易让学生发挥创造性，有针对性地探究。

（3）角色导向。角色扮演是人成长中的重要经历之一，对青少年而言，经常会开展角色扮演的游戏。从这一个角度出发，考虑不同角色所承担的社会责任和专业需求，结合学生已具备的知识和技能，从全面育人的角度为学生提供角色扮演的机会，那么就可以从角色的角度考虑驱动问题的设计。角色意味着责任和担当，一旦赋予学生某种角色，学生认可了这种角色，就会有着强烈的责任感和解决问题的积极性，能围绕角色的任务开展实验或探究，以解决真实性的问题。这类驱动问题的设计格式是"如果你是……，你将……"，如"如果你是一名医学研究人员，你将如何用实验来揭穿生吃茄子可以降低血脂是错误的食疗方式？""如果你是一名科学家，你将用何种成果或实验来证实汽车只喝水就能跑千里是一场谎言？"

其实，真实生活中的问题没有截然的区分，想要做一个产品，可能本身涉及的问题就是哲学导向的问题，还可能涉及不同的身份去做，例如"作为一名农业科技专家，如何向农民展示种植的产品是健康的？"这其中有角色导向、健康种植涉及的哲学问题，展示的过程有展板、有作品，又属于产品导向。"作为一名科学家，我们如何面对转基因食品的争议？"就是哲学导向和角色导向融合的驱动问题。

2. 设计的基本要求。

三种驱动问题的设计导向，在实际操作中既然不可能截然分开，就不要人为地去硬性分出某种类别。做出这种分类，是让教师在设计中有个基本方向，最终还应从学生的成长角度考虑驱动问题对学生的吸引力和对学生解决问题的重要支撑价值。因此，在设计的过程中，还应考虑问题的驱动性，借鉴已有的研究成果分析，在筛选核心问题中应该充分考虑以下四点要求。

（1）更加真实。项目化学习是对真实性情境问题的探究，真实性问题是所有项目化学习必须具备的要素。无论问题情境本身是现实社会存在的，还是虚拟的情境，所包含的问题必须真实，学生在解决这类问题的过程中不仅能感受到学习过程获得的价值，更能够将该学习收获应用到更多现实情境中解决问题。要想具备这样的能力，不仅仅要解决"是什么""做什么"的问题，还应解决"为什么"的问题，只有理解了"为什么要这么做而不能那么做"才能适应更加复杂的生活场景。同时，还应注意学生的生活阅历和已有经验，就像生活中我们会闹的笑话，不少家长谈起过去穷，没有东西可吃，孩子就会问，"为什么不吃面包，不喝牛奶？"虽然说穷得没有东西吃是一个真实性的问题，但因为很多孩子缺少这样的经历，这个真实性的问题对学生来说就不是真实的。

（2）更有趣味。对有趣事情的追求一直是人的本能，尤其是青少年，在学习过程中很容易被有趣的事情所吸引。因此，选择富有趣味性的驱动问题可以更好地引导学生参与项目化学习。有趣的问题包括问题本身，比如"如何吹出七彩的泡泡？"或问题具有挑战性，如"如何制作投掷更远的投石器？"或问题中包含的活动很有趣，如"怎么做才能养出最好动的金鱼？"或问题的解决能赋予学生更多的成就体验，如"如何为家人制作一份美味的番茄酱？"这种有趣味性的驱动问题，能够引导学生在有趣的环境中学习，避免学生产生厌学情绪。要想设计有趣味的驱动问题，需要教师了解和把握学生的特点与需求，这就要求教师要对《发展心理学》有一定的研究。

（3）更具挑战。几乎所有正常的人都会经历追求冒险和刺激的生活阶段，青少年更喜欢挑战，这是一种人的生存本能。在挑战中能获得更多的成就体验和知识及技能，挑战性越大，成功之后的价值感就越强。因此，要想让学生更加主动地参加项目化学习，所设定的驱动问题或问题解决所需要的任务必须具有挑战性。要想把握住设计的问题是否有挑战性，必须了解学生的认知特点和已有能力，虽然人们常说"要让孩子跳一跳能摘到桃子"，但反过来想，如果学生自己跳一跳能摘到桃子，这样的问题就没有多大的挑战性。所谓挑战一定是能力极限的边缘，是学生自己怎么努力都无法解决的，这时候需要团队的合作，需要教师的支持和指导，进而才能不断地挑战自我的发展极限，实现快速、高效的成长。

（4）更加开放。开放的情境、开放的活动才能有着更加多元的学习要求，才能囊括更多的学习任务，这样的驱动问题能够引领学生进行深入地探索与思考。开放性要求是学生成长过程所需考虑的。一方面，项目化学习所提供的问题情境本身具有多元开放的特点，如围绕校内水池问题，"建设生态水池"比"建设安全水池"的问题更具开放性，所需要的思考和解决的问题更加复杂多元；另一方面，问题情境需与学生自身的阅历和生活相关，学生在解决问题的过程中，所需要的手段、方法、资源更加丰富，在学习过程中更加自由、开放，这样才能保证学生在学习中有着更多深度的思考和创新的成分。如某校组织学生栽种地瓜，"如何栽更高产"比"如何栽更容易成活"驱动问题的学习空间更大。如果学生没有栽种地瓜的生活阅历，对学生要求的问题和学习方式就更多，进而学生获得的成长效果会更好。

（三）设计方式

驱动问题的设计过程是将现实中的问题及其情境转化为可供学生进行探究和实践的真实性问题的过程，在这种转化过程中一般有四个环节。识别问题，对具体的情境进行分析，寻找其中存在的可能引发学生探究和实践的问题；厘清思路，按照专家思维方式对所梳理的问题进行调查、分析、论证；条件分析，对学生的学情做出评估，分析在该问题情境中学生已知的基础和条件是什么，同时对问题的起始条件进行分析，审视解决该问题的学习任务、考虑需要的资源和支架等；提炼封装，在综合分析的基础上，确定问题以及问题情境，形成该项目化学习的驱动问题。在具体的设计过程中要考虑各种因素，更为主要的是要合理运用各种支架和方法，以提高驱动问题的设计质量。

1. 识别问题。

识别问题的过程是对现实问题进行梳理的过程，也可以从学习的需要出发筛选出需要开展学习的问题，然后审视、筛选现实中包含该问题的情境以及情境中可能学习的问题。在识别问题的过程中，可以按照以下流程识别出预期的问题及可能的问题。

生物学科中"生态系统是平衡"是一个大概念，理解这个大概念的问题有很多，诸如生态系统包括哪些因素、这些因素如何才能构成生态平衡系统、生活中学生最直观的问题是什么？围绕这些问题，我们会发现很多学生都有喂养金鱼的经历，但金鱼比较难养，成活率较低。如果围绕养金鱼这个生活中真实的事件组织学生收集资料、调查、实验等多种探究活动，就可以简化为一个简单的养殖活动；如果想着作为一个指向大概念的项目化学习，就必须思考生态平衡的问题，学生从生态平衡的角度，对生态系统的构成要素、水质、饵料与喂食等多种因素的探究得出解决问题的策略，设计出生态鱼缸。在这个案例中，可以设计的问题包括：如何养金鱼不死、如何养出健康的金鱼、如何设计一个生态鱼缸、如何制作一个成本最低的生态鱼缸？最后两个问题作为驱动问题更容易指向大概念，但最后一个问题不仅仅是生物学的知识，还需要研究材料成本、统筹规划等多种因素，需要更加综合的能力。

例如学生有过种大蒜的经历，对种植和观察植物有一定的经验，但学生现在由于生活环境的问题，尤其是城里的学生，对生活里常见的蔬菜种植生长，还缺乏一定的认知，这是学生所处的真实生活情境。教师从该情境出发，提出"种辣椒"的任务。为了能顺利种出辣椒，学生需要探究植物生长经历从萌芽到枯萎的过程，了解辣椒生长所需要的条件，聚焦这个关键问题开展资料收集、观察比较、访谈调查等阶段，获得关于选种、浇水（时间间隔、花盆大小、土壤潮湿程度、气温等因素）、植物生长所需温度、水分、光照、土壤等因素的初步活动经验，并用这些经验种辣椒，制定观察计划，计划包括观察时间、天气和辣椒的生长环境，观察记录辣椒的生长过程。观察辣椒生长活动的背后隐含对关键问题的回答，回应和解决了生活情境中面临的问题，"种辣椒"的项目化问题追问设计思路如图2-9所示[1]。由于学生个体所处的情境不完全相同，经历的探究、表现过程也不完全相同，可以通过交流进行经验分享。

---

①该案例由临沭县郑山街道中心小学杜成艳老师设计。

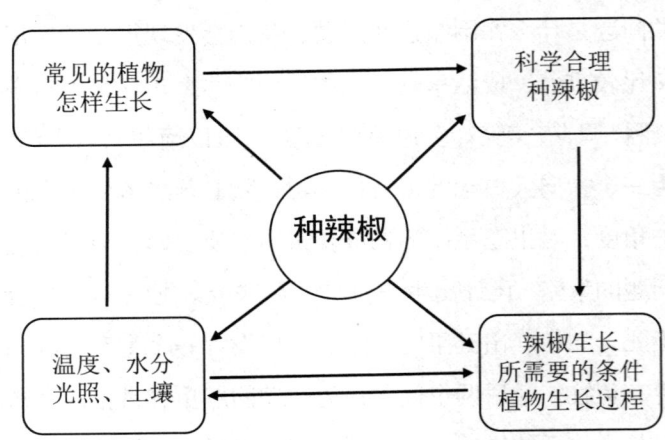

图 2-9　"种辣椒"的问题追问设计思路

在由大概念转化为驱动问题的过程中，除了追问还可以采取以下三种方式加以转化。

（1）映射法。将所要掌握的概念与现实中的问题对应起来，学生在解决问题的过程中理解概念，获得相应的能力。如"物质的能量守恒"这个大概念，可以对现实中的这个问题"水能转化能量，驱动汽车行驶"这个问题对应起来。某人研发出只加水就能让汽车行驶千公里的产品，这个报道是真的，还是假的？这里将能量来源转换为水，能量守恒转换为驱动汽车行驶。针对这个现实中的问题，可以设计这样的驱动问题"目前网上出现了水驱动汽车行驶的报道，请你用科学的实验研究来证明这个报道的真实性，要求分析逻辑严谨、事实清楚、数据准确"。通过学生实际解决该问题，获得对这一概念更深入的理解。

（2）联想法。通过对可能发生的场景进行想象、联想，编制出新的驱动问题。生物学上有这样的大概念"植物与环境相互依存"，针对这个概念的理解，可以编制这样的场景，"学校里一棵十年多的香樟树死了，如果你是这棵香樟树，你会如何诉说'它'的一生经历了什么、需要什么样的环境、为什么会死了？如果为了避免别的香樟树死亡，你需要从哪些方面进行管理，请你为学校的管理者提供一份管理方案"。在这里就是通过合理的想象，通过香樟树的"自述"分析死亡原因和生存条件，并据此来解决真实性的避免香樟树死亡的问题。

（3）演绎法。根据概念推演，找到现实世界中对应的场景或现象，围绕该现象以一个特定的身份、场景来设计相关的问题。如果我们把"制作产品是为了满足人们的需求"这个概念进行推演，可以转化为这样的一个问题，"学校为了美观，需要在不同的场所设计一些方便学生的挂钩，如果你是一个产品设计师，请你为校园内的挂钩进行设计。在三个月后的学校竞标大会上展示你的产品并介绍你的设计。介绍要求：不同场所挂钩的特点、制作成本、污染情况、不同场所挂钩的人们满意度，并分别说明理由"。

还可以使用具体的工具，对所要学习的内容进行问题的追问。其中，比较常用的是 POV（Pointofview）定义驱动问题设计表

POV 定义驱动问题设计表是深入探究用户的需求、现状、洞察观点的一种工具。如果项目化学习的内容涉及学生的创意设计和创新产品制作，在设计的最初阶段就会用到这种工具，通过分析寻求到驱动问题，为后续的科学学习奠定基础。这里以"噪声监测仪"制作的驱动问题设计为例，见表 2-10。

表 2-10 "噪声检测仪" POV 定义驱动问题设计表

| 思考点 | 基本要求 | 举例 |
|---|---|---|
| 我观察了 | 观察到的用户 | 老师对楼道噪声经常制止、效果不明显。 |
| 我发现了 | 某种现象或问题 | 楼道内经常有大声喧哗的现象。 |
| 我猜想这可能是因为 | 问题背后的原因，个人的猜想、假设 | 1. 学生不知道自己的行为会对噪声产生何种影响；<br>2. 学生缺乏自我监督机制。 |
| 因此我要解决的问题是 | 需要为谁做什么，做到什么程度，解决什么问题 | 1. 发明一台噪声监测仪，帮助老师督促学生；<br>2. 能及时显示、提醒学生调整行为方式。 |
| 驱动问题 | 人、物（产品）、情境及最终目标 | 制造噪声测量仪需要解决哪些问题；<br>如何显示才能引起学生的注意；<br>何种提醒方式才能让学生有触动，自我约束。 |

2.厘清思路。

学习的目的是为了发展，在不同的认知模型下，学生发展的能力和效果并不相同，根据马扎诺的认知策略模型，存在从低阶认知策略（信息收集、储存、组织、巩固）→（比较、分类、抽象、推理、分析）→高阶认知策略（问题解决、创见、决策、实验、调查研究、系统分析），如果项目化学习所用到的解决问题方式都属于低阶认知策略，那么驱动问题的设计就出现了问题，就需要对驱动问题进行必要的调整。这种调整包括两个层面，一是转换成另外的模式；二是增加驱动问题中高阶认知任务。在教师组织学生学习过程中，教师选择不同认知模型的模式有以下四种。

（1）问题解决式。是以寻求方案为主要目的的学习方式，在实验教学中，对某些观点是否认同或对某种制约效果的因素等进行分析时都可以用到该方式。在该方式中，学生要明确所要解决的问题是什么、要解决到什么程度、在解决过程中需要克服哪些障碍、存在着哪些限制条件、在这种情况下可能的解决问题路径有哪些、每种路径对资源和能力的要求是什么、在我的自身条件下，选择哪一种路径是合适的、这样的解决方案能否成功、如果不成功能否尝试另外的解决措施？对这些问题的思考和追问，使得学生能够厘清所要解决的问题，寻求适合解决该问题的最佳方案。既可以用到高阶的认知策略，如调查研究、系统分析等，也可能会用到低阶认知策略，如通过收集信息，发现已有解决该问题的成型方案，直接移植借鉴过来使用，所以就需要教师对驱动问题本身的独创性、适切性等进行必要的调查、文献检索。

（2）实验探究式。这是实验项目化学习中最为常用的方式，该方式以假设的结论为探究的目标，通过实验的方法寻找该结论是否成立的证据，可以用到观察、数据分析等多种方法。一般说来实验主要解决四类问题，一是"是什么"，如通过实验得出物质是由分子、原子等粒子构成的；二是"为什么"，如通过一个简单的实验（酒精溶解等）就可以向学生说明叶子为什么会变色；三是"做什么"，通过实验我们可以设计出各种各样的生活必需品，简单到扣子的制作，复杂到航空航天、生命体改造；四是"预测什么"，比如我们通过对微生物的实验研究，可以预测食物变质的时间而提前采取措施。因此，在实验中，我们会通过观察，发现出现了何种变化、哪些变化是我们预期的，哪些变化是意外的、得到了何种数据，这些数据反映了什么、从中可以解释什么、预测什么、如何重复实验可以得到相同的结论等。

（3）调研分析式。针对事情的真实情况或者人们的某种看法、某种观点进行调研分析。在实验教学中，小学阶段使用调查分析的方式多一些，初高中在分析某些现象的过程或解决现实问题的实验研究中会用到调研分析的方法。比如在生活垃圾处理方式上，可以用到实验的方式，对这些实验验证的有效方式人们到底认同和选择何种方式？何种方式成本最低、效果最好等都需要调研才能得到更加真实的结果。在调研分析中，需要思考的问题是，通过调研分析，想获得什么样的结果，要验证什么样的观点、想要解释什么样的事件，对这件事情，人们真实的想法是什么、产生该问题的主客观原因是什么、通过调研分析，可以得出什么样的观点和结论、对这样的结果如何进行科学的分析和解释？

（4）决策选择式。在解决问题的过程中，需要对某些方案和解决问题的策略做出决策或选择，同样，实验学习的结果不仅仅是得出结论，还需要对实验方法、实验结果等做出选择或者决策。这些决策或选择的过程中，实际上就是一种态度的客观现实反映，是对效果的关注，还是对各项指标综合考虑的结果？比如生产某种东西是考虑成本，还是先考虑污染？是考虑收益还是先考虑使用者的安全系数？在决策和选择的过程中，我们必然会涉及这样的追问，"我选择方案和结果的依据是什么？预想解决问题的标准是什么？如何判定这些标准符合我的选择？选择之后，如何证明我的选择是合适的？如果出现了偏差，如何调整这种决策和选择？"

3. 条件分析。

在具体的设计过程中，需要对所预期的驱动问题进行解决条件的分析，只有在可能解决的现实条件下，才能设定为驱动问题并组织学生学习，也只有这样的问题才能有效地促进学生的健康成长。

在分析条件的过程中，首先要对学生的学情进行分析。学情分析的方法在前面已经涉及，对于学生具备相应的知识储备等情况是教师在教学中必须关注的问题，平常对这一问题也有整套的办法，这里不再赘述。在这里想进一步说明的是如何将驱动问题设计为学生感兴趣的问题。对此,教师可以从两个方面进行尝试,一是通过平时的搜集和交流掌握学生关注的问题,教师结合学生所关心的问题对上述问题进行进一步地调整,可以整合出符合学生成长需求的驱动问题,表2-11是初中学生关注的化学问题[①]。二是采取头脑风暴的形式,可以发现学生在该项目中关注问题的角度,通过比对学生对该问题的认识,从而调整和优化驱动问题的设计。

表 2-11　初中学生关注的化学问题

| 问题类型 | 具体问题 |
|---|---|
| 水和溶液 | 如何洗涤衣物上的黄色污渍<br>喝汽水为什么会打嗝<br>剧烈运动,大量出汗后为什么要喝淡盐水<br>生活中净化水的方法及原理<br>天气瓶的原理<br>固体酒精的制作原理 |
| 金属与金属矿物 | 金属画的蚀刻原理<br>铁制品锈蚀防护原理<br>如何鉴别真假黄金<br>暖贴的发热原理 |
| 生活中常见的化合物 | 为什么豆腐与菠菜不能同食<br>松花蛋的制作原理<br>食品干燥剂的成分、原理<br>哪些食物可以缓解胃酸过多<br>为什么橘子皮碰到气球,气球会爆炸<br>土壤的成分对植物生长的影响 |
| 我们周围的空气 | 如何检测空气成分<br>如何更好地实现低碳生活<br>碳的补给与释放 |
| 化学与可持续发展 | 身边的污染有哪些<br>合理安排家庭食谱<br>如何简易区分羊毛纤维和合成纤维 |
| 燃烧与灭火 | 灭火器的原理<br>如何正确使用燃气<br>如何消除酒精消毒带来的隐患 |

[①]该调查结果由莒南县第八中学徐新竹老师提供。

对于头脑风暴的操作，本书中已有介绍，这里结合一个案例说明如何根据学生关注的问题设计驱动问题。某校开展了吹泡泡比赛，作为一个项目化学习，设定的驱动问题是看谁吹的泡泡大。对于这样的项目，有高阶认知的策略，但更多的还是简单的尝试与实践。在学生头脑风暴的过程中，发散出十几个问题，简要归类会发现这些问题远不是科学课本身所能解决的，这些问题的解决已经上升到综合素质和素养的层面了。表 2-12 是学生"吹泡泡"的头脑风暴结果。

表 2-12　学生"吹泡泡"头脑风暴结果

| 类型 | 问题 | 涉及领域 |
|------|------|----------|
| 反思 | 为什么人们会想到吹泡泡？<br>从泡泡的多彩到破灭，会有什么感想？ | 哲学 |
| 配制 | 配制泡泡液需要什么样的物质？<br>如何配制泡泡液才能吹出大的泡泡？<br>怎么配制泡泡液才能吹出不同的色彩？ | 化学 |
| 工具 | 如何制作泡泡枪？<br>泡泡枪的材质与泡泡质量有何关系？<br>泡泡枪的枪口如何制作？ | 工程技术 |
| 竞赛 | 泡泡比赛的游戏有哪些？<br>如何制定吹泡泡的游戏规则？<br>如何组队（队员、队形等）进行比赛？ | 社会 |
| 测量 | 泡泡的大小如何测量？<br>怎么测量泡泡的重量？<br>怎么测量泡泡的平均寿命？ | 数学、物理 |
| 分析 | 为什么能吹出泡泡？<br>有的泡泡为什么会连在一起？ | 化学、物理 |
| 预测 | 影响泡泡寿命的因素有哪些？<br>影响泡泡寿命的因素与影响人寿命的因素有哪些异同？ | 社会 |
| 安全 | 泡泡液有毒吗？是否有腐蚀性？<br>遇到不慎入口、入眼，怎么办？<br>泡泡液如何做到环保？ | 社会 |
| 关联 | 围绕吹泡泡可以写出什么样的作品？<br>结合吹泡泡活动如何学好语文《肥皂泡》这课？ | 文学 |
| 延伸 | 如何利用现有工具拍出精彩的视频和图片？<br>如何进行视频的剪辑？<br>如何编辑图片更精彩？ | 艺术 |

（四）驱动问题的子问题分解设计

在微项目中，驱动问题的问题较小，一般不需要继续分解，但在学科项目，特别是跨学科学习中，涉及的学习维度较多、学习能力要求较高，在确定驱动问题后，还需要对驱动问题进行子问题的设计，围绕子问题设计成学习的子项目或阶段性的学习任务，子问题的解决最终汇聚、回应驱动问题的解决。

在不同的分类标准下，分解的子问题类型各不相同，其子问题的组合形式也有所差异。对于学生而言，在项目化学习中遇到的问题主要包括识记类、理解类、应用类、分析类、综合类与评价类等。分解后的子问题不可能是一个问题，多个问题构成了项目化学习的子问题或子项目的问题，这些问题之间呈现出什么样的逻辑关系，有效的项目化学习的子问题需要什么样的逻辑关系，如何分解到这样的逻辑关系，这些都是需要思考的。在思考这些问题之前，有必要了解一下问题呈现的逻辑关系，根据已有的研究成果，问题的呈现形式可以是问题集、问题链、问题网，根据每一种形式所针对的能力培养指向，可以选择合适的分解方式和呈现形式。

在驱动问题分解的过程中，需要按照一定的顺序进行，这种顺序既可以包括项目解决的次序、项目活动的主题或项目学习涉及的学科、项目学习所需要的能力等不同的情况进行。从教师的实际和需要，一般驱动问题的分解可以使用以下策略。

1. 关键词视角的分解。项目化学习所要达成的目标不是单纯的"是什么"的事实性知识，驱动问题常常不是单一的知识或概念要素，在解决的过程中需要综合性的思维和能力，为了更好地达成项目化学习所要培养的能力，可以通过其中的关键词，把解决驱动问题所包含的关键能力以及隐藏的概念等挖掘出来，构建解决问题的子问题集。如"如何做一名沂蒙美食达人？"这一"家乡美食"项目化学习的驱动问题中，可以围绕"沂蒙""美食""达人"等关键词进行思考，涉及学习的子项目包括沂蒙美食的由来、美食食材与地域关系、制作方法、沂蒙食文化、习俗等，并根据这些项目所包含的学习内容和能力，设定每个子项目的次驱动问题。通过这种设计和进一步分解学习任务，学生通过系统的项目化学习，理解沂蒙文化的内涵以及沂蒙人民对美好生活的追求，深化对家乡的热爱之情。

2. 学习成果视角的分解。项目化学习一定要有成果，成果往往是具有一定意义的作品、产品或观点，在学习结束时要对学习成果进行展示、评价与反思。项目化学习的成果是对解决驱动问题的外显展示。因而从学习成果的视角可以对项目化驱动问题进行子问题的分解，在这些子问题的引领下，学生进一步明确实验和研究的方向、需要解决的问题，提高学习的针对性。如"作为一名航天返回舱设计专家，如何设计空中投鸡蛋保护装置来模拟保证返回舱着陆安全？"该学习的成果是保证鸡蛋不破碎的保护器。要想鸡蛋不破碎，就要做到保护器能让鸡蛋受到的撞击力小到不会造成鸡蛋破碎，那么可能的思路有三种，一是缓冲，通过一定的装置减少鸡蛋下落的撞击力；二是保护，通过鸡蛋外层的保护装置，能将下落的撞击力不至于传导到鸡蛋上；三是减速，通过减速的装置使得鸡蛋在落地过程中的动能减小到撞击力不至于鸡蛋破碎。围绕这三种思路和成果，所要解决的问题是材料选取、装置构造等，可以出现三种不同的成果：减震支架（弹簧、橡皮筋、弹性杆、气垫、泡沫垫等）、保护装置（泡沫、气泡层保护等）、减速装置（降落伞）等，通过这种不同的解决思路，会让学生在项目化学习中有成果，也会让学生学会解决这类问题的方式，并在多种解决问题的思路中寻找最为合适的策略。

3. 实施过程视角的分解。在项目化学习解决问题的过程中，方法和路径有很多，正因为如此，在解决过程中就有了一定的选择和次序，这就要求学生根据在项目化学习中可能遇到的难点和需要深入探究的内容进行子问题的分解。在分解过程中有两种逻辑可以使用，一是知识逻辑，解决该问题所需要的知识具有一定的顺序和递进性，前一个知识的学习是后续知识学习的基础，缺少了这种次序就没法有效地组织起项目化学习。如校园生态水池的设计，首先需要对何为生态的问题进行研究，然后研究构成生态水池的要素有哪些，再次是每个要素（如循环系统、种养殖系统等）如何解决等。二是项目逻辑，就是学生在解决问题需要遵循的逻辑，这种逻辑呈现出有序列或并列（甚至是交叉）关系。对于有序列的，可以参照知识逻辑的角度去分解。对于并列的逻辑，需要将所有并列的要素列清楚，所有要素都解决才能完成项目，然后分别设定子问题。如"如果你是一个潜艇研究专家，如何设计制作一个高质量的潜水艇？"这个项目化学习的驱动问题，可以将项目解决的板块分为动力系统、承压系统、防撞系统、信息系统、武器系统和沉浮系统等，针对每个系统可以确定具体的子问题，诸如沉浮系统，可以研究的问题是"如何提高沉浮系统的灵活性？"然后组织学生查阅文献，设计制作思路，并且开展项目探究，完成该问题的研究。从构成成果的要素和类型入手分解子问题，往往有利于解决最为核心的驱动问题。

### 三、真实性情境设计

驱动问题离不开问题情境，在设计过程中需要一起进行考虑，但是为了便于表述和让老师能够清晰地把握，将问题情境单独进行阐述。驱动问题的问题情境是真实性情境，这种情境不仅呈现在驱动问题中，也往往蕴含在评价中的表现性任务中。

为什么用"真实性情境"而不是"真实情境"？意思是项目化学习的问题情境并非都是与真实世界一样的物理情境，而是对现实世界中存在的各种挑战、现象用一种符合人们认知逻辑的方式呈现出来。比如《灰姑娘》是一个童话故事，所有选取这个童话中的情境都不是真实情境，曾经有老师根据灰姑娘的故事改编了这样的一个情境"灰姑娘要参加一个舞会，你作为一名设计师，要为灰姑娘设计一双水晶鞋"，这个情境在项目化学习中依然是真实性的问题情境，因为它包含着人们认识的逻辑——制作水晶鞋，同时也包含着水晶鞋制作这个学习素养所包含的指标体系，包括要达到水晶鞋的指标、选择合适的材料以及制作的要求等。

（一）真实性问题情境的特征

教师在设计问题情境时，需要对相应的素材进行选取和加工，在这一过程中，既存在加工不当导致问题情境失去真实，降低对学生的吸引力和探究欲望，也存在着选择的情境过于拘泥于真实而难以引发学生的深度学习。但是有很多学习需要虚拟的情境，如学习开飞机，很难使用真飞机练习，往往利用虚拟软件模拟驾驶，这属于范梅里恩伯尔等提出的心理、功能、物理逼真度[①]中的心理逼真；模拟法庭、角色扮演等属于功能逼真；CS野战体验等则属于物理逼真；这三种逼真的程度逐步增强。因此，即使不能使用真实的情境，也要尽量创设逼真度高的虚拟情境。

①许大成. "为未来而教"的真实性问题情境设计 [N]. 教育导报，2022-12-15（3）.

设计时要了解所具备的特征，应该说具备真实性且能够促进学生学习的问题情境会有着不同于传统教学的要求和标准，从便于理解和操作的视角分析，我们认为在实验项目化学习进程中所需要的问题情境主要有以下四个方面的特征。

1. 开放性。无论是真实世界的情境，还是依照学习的需要对现实情境的真实性改造或对虚拟情境的重新设计，必然是一种开放性的情境，因为只有开放才能引发学生更加多元、更加综合的学习。问题情境的开放性体现在三个方面，一是条件开放，与去情境化的问题解决方式不同，真实性问题的解决受到多种因素的影响，有些条件是显性存在的，有些条件则是隐性的，需要调查、分析等才能得以发现，比如学校道路车辆较多，存在着安全隐患，要想设计一座人行天桥，这其中显性的条件是成本、材质、制作方式等，隐性的则是学生的通行愿望、需求等，这种开放的条件使得该问题情境更加真实。二是资源开放，在现实中解决问题，所用到的资源是多样的、开放的，在对资源的利用上包括传统工具和电脑、多媒体、文献资源等。在解决问题过程中需要团队的合作，表现出协同解决问题的多样化行为，同样在该人行天桥的设计上，会用到很多的资源，包括专家资源、学生资源的参与等。三是反馈开放，现实中解决问题是为了生活，不仅个人要了解问题的解决情况，利益相关者也需要得到相应的反馈，即使是在模拟的环境中，也会表现出必要的反馈和反馈的多样性。在该问题情境中，人行天桥的效果不仅仅是质量监理部门的验收，还有家长、师生对该桥的认可度。

2. 复杂性。真实性问题情境并非是静止不变的，在学生学习进程中随时会与现实世界发生联系，这种不断变化的状态以及问题情境的开放性，决定了问题情境必然是复杂的。菲利普·伍德从行为和信息的角度更清晰地描述了三种问题情境的复杂性，即组成复杂性、协调复杂性、动态复杂性。这些复杂性需要学生在学习过程中筛选出有利于解决问题的主要信息，以及各种资源条件，及时调整优化学习方案，以最终解决问题。还是以人行天桥的设计为例，制作木桥、钢桥、水泥桥等所需要的材料组成多种多样，即使是木桥也因需求不同有着纷繁的材料构成，也就出现了组成的复杂性；不同人员对桥的需求不同，对桥的设计也就存在多样复杂的考虑，这样又出现了协调的复杂性问题；在设计制作过程中，疫情的出现和不断变化的形势，使得设计和制作都会面临着各种困难，这又出现了动态复杂性的特点，所以没有一个固定的模式和答案可以解决这个问题，只有随时根据真实世界的变化调整方案才能有效地解决问题。

3. 多元性。实验的可复制性使得同一个实验可以采取同样的方式进行验证，多数也会取得同样的实验结果，但这并不是说基于实验的解决问题方式就是可复制的、同样的解决方式。面对现实生活的多元复杂性，解决问题的思路、选择的条件以及获取证据的方式都会有不同的操作，并且在条件、资源和评价开放的情况下，使得解决问题的方法有着无限的可能。同样的问题也会因人的阅历、认识和解决问题能力的不同出现不同的结果，因而真实性的问题情境具有多元性的特点。如针对楼内厕所存在异味的真实情况作为问题情境"如何让厕所不出现异味？"可以设计出不同的情境来采取不同的解决措施。如果是用水冲厕所，应该如何设计水冲大小和频次？如果是因为通风不畅的情境，如何设计通风设备？即使是通风，也会有正压通风和负压通风两种情境要求。如果是因为尿液中存在的物质发生化学变化引起的异味，使用何种药剂、发生什么反应才能避免出现异味？无论是哪一种方法，到位了都能够解决厕所异味的问题。现实中，之所以多数采取综合的措施，就是因为其中的任何一种都没有达到理想的状态。面对同样一个真实的生活现象，会有很多不同的情境设计，这就反映了项目化学习中问题情境的多元性。

4. 限制性。项目化学习不是一种理想的解决问题思路，一定要从现实的视角考虑解决问题的可能性，因此在解决问题的过程中要考虑现实情境中的时间、空间以及资源等各方面的限制。比如有老师设计的潜水艇项目化学习中，创设了潜水艇需要耐压的情境，提出"如何研究制作材料承压能力与潜水深度的关系"在现实中，学生学习时可以使用水深压力实验，但操作起来有难度，学生遇到的水的深度无法验证这种材料变化。那么，在解决这样的问题过程中，这种直接压力与水压力还是不相同，所以采取通过密封水槽实现增压的方式进行实验，正是这种限制性，使得解决问题的思路更符合实际情况且有一定的可操作性。再比如在生物课上关于"动物一生"的项目化学习中，有的教师选择了青蛙养殖，且课本上已有类似的养殖实验。实际上，由于青蛙对环境、饵料的要求相当高，养殖起来难度很大，加之青蛙冬眠后才能产卵，需要一年多的时间才能完成，基本不大现实。反观生长周期短、养殖容易的动物，如苍蝇、蚕等，更适合理解"动物生存与环境依赖关系"的学习要求。因此，在项目化情境的设计上并非选择最科学、最规范乃至效果最明显的情境，而是根据学生的学习实际选择"最为可行且相对优秀的"情境，这样的选择保证了项目化学习的完整进程。

（二）真实性问题情境的类型

在设计真实性问题之前，需要了解在项目化学习中所需要的问题情境的分类。在不同的分类指标体系下有着不同的分类类型，同一种情境也会因关注的范围不同，有着不同的情境层次。

1. 问题情境分类。

从学生在项目化学习所需要的知识和能力的不同，根据"发现问题→界定问题→解决问题"的问题解决过程遇到的难点差异，将问题情境分为四大类型。

（1）设计类。这是把某种设想通过某种合理的方式表达出来，与之相关的情境就是根据用户的要求或某种需求进行的创造活动。与艺术等其他的设计不同，实验项目化学习中的设计类情境会用到自然科学的知识、事实或数据作为支撑，或者是为了解决某种自然科学遇到的问题。如太空舱中存在失重状态，人在其中行走很难自由控制，如果想要按照在地球上人们行走那样方便和自由控制，就需要围绕这样的要求为宇航员设计鞋子。

（2）探究类。所要解决的问题需要围绕一定的假设并通过实验、调查等方式获得相应的资料，并在分析的基础上得出结论，围绕这样的思路可以设定探究类的问题情境。如近年来，临沂市加强了对沂河的环境整治工作，河中各类生物种类增多，请你针对现在的沂河水质进行调查，并从环境变化的角度分析沂河生态平衡情况，同时从食物链的角度提出进一步改进沂河生态环境的建议。

（3）决策类。在解决问题的过程中，有多种解决问题的方案，通过比较和综合分析，可以对所有方案在不同维度上进行判定，并选择最为合理的方案加以实施，这种决策建立在调查研究、实验相关结论的基础上更为科学。比如沧州铁狮子由生铁铸造，历经两千年不倒，后来在专家的"建议"下为沧州铁狮子盖了八角亭子进行防护，然后又进行搬迁，还进行了涂料防腐工作，不料几年后涂料开始脱落，多处被腐蚀，后来不得不用支架支撑才不致倒塌。要想解决防腐问题，会选择干燥环境、防腐涂料、真空隔离、离子置换反应等多种保护方案，并且每一种方案都存在一定的优劣情况。将此作为项目化学习要解决的问题，可以进行这样的设计："如果你是一个化学家，请为此文物的保护提供一份可操作性的方案。"

（4）鉴赏类。鉴赏是依据一定的标准对一定的文学和艺术作品进行的评鉴，在实验项目化学习过程中似乎一般不用这种情境。其实，在很多的鉴赏场景中经常会用到实验的方法，比如出土金属器皿的断代研究、成分研究等，都会影响到对这类艺术作品的评价，所以从学科发展史的角度以及在设计作品、物品应用的过程中也可以设计这类情境。在跨学科或者作品评价阶段会遇到这类问题，在小学科学课上，会有制作等项目常遇到该问题情境类型。比如，家庭新购的房子需要在客厅装一幅装饰画，如果让学生选一幅画并说出理由，可能属于美术类的鉴赏情境。如果要求学生围绕选定的一幅画选择合适的装饰材料和设计合理的光线，使这幅画看起来更加美观，这样的问题情境就成为了实验项目化学习中的鉴赏类情境。

2. 问题情境层次。

同样的问题类型在不同的范围和视角下，所要解决的问题各不相同，因此在分类的基础上，要了解不同层面的现实问题。可以说，用越大的视角去看待问题，所承担的学习任务复杂性越高、难度也越高。如对于真实性情境，可以从个人、社会和全球的角度分出不同的层次，见表 2-13。

表 2-13　真实性问题情境的不同视角层次分析

|  | 个人 | 社会 | 全球 |
|---|---|---|---|
| 健康问题 | 保健、营养、意外 | 疾病控制、传染、食物选择、社区健康 | 流行病、传染病的传播 |
| 能源问题 | 个人相关的能源应用与效率 | 节能、使用效率与清洁能源 | 全球性影响、能源使用与节能 |
| 自然资源 | 个人消耗 | 人口维持、生命品质、安全、食物生产与分配、能源供应 | 再生与非再生、自然系统、人口增长、可持续发展 |

| | 个人 | 社会 | 全球 |
|---|---|---|---|
| 环境问题 | 对环境的友好行为、物料的使用与废弃 | 人口分布、废弃物、环境影响、地区气候 | 生物多样性、生态平衡、污染控制、土壤流失 |
| 危害防护 | 自然与认为、住房决策 | 快速改变（如地震、恶劣天气）、缓慢改变（如海岸侵蚀、沉积）、风险评估 | 气候变化、战争的影响 |
| 新知 | 对自然现象的科学解释感兴趣、喜欢科学、支持个人科技产品的发展 | 新材料、新装置、基本改变、武器科技 | 物种灭绝、太空探索、宇宙的起源与结构 |

（三）真实性问题情境的设计

情境设计不仅要遵循一定的步骤，还要考虑设计问题的真实性和学生的接纳程度、对学习的影响程度。特别是在模拟的真实性情境设计过程中，不妨借鉴好莱坞电影的基本法则来增加情境的逼真度，"越是虚构的东西，细节上越要准确，这样观众才能在虚幻的场景中体验到强烈的真实感"。在具体的设计过程中，一般按照四个步骤进行。

1. 确定问题情境的目标。

真实性问题情境设计是为了培养学生的迁移能力和综合素养，需要在大概念的统领下进行，这一点与驱动问题的设计是一致的，也是可以同时考虑的。与驱动问题设计不同的是，真实性问题情境需要考虑问题情境的能力目标。从素养的构成要素看，包括知识、技能及态度，如果设计不当，很容易指向低阶的知识技能目标。如要求学生统计一周中每天的家庭用水量，尽管这个问题是真实的，但仅仅指向了学生的统计和计算能力，所以真实问题并非是项目化学习的真实性情境。真实性问题情境一定需要高阶的思维和更加复杂的认知，如从合理用水的角度要求学生不仅对每个人的需求和社会总体需求量调查，还应对各种用水的数量及合理性、合理用水策略等进行分析或实验验证，涉及人与资源平衡的高阶认知，就能够确保学习的深度。

2.寻找问题情境的原型。

真实性问题情境一定包含着现实中真实的问题。在明确目标的基础上，可以采取以下方式来寻找情境原型。一是原型改编。教学中的问题情境往往都是预设的"伪情境"，情境只是某个知识点的伪装，如物理中的相遇问题，相遇物与起始点和速度无关，换个情境依然是相同的知识点，这样的情境并不具备真实性意义，不适合项目化学习。对此可以通过逆推的方式进行原型改编。如航天器对接是建设空间站的重要过程，已知有空间站需要围绕地球运行，有一定的速度，航天器对接空间站的速度是 7.68 千米/秒，要求对接口的大小是 80CM，如果你是一位科学家，设计最佳的对接点。二是搜集各类原型。对在日常生活中发生的事件或者场景、新闻报道中的影响事件、权威的政策和报告、最新的研究成果等都是实验项目化学习问题情境的重要来源。如围绕六一儿童节设计的游戏玩具、社区献爱心的种养殖活动，新冠疫情的自我保护、健康生活等。

3.明确问题情境的类型。

参照上述情境分类，确定在教学中需要的问题情境类型并加以筛选。因为在现实生活中的问题情境多种多样，不同问题情境需要的学习技能以及培养的素养也各不相同，所以要根据每种类型问题的育人指向对问题类型做出选择并匹配相应的情境。同时，考虑学习过程中的目标要求，确定不同的问题情境层次。

4.设计问题情境的框架。

从教学的需要出发，需要对杂乱的问题原型进行教学改造，要依托问题情境的框架进行，结合已有的研究成果，原型问题情境需要围绕情境、人物、任务三要素进行设计[1]。在设计过程中，还应从学习的角度考虑情境中所包含的学习任务和学习能力要求，使得学习更加综合，一般可以采取以下两种方式。一是复杂性的思考，通过增加条件、变更要素等，在没有增加更多目标指向的情况下，使得情境更加复杂。二是复杂化的思考，通过增加新的大概念或者跨学科进行设计等，使得解决问题所需要的领域知识更加多样和综合。

在设计时有教师习惯运用教材中的情境，并非是教材中的情境不可用，而应慎重使用，比如教材中的情境是否属于实验情境，或者说能否用实验的方式进行

---

[1]该案例由兰陵县矿坑镇初级中学蒋竹泉老师设计。

学习，情境是否符合学生的生活经验？是否属于真实性问题，即问题本身能否具有可探究性，可否与现实经验相符合？还有，有预习的学生如果已经熟悉了这样的情境和问题解决思路，学生是否还有强烈的学习愿望，能否自主获得知识？我们认为，即使是要用教材中的情境，也需要按照上述几个步骤经过变造或改造，以提高真实性问题情境的质量。

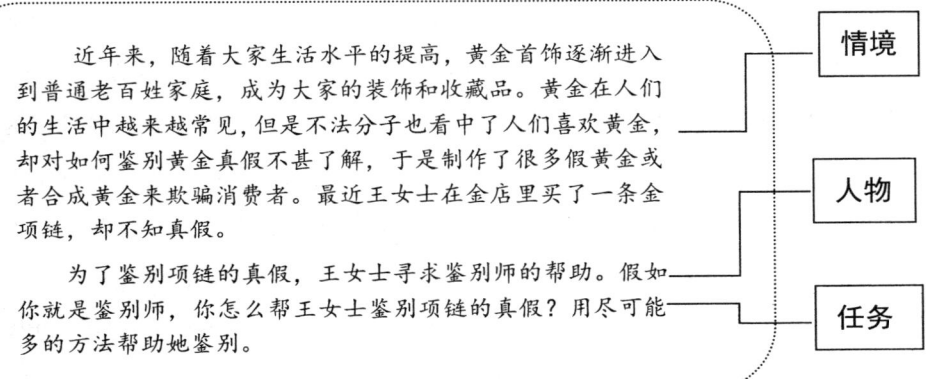

对于驱动问题和真实性问题情境设计到什么程度是合适的这个问题，可以从是否符合目标、是否符合学情（学生兴趣、知识基础、认知特点）以及可操作性三个维度进行判断，并根据判定的结果，对偏离的问题情境进行修正、打磨，以使问题情境更加完善和精致。正如安德鲁·米勒对好的驱动问题生动的表述："当教师将问题呈现给学生的时候，至少要有一部分学生觉得'这听起来很酷'。"[1] 我们认为，当学生处在这样的情境中并面对问题的时候有着强烈的求知欲望，能够自觉地面对真实世界的挑战，这样的设计就是合适的。

---

# 第三节 项目化学习评价的设计

项目化学习关注学生在学习过程中的收获，通过学习实践，最终要形成高质量的成果，对这些成果进行公开展览、交流、评价，在整个学习和成果形成、展示过程中都离不开评价，评价是整个项目化学习的纽带。评价在本质上是一种"基于证据的推断"，教育教学中的评价是基于一定的标准，对相关的表现作为一种评判，也就是通过学生的行为表现、知识准备、解决问题的结果等证据来推断学生在某些知识、行为或心理上的水平或特征。评价的目的不是仅仅为了获取一个数据或结果，而是通过这种判断来断定学生成长的层次、离目标还有多远，是否需要及时进行调整和优化等。就像我们使用导航的目的，不是为了得到准确的经纬度位置，而是为了知道离目的地还有多远，可行的路径有哪些，会遇到哪些可能的问题，需要通过何种方式才能避免或解决。所以说，对于评价，我们要有一个清晰的认识，就是要成为学生学习和成长的导航器。

## 一、项目化学习评价的目的

评价之所以影响到学生的学习行为、成长方式和成长效果，并非是评价本身能够实现，而是因为基于学生对评价方式、评价结果的理解并且转化为学生的心理体验，最终影响到了学生的行为选择。项目化学习最为关键的是从人的角度建构起了学习与学生成长价值的关联，因此在对评价的研究上，就要弄清楚评价在不同的学生身上会产生何种作用，这些认识对后续的项目化学习评价的设计等提供了参考依据。有一项关于学生眼中的评价，详细分析了成功和失败学生的不同看法，见表2-14。

表 2-14　学生眼中的评价①

| 评价结果提供了 | 对于成功的学生 | 对于失败的学生 |
|---|---|---|
| 学生的感受 | 持续成功的证据 | 持续失败的证据 |
| | 有希望、乐观 | 无助 |
| | 被激励采取积极的活动 | 最初恐慌，然后放弃 |
| 学生的想法 | 一切很好我做得很好 | 受到伤害我在这里不安全 |
| | 我像往常一样成功 | 我还是做不了 |
| | 我要更成功 | 我被搞糊涂了，我不喜欢这样，帮帮我 |
| | 学校关注我做得好的事 | 为什么它总关注我做不了的事 |
| | 我知道下一步做什么 | 我不会去尝试做什么 |
| | 反馈能帮助我 | 反馈就是批评，它伤害了我 |
| | 成功被公开的感觉真好 | 失败被公开让我难堪 |
| 学生的后续行为 | 寻求挑战 | 寻找易做的事 |
| | 寻找令人兴奋的新观点 | 躲避新观点和新方法 |
| | 兴味盎然地尝试 | 对要做的事感到迷茫 |
| | 追求创新 | 躲避创新 |
| | 坚持 | 遇到挑战就放弃 |
| | 冒险，有弹性 | 退缩、逃避——尝试太危险了 |

①李鹏.评价如何促进学习?——从泰勒到厄尔的探索与反思[J].外国教育研究，2020,47（1）：31-44.

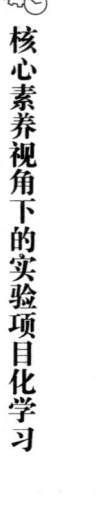

| 评价结果提供了 | 对于成功的学生 | 对于失败的学生 |
|---|---|---|
| 行动的后果 | 自我强化 | 挫折 |
| | 积极的自我实现预言 | 消极的自我实现预言 |
| | 承担责任 | 拒绝责任 |
| | 可管理的压力 | 压力很大 |
| | 感到成功就是一种奖励 | 没有成功感，没有得到奖励 |
| | 好奇，投入 | 厌倦、挫折、恐惧 |
| | 不断地适应 | 缺乏适应能力 |
| | 很容易恢复 | 很容易被击垮 |
| | 获得了未来成功的基础 | 没有在将来获得成功的前提 |

从评价的目的看，有对学习的评价、为了学习的评价和作为学习的评价三种评价方式。

对学习的评价是一种终结性评价，以排位次的方式来确定效果。在传统的教学中，教师习惯了纸笔评价，这种以标准答案和客观数字为依据的评价方式，尽管被学校和教师所认同，也能在某种程度上反映出学生的学业水平，但这种评价往往忽略那些通过交往、探究和实验等多种行动过程中所获得的真实感受和行为变化，教师在评价中只是注重那些可以用指标量化的知识，对于不可见、不可测以及知识掌握以外的知识与能力，常常不去测量，这种教育量化的认识和做法，将学生的生命发展变成了一个个单纯的、冷冰冰的数字，并以学生的知识分数和位次来判定学生的学习水平，这种评价实质上就是一种对学习知识的评价，是目前常用的方式，也是以学校为主导的评价方式，因为存在着许多偏差因素的问题备受垢议。在项目化学习中一般不使用这种评价方式。

　　为了学习的评价是一种标准的评价，是基于一定的目标和标准判定学生目前学习的差距，从而为改进学习提供依据。在具体实践中包括诊断性评价（学习前进行的，旨在把握学情和确立可能达到的目标以及如何达到目标）、形成性评价（学习过程中监控学生学习状况以便提供差异性的指导、支架和反馈等）。在项目化学习中，这是主要的评价方式。

　　作为学习的评价是一种形成性评价，通过学生的自我监控，反思自己的学习，不断调整目标和方法实现进步，是着眼于学生发展的自我评价。从学生健康成长的角度看，这种评价是教育最为需要的评价，也是目前尚未被学校和教师清晰地认识，也未能有效实施的评价。其实，从影响学生成长的因素分析，当学生能够自我评价自己的学习过程、结果，并能对个人的学习进行及时的监控、调整，实现真正意义上的自主学习，这样的学习效果一定是最好的。正如科斯塔强调："我们必须不断提醒自己，评价的终极目标是学生能够自我评价。"[1]

　　项目化学习的评价与传统的教学评价还有着很多的不同，这种不同的特点决定了在评价的定位、操作以及评价结果的运用上都要有相应的针对性，才能更好地使用评价，引导和促进学生的学习。项目化学习评价与日常教学评价有着一些差异，见表2-15。

表2-15　项目化学习评价和日常教学评价的差异

| 评价 | 项目化学习 | 日常教学 |
| --- | --- | --- |
| 评价目标 | 多种类型的目标：核心知识、认知策略，学习实践，对驱动问题的回应 | 知识类的学习目标 |
| 评价内容 | 公开成果及其呈现形式、过程中的各类学习实践 | 教师教授的内容和教学中的内容 |
| 评价工具 | 量规、档案袋、表现性评价 | 纸笔测试 |
| 评价者来源 | 学生自己，同伴，教师，外部专家，公众 | 教师 |
| 评价结果类型 | 多个分数，多个等级，评语等性质反馈 | 一个分数或等级 |

①马一先；毋磊，周晓娇.中小学教师评价执行困境研究[J].上海教育科研，2023（1）：20-25.

## 二、评价设计的依据

不同的评价需求有着不同的评价方式，在评价理论和形式越来越丰富的现实情况下，需要选择合适的评价方式，以提高评价的针对性和科学性。

（一）明确项目化学习评价的核心。

任何评价都有一定的目的，不同的目的下采取的评价组织方式各不相同。因此，在项目化学习中，无论是设计阶段的评价还是实施过程、实施后的质量监测都需要考虑评价的目的，也就是为什么要进行评价，这一问题决定着后续的评价设计与实施，并最终影响到评价结果的判定与使用。笔者认为，需要考虑为什么要进行评价、评价的目的是否清晰和恰当、所采取的评价体系是否吻合于评价目的等。评价的目的不仅仅是为了判断学生发展的效果、手段是否有效以及能否得到外界认可，最终还应提升学生的自我评价能力。当学生能够在学习过程中进行自我监控，他们的学习才会更有效。这是以往评价中会忽视的因素，也是需要我们重点改变的一个观念。在一定的评价目的下需要进一步思考评价的目标，就是需要评价什么，包括评价的目标是否清晰，源于什么标准，能否全面反映学生需要学习和发展的重要目标等。

项目化学习的评价要重点指向驱动问题，对成果（包括个人成果和团队成果）的核心知识深度理解，围绕学生做出来的、怎么做的（做什么、为什么做、做的过程）说明作为证据进行判断的过程。因此，项目化学习评价的核心主要包括以下四个方面。

1. 指向驱动问题。项目化学习的最终公开成果应该回答或解决了驱动问题，因此在评价的设计上要围绕驱动问题进行。如"在校园内设计合适的挂钩"这一项目化学习中，学生需要解决的问题是"合适的挂钩"，这就要求围绕"合适"的评价和"挂钩"的功能两个核心要素进行评价，包括人们对挂钩的预期是什么、什么样的材质是合适的、负重多少是合适的、什么样的色彩是合适的、什么样的形状是合适的等，这就要求围绕这些要素制定评价量规和选择合适的评价方式。

2. 着眼探究过程。实验项目化学习的重要方式是学生的协同探究，在评价的设计上要充分考虑学生的行为表现和素养、能力的发展情况，在不同的能力要求下有着不同的评价要素和评价方式。如在"古法造纸"这个项目化学习中，学生要经历分析不同植物的纤维长度、提取方式以及难度、成本等过程，还需要实验验证纸浆的浓度、辅料以及抄纸的工具、方法，还有晾晒及剪裁等。在整个探究过程中，涉及采集、观察、数据分析、工具制作、需求分析等，因此在评价的量规中就需要包括信息筛选能力、方案编制能力、决策能力、合作能力、团队交流能力等多种能力评价指标。

3. 聚焦核心知识再建构。项目化学习最为关键的能力是迁移能力，也就是在运用知识、技能的过程中，能够灵活地运用和迁移到多样复杂的未知情境中。因此，评价设计的重要依据就是要考虑学生在学习过程中对核心知识的再建构情况。如在"生活中的微生物"这个项目化学习中，围绕"合理利用微生物服务人类生活"这一核心知识，学生通过文献研究、调研、观察生活中微生物利用的情况，交流和分享探索过程，获取并理解生活中微生物的利用等，包括两个方面，一是如何阻止微生物造成的变质、感染情况，二是如何利用微生物更好地服务生活等。然后利用所学到的知识设计微生物的利用方法，围绕知识的分析、观察结果以及利用的成果等方面来设计评价的内容、标准等，科学地评价学生的学习效果。

4. 关注公开成果。项目化学习与其他学习方式最大的不同在于可公开的成果，评价学生最终的学习效果也是基于对这些成果的判断，这些成果包括作品、产品与观念等，无论是成果的展示还是后续的反思都会促进学生能力的发展。比如"校园园林设计师"这个项目化学习中，围绕"如果你是一位园林公司的设计师，要想赢得学校的园林建设项目，如何提供满意的设计并能竞标成功？"这一驱动问题，学生要进行一系列的探究活动，包括校园园林建设的定位、人们的需求、校园纬度、可种植植被、资金及支持资源等进行设计，最终要形成一个可行的园林设计方案。围绕该方案的竞标这个可公开的成果，可以设计评价的内容包括设计的意图是否符合学校的发展定位和人们的需求、植被能否符合当地的地理环境、是否便于养护、养护的成本是多少等，通过这样的成果评价可以反映出学生的学习质量。

（二）理清项目化学习分析框架

明确了评价目标后，需要选择能实现评价目的的流程，也就是在操作中选择何种任务、工具和方法，这些方法是否符合评价目标、任务设计能否达成评价目标、评价过程是否规范、评价操作是否便捷、评价结果是否科学等。既然项目化学习与以往的学习方式有所不同，在评价的操作上就有特定的评价流程。与传统学习方式相比，项目化学习是围绕核心素养的学习，是以最终成果的形式呈现，因此项目化学习评价的设计上，需要围绕成果进行。

在项目化学习中，所要评价的内容有很多，但至少应该在三个方面进行评价，如学生学习过程中的变化、学生学习最后的成长效果、教育方式的认可度和科学性等。不同评价目标需要的评价形式各不相同，如一个司机开车是否有素养，可以用纸笔测试，但未必能够测量得很准确，如果让司机开车上路，把整个开车的情况实录下来，针对这个录像进行评价，那司机的驾驶素养就可以得到准确的判定，这种评价方式就是表现性评价。针对知识和能力的评价，可以采取纸笔测试、表现性评价等方式；对于学习过程主要采取档案袋评价、纸笔测试等形式；对于学习成果的评价主要采取量规、表现性评价、公开成果展示、汇报交流等形式。在现有的评价方式中，各种评价类型有着不同的价值定位和适应范围，教师在设计评价之前，有必要对评价的类型及作用等有充分的认识。

在项目化学习中要想有效地推动学习的进程和确保学习的效果，需要理解评价的本质，掌握设计、推进与项目化学习相适应的评价形式。评价的设计要依据项目化学习的需要，明确评价的目的、目标、方法、结果运用和学生参与等诸多要求，在分析的过程中，要进一步追问相关的指标要素，通过这种追问和思考，为后续项目化学习评价的设计提供参考依据。

（三）项目化学习评价类型

与传统的教学评价相比，项目化学习更加重视学生基于深层次理解概念基础上的问题解决，有着不同的评价类型，所选择的工具也有所不同。在项目化学习中主要运用三类评价工具，分别是收集学生在学习过程中的阶段性作品和最终作品，记录学生的学习进程和学习结果；学生进行作品展示过程的报告、设计方案、解释以及实施过程的描述，解决问题的依据、理由等；借助于各种支架和工具对学生理解概念的程度进行观察、考查等。

在选择工具之前，需要了解两个方面的问题，一是评价项目化学习的指标是什么；二是在项目化学习的不同阶段和学习要求上，最为合适的或者可以应用的方法与工具是什么。只有在对这些问题研究和理解的基础上，才能做好后续的项目化学习评价设计工作，保证项目化学习的学习效果，见表2-16。

表2-16 项目化学习评价指标体系

| 一级指标 | 二级指标 | 评价内容 |
|---|---|---|
| 知识与技能 | 知识体系构建 | 理论知识；技术原理；项目文档 |
| | 技能与工具使用 | 项目计划与日志；团队协作、沟通；办公与专业工具使用 |
| | 总结与成果 | 项目成果；任务总结 |
| 学习过程 | 自我表达与把控 | 意见附表；自主学习与探究 |
| | 工作量投入 | 项目工作时间；小组贡献 |
| | 学习设计与创造性 | 学习规划；新的技术、工具和方法运用 |
| 情感思想 | 学习主动性 | 提问与活动；任务完成实效 |
| | 学习道德与专业规范 | 第三方成果引用与标注；成果真实与独立性 |
| | 思想政治 | 法律、法规和规则的遵守；社会贡献 |

在项目化学习评价的设计与实施上，不可能直接应用课堂评价的方法与工具，需要针对项目化学习的特定内容选择适合的评价类型。同时，项目化学习的评价更强调评价工具的多样化和评价者的多元化，需要采取更多能指向学生核心素养发展的评价方法与工具，鼓励更多的相关人员参与到评价中，见表2-17。

表2-17　项目化学习的评价类型

| 评价目标 | 评价类型 | 评价维度 | 评价方法与工具 | 评价者 |
|---|---|---|---|---|
| 选题 | 过程性评价<br>总结性评价 | 是否包含多学科<br>是否符合实验学习选题<br>是否包含驱动型问题<br>是否指向多学科概念 | 口头评价<br>纸笔测试<br>量规<br>表现性评价 | 教师 |
| 学习实践过程 | 过程性评价 | 小组合作积极性<br>小组任务明确程度<br>学生对概念的掌握理解<br>学生的组织能力、人际交往能力等<br>学生的学习态度、积极性<br>学生遵守纪律程度 | 口头评价<br>量规<br>学生自评量表<br>档案袋 | 学生自己<br>同伴<br>教师<br>其他相关学科教师 |
| 学习过程的成果 | 过程性评价 | 作品的完成情况<br>学生个人参与程度 | 量规、KWL表等<br>档案袋<br>纸笔测试 | 学生自己<br>同伴<br>教师 |
| 最终学习成果 | 总结性评价 | 根据作品的形式具体分析 | 公开展览与汇报<br>指向核心概念、成果质量、成果报告的量规<br>变化后的情境和评价量表<br>对比性的概念图、KWL表等 | 学生自己<br>同伴<br>教师<br>外部相关专家<br>公众 |

　　针对学生的学习过程，在不同的学习阶段和学习内容上，评价的侧重点也各不相同，具体见表2-18。

表 2-18　项目化学习过程中的评价内容

| 学习阶段 | 评价内容 |
|---|---|
| 发现问题 | ①总能提出有价值的问题；②看不懂的能主动问别人；③能把自己的问题表达清楚 |
| 建立联系 | ①在学习时能联想到相关的旧知识；②会用学到的新知识解决生活中的问题；③在学习过程中很乐意和别人交流想法 |
| 聚焦研究 | ①喜欢用动手实践的方法来解决问题；②当一次尝试失败后会换一种方式继续；③乐于向同伴寻求帮助或为别人提供帮助 |
| 成果呈现 | ①在这次学习中完成了有意思的作品；②在学习过程中学会了使用工具解决问题；③在完成作品时会努力做到与众不同 |
| 创意表达 | ①会用自己、数据表达自己的想法；②善于用丰富的语言表达想法和成果；③在项目学习中与大家合作很愉快 |

### 三、表现性评价设计

针对素养的评价方式有很多，每种评价工具都有其优点和局限，项目化学习并非只需要表现性评价，只是因为在以往的实践中，纸笔评价是我们常用和熟悉的评价方式，这里不再专门阐释。从教师可以驾驭和实用的层面分析，表现性评价和档案评价是教师需要掌握和应用好的评价方式，而教师平时对这类评价很少接触和应用，因此，在评价设计这部分中，重点针对表现性评价设计进行详细地阐释。

（一）表现性评价的任务

表现性评价是近年来兴起并在我国逐步推开的一种评价方式，也是《义务教育课程方案和课程标准（2022 年版）》中重点要求的一种评价方式。表现性评价主要是通过考查学生在真实性情境中运用各种知识、技能解决问题过程的行为表现，以对学生在知识能力的掌握程度、解决问题的态度、思考和能力、解决问题过程中的合作交流等发展情况作出判断。与传统的评价相比，表现性评价指向更深的学习层次和目标，就是学生最需要持久理解的问题和具备实际操作的迁移能力。表现性评价以其真实性能够有效地反映出学生的变化情况、效果，不仅在当前的学习中使用，更是项目化学习中最为主要的评价方式。

表现性评价是对构答反应（图标、流程图、图形、表格……）、作品（研究论文、日记、诗歌、艺术展览……）、行为表现（运动、朗读、辩论、音乐独奏……）等进行评价，一般包括"明晰评价目的——确定评价目标——撰写表现性评价任务（①确定成分；②设置情境；③撰写指导语；④编制评分标准）——实施评价"。随着表现性评价越来越多地应用到教学和课程评价中，已经形成了比较成熟和完善的操作流程，见图2-10。

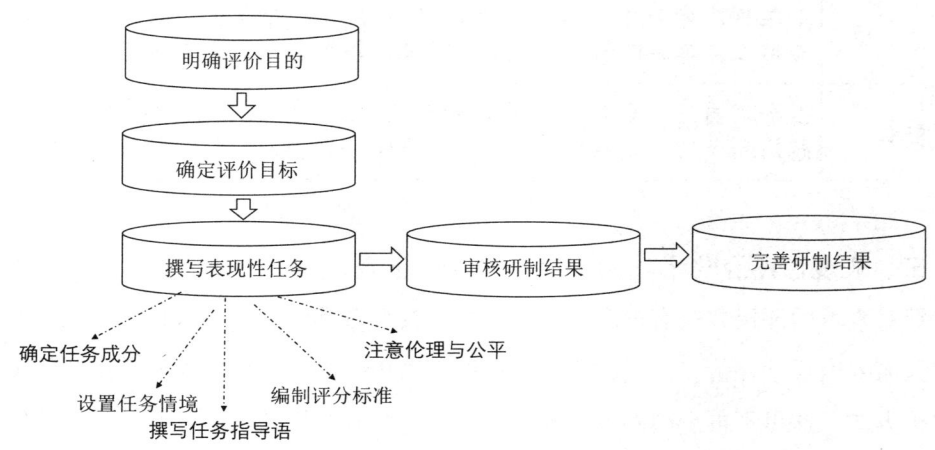

图 2-10　表现性评价的编制流程

对于评价目的和评价目标在书中相关地方已经进行了大量的阐释，从实际设计中，教师遇到最为困难，也是最需要掌握的关键点是确定表现性评价的任务和评价标准。

在确定了评价目标后，要根据学生的认知水平确定学生相对应的表现，这种真实或模拟的任务就是表现性任务，也就是学生在学习过程中能够作为学习证据的作品或表现往往与学习任务相关，在学习中学生提前知道的在真实性情境中所要达到的目标、承担的任务以及具体的评价标准。诸如作品设计，其表现性任务为设计一个艺术或建筑作品、相关专业的设计方案等，任务的情境如设计纸桥、设计学校节约用水方案等，然后撰写相应的指导语，编制评价量规。诸如研究报告的表现性任务包括符合规范的研究报告、分享研究报告撰写中的体会、感受等阶段。

对于表现性任务的编制有着一定的评价标准，主要包括四个维度，指向明确，就是能够实现期望的评价目标，能充分展现期望学生表现的素养水平，任务具体明确；采样充分，有着能够充分测量素养水平的任务数量和重复案例等；表述清楚，学生清晰地理解任务的指导语、要求、条件限制以及任务在评价指标中的体现等；实施可行，资源、条件和学生承受能力都能保证任务的达成，并且结果是符合心理预期的。确定表现任务后，要编制评价量规。

在表现性任务的确定上还应该充分考虑其可行性和科学性，对此可以采取追问的方式，追问的目的是理清指向评价目的和目标的表现性任务到底是什么，应该如何进行设计才能吸引学生的学习兴趣，真实的反映出学生的学习能力发展水平，并且具有较强的真实性和可操作性。在"农场种植"的科学项目化学习中曾经遇到过这样的案例，有位老师设计了"农产品推销"这个环节，在设计学习内容时，让学生了解基本的推销方法、推销的成本以及在班级中实际推销自己种出的蔬菜，围绕学生的推销效果编制了表现性评价表，应该说评价的标准等都还比较科学。在与这位老师交流时，笔者问了这样的问题："学生是否有购买蔬菜的愿望和必要？如果没有，无论什么样的推销行为，其结果都值得商榷。"后来与老师商议，学校所在的盛庄街道五天两个市集，可以让学生利用周末拉着蔬菜到街上推销；也可以利用放学后的时间向家长推销。通过这两个方式都可以验证学生学习的推销技巧是否有效、是否掌握了基本的推销方法，能够实地推销产品。通过这样的调整，学生收获很大。

在设计表现性任务的过程中，一般采取 GRASPS 框架，每个字母对应一项任务元素，其中 G—目标（goal）、R—角色（role）、A—对象（audience）、S—情境（situation）、P—表现或产品（performance / product）、S—标准（standar）。当然，并非所有的表现性任务都需要这么复杂的步骤，但至少在核心的任务上或在每个项目中至少有一个任务使用该框架。

3D 打印是信息技术课上学习的内容，在一般的学习方式上可以采取分解打印技术并进行培训的方式。当转化为项目化学习后，使用 GRASPS 框架来构建学生在学习中的表现性任务，据此来判断学生对 3D 打印和解说能力的发展情况。

目标（G）：通过设计打印的 3D 模型以及配套的解说词、解说方案，向来宾和校友更好地介绍学校百年的发展。

角色（R）：作为一名打印师，要完成学校 3D 模型的设计、打印，撰写与模型相匹配的学校发展解说词。

对象（A）：在整个活动中，所要服务的对象是参加校庆的来宾、校友等。

情境（S）：在项目化学习中面临的挑战有学校模型的设计包括哪些内容？应该如何进行 3D 打印？如何将学校的发展史进行缩减到符合要求的解说词？使用何种解说形式，以确保所有的人员了解学校的辉煌发展史？

产品（P）：需要完成一个 3D 的学校模型；符合参观习惯的解说顺序；多元化的学校解说方式以及展示学校发展的相关图片、视频、图表等。

标准（S）：学校模型要准确地反映出学校的建设、发展和主要特色；解说词长度、内容符合学校发展实际并清晰展示出学校的发展历史和发展特色；解说词能让所有来宾和校友更好地了解学校。

结合上面的分解，具体设计了以下项目化学习的任务，学校将要举行百年校庆，在校庆期间学校计划通过学校模型向来宾和校友介绍学校的发展，你作为学校负责该项目的一名负责人，需要完成学校 3D 模型的设计、打印、解说词的编制、配套解说的相关文献资料，在校庆期间能够配合模型解说。

一个好的表现性任务至少包含以下三个特点：一是趣味性，能够吸引学生的兴趣，学生愿意完成这个任务的过程，也就是体验成功、享受学习的过程。二是真实性，项目化学习是基于真实情境的学习，这种情境越真实，越能显示学生能力的真实发展情况。在设计时要求指向的驱动问题也在于体现这种真实性。三是时效性，表现性评价能够全面衡量学生的真实发展和能力水平，其操作需要的时间多，还容易受到各种主客观因素的影响，要能充分反映吻合学生发展目标的任务，做出及时的评价。如在"水火箭"项目化学习中，根据驱动问题和学习成果设计的表现性任务[1]，见表 2-18。

---

①该案例由兰陵县矿坑镇初级中学蒋竹泉老师设计。

表 2-18 "水火箭"项目化学习中表现性任务的详细内容

| 项目 | 描述 |
|---|---|
| 认识火箭 | 结构系统、动力装置系统、控制系统、回收技术 |
| 制作材料 | 废弃空可乐瓶、水、打气筒、自行车气嘴、卡纸、双面胶、直尺、剪刀、橡胶塞。 |
| 目标 | 1. 了解水火箭发射及回收的原理。<br>2. 画出水火箭的设计图，制定制作方案。<br>3. 依照设计方案制作可发射的水火箭。<br>4. 一二级水火箭降落伞均可打开，并做到安全回收。<br>5. 水火箭可以达到一定的飞行高度。 |
| 项目限制条件 | 1. 在校园内安全发射火箭。<br>2. 制作水火箭的材料来源于生活。<br>3. 火箭收回后可以再次发射。 |
| 评审计分和奖项 | 1. 评审：<br>（1）水火箭的安全性；（2）水火箭飞行高度；（3）水火箭回收后的完整性；（4）水火箭运行路径。<br>2. 奖项：<br>最佳性能水火箭（飞行最高、回收最好）；<br>最佳设计水火箭（设计美观、结构稳定）。 |

项目化学习指向学习成果，是以学习过程和最终的结果来呈现学习的效果，因此在表现性学习任务的设计过程中，要充分考虑到学习结果，并根据学习结果匹配表现性任务。一般说来，鉴于实验教学本身局限于科学和研究中，有些表现性学习结果未必是实验教学的项目化学习所必须的，但为了便于教师更加全面地了解表现性学习结果，我们将有关的研究成果进行了全部展示，教师在设计实验项目化学习的表现性任务时可以有选择地使用，在项目化学习中有以下表现性学习结果，见表 2-19。

表2-19 实验项目化学习中与表现性学习结果匹配的表现性任务

| 表现性学习结果 | 表现性任务 |
|---|---|
| 解决方案 | ①设计一个解决问题的思路、计划或方案；②阐释该方案的意图或原因 |
| 设计作品 | ①设计一件产品；②分享设计的意图或原因 |
| 实验 | ①设计完整的实验计划；②根据实验计划开展实验研究 |
| 对话 | ①善于表达自己独到的见解；②友好地表达自己的意见、建议并被别人所接受；③接纳他人的意见并能做出主动改变 |
| 思维导图 | ①清晰地展示对问题解决的思路；②与他人分享、交流并完善思维导图 |
| 记录单 | ①对实验的现象、数据或观察到的现象记录；②抽取作为证据的现象、事实或数据；③分享自己的记录 |
| 工作单 | ①根据工作单的要求完成各种记录；②分享记录结果 |
| 工具 | ①根据学习的进程使用合适的工具；②善于收集、整理和改进学习工具；③设计或制作新的学习工具 |
| 模型 | ①用一个模型展示其设计或制作的产品；②对模型做出解释 |
| 学术论文 | ①用文章来清晰地表达有证据的学术观点；②分享或发表学术论文 |
| 研究报告 | ①对研究的结果撰写研究报告；②分享研究报告 |
| 多媒体 | ①选择适合成果展示的形式；②形式丰富多样，有感染力 |

（二）表现性评价量规的分类

在项目化学习中，评价标准常常以量规的形式编制，在不同的学习阶段，对不同类型的学习行为和成果有着不同的评价量规。根据评价对象的不同，项目化学习的评价量规可以分为成果评价量规、认知评价量规和学生行为评价量规。成果评价量规是对学生学习过程中的成果及最终可公开成果的评价；认知评价量规是对学生在成果中所反映出来的认知思维水平进行的评价；学生行为评价量规是对学生在自我及协同学习过程中的行为进行的评价。这三种评价量规在细分上，每一种都会有整体型量规和分析型量规，整体型量规是以等级方式进行整体情况评价，使用起来比较简洁；分析型量规是进行多维度的等级或权重评价，这类量规评价结果比较精确。

在量规的编制上，一般有两种方式，分为递进法和基准法，其中递进法又可以结合上述分类分为整体型递进法和分析型递进法。结合教师的需要及篇幅所限，选择成果评价量规、认知评价量规和学生学习行为评价量规各一个案例进行阐释。

1. 整体型量规的递进法编制。

以一定的等级程度作为水平划分的依据，等级词语可以用数字或者常用描述词（好—不够好—差；经常—偶尔，熟练—不熟练）等，为了增加趣味性，也有的使用围棋中的段位、部队中的军衔、游戏中的进阶、专业人员的分等作为等级词。

如物理科学思维包括模型建构、科学推理、科学论证和质疑创新四个方面，每个方面的认知发展水平又可以分为五级，下表是针对物理科学思维中的"科学论证"维度进行的认知评价整体型量规递进法设计，见表2-20。

表2-20　物理科学论证的水平划分

| 水平划分 | 科学论证 |
| --- | --- |
| 水平1 | 能区别观点和证据 |
| 水平2 | 能使用简单和直接的证据表达自己的观点 |
| 水平3 | 能恰当使用证据表达自己的观点 |
| 水平4 | 能恰当使用证据证明物理结论 |
| 水平5 | 能考虑证据的可靠性，合理使用证据 |

2. 分析型量规的递进法编制。

与整体型量规的设计一样，也是按照等级进行划分，但需要对相应的维度做出划分，在必要时，还可以增加分数、权重等相应的评价指标。

所给的案例是学生行为的分析型量规进行的递进法设计（满分为100分），见表2-21。

表2-21　团队合作学习评价量规

| 评价指标 | 优秀<br>[1-0.8] | 良好<br>[0.8-0.6] | 改进<br>[0.6-0] |
|---|---|---|---|
| 任务规划<br>（20分） | ①有清晰的规划表；②时间、任务安排合理，兼顾每个人的特长；③小组成员相互配合，交流互动好；④高效完成规划，且规划方案合理。 | ①规划表比较可行；②时间、任务安排较合理，个人特长兼顾不够；③相互间有交流、配合，效果一般；④能按照完成规划，方案有需要改进的地方。 | ①规划表操作性差；②时间、任务安排不合理；③成员间缺少配合，效果差；④未能按期完成或完成的方案需要大的改进。 |
| 职责分工<br>（20分） | ①组长清晰把握学习任务，做好分工，及时协调解决各种突发问题；②成员了解自己职责，努力完成所承担任务；③成员之间协调好，配合默契。 | ①组长对学习任务基本了解，分工基本合理，多数突发问题能得到解决；②成员能完成自己所承担的任务；③相互之间有配合但不默契，需要组长经常协调。 | ①组长不了解学习任务，分工不合理，很多问题无法及时解决；②成员不能按期完成自己所承担的任务；③相互之间不配合，各自为战。或配合但很不到位。 |
| 学习氛围<br>（30分） | ①每个人可以充分表达自己的观点，有安全感；②做到认真倾听并积极参与讨论，尊重他人的意见；③有自己独立的想法并积极寻找到证据。 | ①每个人基本能表达自己的观点；②能够基本做到尊重别人的意见，能够进行正常的交流；③观点独创性不很到位或不敢充分表达。 | ①每个人都较少表达自己独到的观点，常常是人云亦云；②不能进行正常的交流或交流效果无法吻合目标。 |
| 成果展示<br>（30分） | ①成果新颖、有创新或独到的观点，给人以启迪或借鉴；②展示形式新颖，能清晰反映出学习过程。 | ①成果较新颖，有值得借鉴的地方；②展示形式常规或学习过程的展示不很清晰。 | ①展示的成果一般，缺少独创和独到的观点；②展示形式很一般，难以引起别人的兴趣，或仅仅是展示结论，没有展示学习过程。 |

分析型量规也可以使用简表，只是对量规中的不同水平的"描述"进行了等级描述，每项的评价指标既可以是分数，也可以使用百分比，见表2-22。

表2-22　团队合作学习评价量规

| 评价指标 | 指标 | 评分 |
|---|---|---|
| 任务规划（20%） | ①是否有清晰的规划表；②时间、任务安排合理，是否兼顾每个人的特长；③小组成员是否相互配合、交流互动；④能否高效完成规划，规划方案是否合理。 | |
| 职责分工（20%） | ①组长是否清晰把握学习任务，能否做好分工，及时协调解决各种突发问题；②成员是否了解自己职责，能否努力完成所承担任务；③成员之间是否协调好，配合默契。 | |
| 学习氛围（30%） | ①每个人是否可以充分表达自己的观点，是否有安全感；②是否做到认真倾听并积极参与讨论，能否尊重他人的意见；③是否有自己独立的想法并积极寻找到证据。 | |
| 成果展示（30%） | ①成果是否新颖、是否有创新或独到的观点，能否给人以启迪或借鉴；②展示形式是否新颖，能否清晰反映出学习过程。 | |

3. 评价量规的基准法编制

递进法编制的量规评价依据的等级，往往比较主观，很难准确地客观评价。针对这种不足，可以使用基准法进行编制，就是确定一个满足成功的基准，一般分为四个等级：远未达到——接近成功——满足成功——超过成功标准。编制的重点是对"满足成功标准"层级标准的设计。

这是采取基准法（设计了三个标准，分为A、B、C，其中B为满足成功标准）对"垃圾处理与分类"项目化学习中的成果评价量规的设计，见表2-23。

表 2-23　基准法的量规设计

| 学生姓名<br>（　　） | | 评价标准 | | | 学生表现 |
|---|---|---|---|---|---|
| | | 达到标准 | | 低于标准 | |
| | | A | B | C | |
| 学习兴趣 | 参与程度 | 各项集体活动均能按时参加，遵守纪律。 | 多数活动能按时参加，基本能遵守各项纪律。 | 时常不能参加，且参加时常常违反纪律要求。 | |
| | 活动兴趣 | 积极主动地了解任务和要求，积极寻找办法解决问题。 | 被动地等待老师的布置，明确任务后，能够尝试寻求办法解决问题。 | 对任务缺少认识和热情，不能主动完成。 | |
| 学业成就 | 动手操作 | 能够熟练地使用工具和材料进行操作。 | 比较熟练地使用工具和材料进行操作。 | 工具和材料使用不熟练。 | |
| | | 知道安全使用工具的方法，正确地使用工具。 | 知道安全使用工具的方法，工具使用比较规范。 | 不怎么知道工具的安全使用方法，存在一定的安全隐患。 | |
| 学业成就 | 方法运用 | 能够掌握研究的方法，获取信息和数据的方法科学、结果符合事实。 | 基本掌握研究的方法，获取信息和数据的方法基本科学、结果基本符合事实。 | 研究方法不规范，结果与事实有一定程度的背离。 | |
| | 成果表达 | 能够使用正确的成果表达形式，结论正确、逻辑合理，表述通顺。 | 成果表达基本正确，逻辑基本合理，表述较为通顺。 | 观点不正确、逻辑较混乱、表达不通顺。 | |
| | 分类表现 | 能够正确认识分类标识，日常能自觉主动地进行垃圾分类，分类正确。 | 能够正确认识分类标识，较为主动地进行垃圾分类，分类基本正确。 | 分类标识认识不是很准确，垃圾分类不主动，分类存在错误。 | |

（三）表现性评价标准的编制技巧

针对表现性任务，需要编制相应的评价标准，编制的一般步骤是挑选要教的过程或者作品；确定这些过程或者作品的行为标准；决定评分层次水平，通常 3—5 层为宜；陈述学生行为标准层级的最高水平；将每个学生的行为同每个层级水平进行比照；根据学生的实际行为或作品选择最适合的层级水平；给学生评级。也就是说，要对学生期望表现的水平作出对应的行为表现要求，一般以量规的形式呈现。

1.确定评价标准框架。

针对学生的能力发展预期，结合表现性任务和学习成果，拟定评价标准的框架，从实际操作看，主要有两种形式，一是从预期能力发展的分类进行进一步的思考和细化；二是按照学习的阶段分类拟定评价的维度和层次。

如科学思维到底包括哪些要素？在实验项目化学习过程中的不同学习阶段应该评价什么？这就需要对评价的维度和相关的层次进行思考，确定评价标准的维度指标体系，为后续的标准细化奠定基础。对科学思维的过程可以进行详细的分析，见表 2-24。

表 2-24　科学思维的过程分析

| 技能 | 探究 | | | 论证 |
|---|---|---|---|---|
| 实践阶段 | 定题 | 析题 | 断题 | 对话 |
| 目标监控 | 质询的目标何在？<br>如何达成这一目标？ | 分析的目标何在？<br>如何达到这一目标？ | 结论是什么？<br>如何形成这一结论？ | 对话的目的是什么？<br>如何开展对话？ |
| 操作步骤 | 形成问题；<br>猜想与假设；<br>设计实验；<br>收集数据。 | 解读数据；<br>进行比较；<br>发现模式。 | 得出初步结论。 | 表达；<br>倾听；<br>评价；<br>反驳；<br>得出可信结论。 |
| 思维模式 | 表征；<br>变量控制。 | 变量控制；<br>证据评估；<br>因果判断。 | 证据评估；<br>因果判断。 | 表征；<br>证据评估；<br>因果判断。 |

2.细化评价标准。

无论是设计何种评价标准，最为关键的是指标能够细化下去，因此对看似理解的一些指标体系进行细化和深化，是设计评价中无法绕过去的问题。比如，在实验过程中，需要对相应的实验现象或实验结果进行解释，在日常的教学中，似乎对于"解释"都有一种模糊的感觉，但在操作上，不同的人对解释的判定结果未必相同。因此，将我们看似理解的、熟悉的一些行为或结果指标变成具有可操作性的评价标准，就是细化的过程，这个过程无论是对评价标准的编制，还是对保证学生的学习效果都有着十分重要的作用。而且，这也是教师不断提升专业素养、推进项目化学习深度进行的有效条件。

如表2-20中对物理科学论证水平的等级进行了分类描述，建立了量规，从操作的层面上看，可以将科学论证的维度进一步细化，这样更具有操作性，见表2-25。

表2-25　科学论证能力表现评价框架

| | 观点 | 事实证据 | 理论依据 | 推理过程 | 反驳 |
|---|---|---|---|---|---|
| 水平3 | 对陌生复杂情境的学科论证提出科学观点 | 根据研究问题自主获取事实证据 | 调用整合层级的相关科学知识 | 在事实证据和观点之间建立科学的逻辑关系链 | 在反驳对立观点的基础上，能反驳对方的事实证据、理论依据或推理过程，且反驳的事实证据充分、理论依据合理、推理符合逻辑 |
| 水平2 | 对熟悉情境的科学论证提出科学观点 | 从给定的数据资料中获取直接和间接的事实证据 | 调用概念层级的相关科学知识 | 在实施证据和观点之间建立科学的逻辑关系 | 在反驳对立观点的基础上，对对方的事实证据、理论依据或推理过程有反驳，但反驳存在缺陷 |
| 水平1 | 对简单原型情境的科学论证提出科学观点 | 从给定的数据资料中获取直接事实证据 | 调用关联层级的相关科学知识 | 在事实证据和观点之间建立直接关系 | 仅对对立观点进行反驳 |

再如针对学生在设计方案的表现性评价标准时，需要将其相关内容进一步细化到可操作的层面上，从操作性层面，还可以对具体的标准进一步细化，可以考虑不同水平等级的具体标准，见表2-26。

表2-26 设计方案的表现性评价标准

| 评价指标 | 具体标准 |
|---|---|
| 选择方案 | 能够考虑到限制条件、环境、道德伦理、健康和安全方面的问题，并知道在必要时需要权衡利弊； |
| 解决方法 | 能够想出多种解决问题的方法，形成具有创新性和创造性的解决方案； |
| 针对问题 | 学生能理解、讨论工程师将如何形成一个特定问题的解决方案； |
| 科学预判 | 学生能判断问题解决的某一过程处在工程设计的哪一步及活动的下一步将要做什么； |
| 系统思维 | 在解决问题的过程中，学生能有意识地使用工程设计的系统的思维方式； |
| 自我监控 | 能够按计划完成工程任务，并根据测评结果不断改进。 |

档案袋评价与表现性评价一样，同属于"真实性评价"，能长跨度地评价学生的综合能力和发展进程，对于周期较长的项目化学习而言，有着较高的实用价值。更为值得肯定的是，档案袋评价作为一种可见的评价方式，有助于通过清晰的展示学习历程和学习成果，激发学生的学习动机、增强学生的自信心和集体凝聚力。"档案袋"能够系统地收集学生在学习过程中的努力和能力的证据。根据学生学习成果、过程的记录、自我评价反思记录、教师指导，教师与家长、同伴等的评价等相应素材实现学生的自我评价，同时也是教师对学生成长进行的评价。一般说来，档案袋评价中的材料类型可以包括以下几类：①作品，作品要求、系列作品和自我评价、反思记录等。②特长，主要由学生选择出自己最好和最喜欢的作品集，突出了自我反思和自我选择的重要性。③文件，各类评价、观察、轶

事、成绩测验等记录。④活动，各类总结、文集、学生表现记录等。

当然，还有很多可用的评价，在这些评价中，评价标准是教师在实际操作中最有难度的地方。对于老师来说，最为关键的是制定科学的评价标准，教师可以进一步补充学习评价的相关文献，进一步转变评价理念，熟悉评价的环节和操作方法等，提高评价的质量。

# 第四节　项目化学习任务的设计

项目化学习作为一种学习方式，要让学生经历有意义的学习实践历程，围绕一定的驱动问题，需要思考达到评价体系指标和表现性评价任务来设计学生学习的内容，通过完成一定任务的方式来实现预期的学习结果。在这样的视角下，一方面需要对项目化学习的任务作出科学的分解和设计，以保证学习历程的完整性；另一方面把学习任务与学生的成长意义、学生的主动参与等建立起关联，丰富学生的成长历程。

## 一、任务的理解与分类

项目化学习是围绕真实性情境中的驱动问题展开的，在具体的学习过程中，驱动问题需要进一步分解成可以探究或解决的子问题，这些子问题按照一定的关联形成问题链，围绕这些问题链需要设计相应的学习任务。

### （一）任务的理解

任务指的是人们在日常生活、工作、娱乐活动中所从事的各种各样有目的的活动，通常指上级交派的工作，担负的责任。在教育教学的研究中，对任务的理解有多种形式，有的理解为活动，按照教师的要求完成实验操作；也有的理解为学习过程中所做的事情，如进行预习。在项目化学习中，任务则被理解为在合适的情境中，为达成某种目标需要做的事情或者活动，尽管项目化学习离不开各项活动，但任务与活动还是有区别的。从已有的研究成果看，活动只是一项可能想过也可能没想过某种特定目的的工作。"任务"与"活动"的另一个重要区别是前者指某项活动的完成，后者指某种行动。因此，任务是带有目的的系统化的活动，有着清晰的目标、过程和结果的一致性。在设计中，如果从活动的层面上进行，往往会有遗漏、交叉或混乱，影响到学习的效果。因此，在项目化学习中学生的学习活动是以"任务"的形式出现的。

实验项目化学习的任务与一般项目化学习的任务有着很大的不同，前者带有强烈的探究成分，也就是学生在学习过程中进行的是一种学术性的活动，在这种探究过程中实现知识的重组和概念的迭代建构，促进学生形成个人的知识体系。在这一过程中，实质上是学术性探究，这种探究与日常的非学术性探究有所不同，二者之间的区别见表 2-27。

表 2-27　学术性探究与非学术性探究的区别

| | 学术性探究 | 非学术性探究 |
|---|---|---|
| 目标 | 不仅找出解决方案，还要探究问题背后的知识原理 | 找出问题的解决办法 |
| 支持 | 提供专业或准专业资源，包括学术性阅读资源，引导学生成为更多专业背景知识的探究者，像专业研究者一样采用专门性技术工具或准专业工具 | 没有支持，或者仅根据经验和直接提供较随意的资源和工具支持 |
| 方法 | 有意识地引导学生采用某一学科或多学科的方法进行调查、实验、观察、访谈等，注重研究规范与严谨 | 有时也采用科学的方法和工具，但主要是根据师生的经验和直觉解决问题 |
| 反思 | 围绕某一学科或多学科核心概念、思维框架，对项目实施中出现的问题、取得的进展，尤其是背后的知识原理、学术严谨性，进行学科内的反思 | 没有，或者随机、偶然地进行反思，缺少相应的反思框架；或仅对项目实施的经验教学进行项目内的反思 |
| 发表 | 基于学科共同标准，关注项目成果（包括失败原因）的解释，推进项目境脉中知识的去情境化和体系化 | 更关注项目的直接成果及项目完成过程 |

在项目化学习中，每个任务又包含着很多小的任务，如在探究任务中，需要对相关因素进行描述、分类，要对学习的结果进行预测、解释等。因此，要对任务进一步地理解。如在"养蚕"项目化学习中的情境是"家蚕生长的适宜温度在20℃～28℃之间，为了保证家蚕养殖室内的温度控制在这个范围内，请你运用初中物理所学知识设计一件温度自动控制器"。围绕这个情境，对学习任务活动的构成、描述及影响因素进行分析[1]，见表 2-28。

①该表由兰陵县矿坑镇初级中学蒋竹泉老师设计。

表 2-28　制作温度自动控制器任务活动的构成、描述及影响因素分析

| 构成 | 对任务的描述 | 影响任务难度的因素 |
|---|---|---|
| 描述与分类 | ①家蚕生长的适宜温度在20℃～28℃之间，保证家蚕养殖室内的温度控制在这个温度范围内；②运用物理所学知识设计一件温度自动控制器。 | 家蚕对生长的环境是否熟悉，对温度值的把控是否熟悉，分析的维度如初中跨学科（生物、物理）维度、多单元知识综合维度、实验学习维度等有多少。 |
| 解释与论证 | ①家蚕的温度需求在之间属于生活常温范围，温度变化量较小，所以常温下的材料即可适用；②依据温度变化与物质热胀冷缩的性质探究物体体积的变化量，依据浮力、电、磁原理探究电路的通断关系，接通升温或降温设备；③运用科学方法和技能分析原因，对探究结论进行合乎逻辑与合乎要求的论证和检验。 | 对20℃～28℃这个区间温度值的认识和理解是否比较熟悉，对温度变化的环境影响是否熟悉，对材料的选择和测量温度因素影响下的材料物理性质变化数据是否有难度，对浮力、电、磁原理的理解与运用的程度，要掌握物理探究实验方法、论证与检验的方式，变量较多。 |
| 预测与选择 | ①结合家蚕生活环境的实地调研，运用科学的方法和原理对制作温度自动控制器这一项目的可行性进行分析和预测；②比较不同制作方案的优劣利弊并做出合理选择；③根据材料、资源等约束条件和目标设计合理方案。 | 对家蚕养殖的时间、温度、空间、场所要求是否熟悉，对场所温度调控设备是否熟悉，对温度自动控制器的复杂程度是否了解，是否清楚制作中所受约束条件有理论层面和实践层面两种，对制作原理的分析方法掌握程度。 |
| 辨析与评价 | ①结合家蚕养殖的具体需要，根据初中物理中温度、浮力、磁、电等理论知识的相关应用对产品的功能进行分析和评价，辨识实物、概念和价值之间的关系；②合理运用相关理论和方法对不同观点、立场进行判断、辩护和批判。 | 对家蚕养殖是否熟悉，家蚕养殖的适宜温度与环境温度的矛盾及造成其冲突的复杂程度，分析的维度有多个且是否熟悉。 |

（二）项目化学习的任务类型

项目化学习的过程被看作基于真实性问题的实践过程，是以实践为主要学习形式的学习过程，因此要思考在不同任务类型下具体的实践行为和表现。当然，

在不同的分类标准下，项目化学习的任务可以有不同的分类结果，从实验教学的特点和学习要求来看，可以将项目化学习的任务分为以下几种类型。

1. 以探究创新为主的学习任务。

学生在学习的过程中要进行相应的探究活动，同时在探究中发展创新意识和创新能力。在具体的学习中，表现在设计新的产品、作品，设计新的实验，测试新的事物、重复验证已有的实验等。基于这种思考将这类任务可以分为三类，一是探究型任务。学生运用已有的知识技能，通过调查、观察、实验等方式获取相应的资源、数据、现象，达到发现问题、分析问题和解决问题的目的。二是验证型任务。根据已有的实验结果，按照已有的实验操作步骤进行验证，重复已有的实验进程，进而在学习知识技能的基础上掌握实验操作的方法。三是与探究型任务整合，通过重新设计和优化实验过程来验证结果，实现创新性探究学习。

其具体的阶段和主要表现：①澄清问题，能够清楚的知道遇到的问题并澄清问题；②查询已有做法，查阅相关的文献，获得已有解决问题的做法；③确定方案，根据文献研究对要解决的问题设计实验方案，验证型任务既可以自行设计方案，也可以选择已有研究者的方案，并对方案进一步讨论论证；④探究操作，根据确定的方案开展研究，收集实验中的数据、资料，观察记录各种发生的现象；⑤研究结论，对结果或现象进行科学地分析，包括数据和证据的支撑做出结论或预测；⑥结果解释，对探究结果做出科学的解释，并通过与现实和已有研究结论的比较进行，综合考虑取得的效果、成本、情境以及目标达成度等。

2. 以技能操作为主的学习任务。

学生借助已有的知识和经验，用创新的方式设计出符合人们需求的物品，最终呈现包括设计图、解释和产品等成果。这类学习任务在具体的学习过程中，在不同的学习环节有着不同的行为表现。①明确目标，了解产品的目标和明确客户意见；②操作设计，拟定设计方案或操作步骤；③工具使用，能够安全使用各类工具、设备、软件以及各类图表等；④成本核算，能够了解相关材料的成本，合理地使用材料并通过实验创造工具；⑤产品解释，能借助各种设备、图表、软件等对其作品做出合理的解释说明。

3. 以成果展示为主的学习任务。

围绕成果的梳理、评价等进行的学习活动，包括两类任务，一是展示型任务，学生采取语言、文字、表演、多媒体等形式展示其学习过程、体会和取得的成果；二是评鉴型任务，对项目化学习过程的相关产品按照一定的评价标准进行评价，在该任务中，学生既可以通过别人的评价进行自我反思，又可以在评鉴中提高认知水平。

这类学习任务围绕最终的目标在不同的学习活动中的要求有所不同。①成果梳理，能根据成果的类型有序地整理成果；成果的展现形式丰富多样，符合成果本身的表现；提供有效的成果证据。②布展，能根据成果的类型选择合适的展示形式，展示形式多样；能够以正确的、恰当的表述方式进行报告；能够与鉴赏者、听众等进行适时的互动交流。③评鉴活动，能够规范使用多种评价方式收集评价证据，评价规范且与成果吻合；对评价结果有基于证据的个人观点解释与交流；能对别人的评价适当反思。

在具体的学习过程中，会存在着多种任务的交叉安排，也存在着对其中相关进程、内容等的交叉使用，这需要教师在理解的基础上，根据项目的目标和类型灵活地设计适合的学习任务，以促进项目化学习的顺利实施。

## 二、项目化学习任务的设计

任务的本质是活动，这种活动带有清晰的目标指向，在项目化学习中，任务分为核心任务和非核心任务两种。核心任务是为解决驱动问题的活动，为推进驱动问题解决而安排的知识关联或有逻辑关系的系列活动；非核心任务则是学习过程中的支持性活动。项目化学习任务设计一般是围绕核心任务进行的。

（一）围绕核心任务进行设计

在项目化学习中的任务设计主要是围绕核心任务来进行的，在核心任务的统领下，其他非核心任务常常是在平常的学习中获得的能力，不需要更多的学习。通过教师提供的支架和指导，也能保证多数非核心任务的落地。更为主要的是，项目化学习是一个动态变化的过程，会遇到很多未知的问题和困难，所需要的非核心任务也会不断变化，如果想在设计阶段就能把每个细节都设计到位，那么对教师不仅要求高，而且难度大，这只能是一种美好的愿景。

1. 围绕驱动问题展开。

既然驱动问题是项目化学习展开的起点，那么学生的探究活动就需要围绕驱动问题进行，因此学习任务的设计与实施都需要围绕驱动问题展开。通过一系列学习任务的完成，能够将学习任务完成的结果以方案、建模、演讲或展示等形式展现出来，并形成可公开的成果。如在"创意时尚小台灯"项目中，教师以"学习时，突然停电了，用什么来照明呢？"为驱动问题。为解决该驱动问题，教师设计了以下五大任务①，见图2-11。

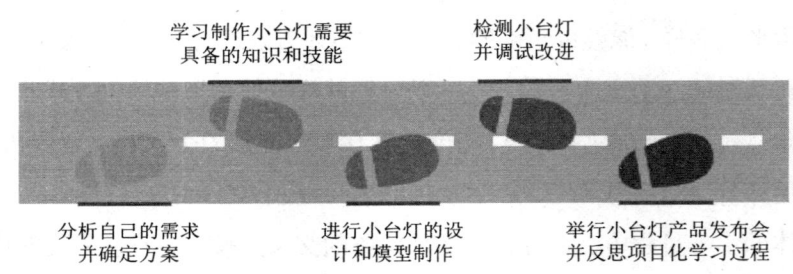

学习制作小台灯需要
具备的知识和技能

检测小台灯
并调试改进

分析自己的需求
并确定方案

进行小台灯的设
计和模型制作

举行小台灯产品发布会
并反思项目化学习过程

图 2-11 "创意时尚台灯"的任务设计

2. 充分考虑任务设计的形式。

同样的任务在不同的分解下会有不同的任务形式，教师在设计任务时要考虑所设定的任务形式，以便于更好地指向项目化学习的核心问题。比如，技术性任务在探究实验、验证实验或产品设计中都是必要的任务，技术性任务在设计的时候会有四种类型，以削铅笔这个技术操作为例，分为任务式，设计一个削笔器；竞赛式，设计一种速度最快的削笔器；解难式，会议筹备人员要削好很多铅笔；规划式，如何在最短时间内削好最多的铅笔。在不同的任务类型下，学生的认可程度和完成任务的动机也不相同。因此，即使是同一项任务，也会因为条件、资源和所要达到的目标不同，任务类型和要求也会有所差异，要充分考虑学生在学习过程中的学习需要，以此来设计合适的任务类型。

3. 依据学习结果反推任务设计。

①该案例由临沂杏园小学韩金彦老师设计。

在设计项目化学习任务时，要依据对驱动问题的评价设计和预期的学习结果确定可能需要的学习任务。如小学科学中面对以婴幼儿发热时的护理问题，从最终解决问题的策略出发，可以让学生进行思考、归纳，并寻求解决问题的办法，然后引导学生根据涉及的方法设计学习任务[①]，见图 2-12。

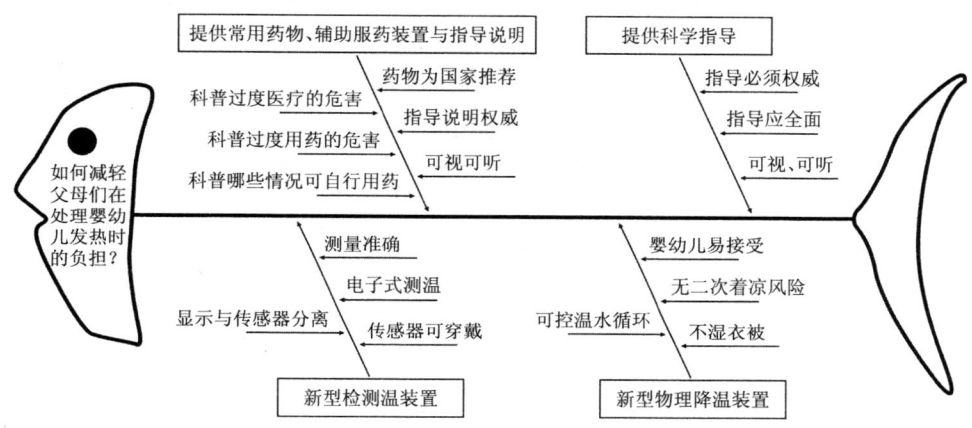

图 2-12　以学习结果为导向的学习任务分解

4. 理清任务之间的逻辑关系。

在设计任务的过程中，存在着知识序列、认知序列和活动序列三个序列，不仅要做到"三序"合一，还应根据驱动问题所涉及的层面，设置更多层次、序列的任务，形成层层推进的问题解决方式，这就要求在设计任务的过程中，要理清多个任务之间的逻辑关系，从而使学生能够清楚学习的任务及要求，更好地达成学习目标要求。

对于那些需要解决的问题较小、各个任务间的层次也相对简单的任务，可以按照项目化学习的阶段来理清任务之间的逻辑关系。如在"水的净化"这部分知识的学习中，图 2-13 设定的情境是"跟着贝尔去冒险"，驱动问题是"如何找到

① 张桂凤. 跨学科项目中设计能力评价工具的研制与实践 [J]. 创新人才教育，2023（1）：45-50.

卫生的饮用水？"就是按照学习阶段设计的学习任务[1]。

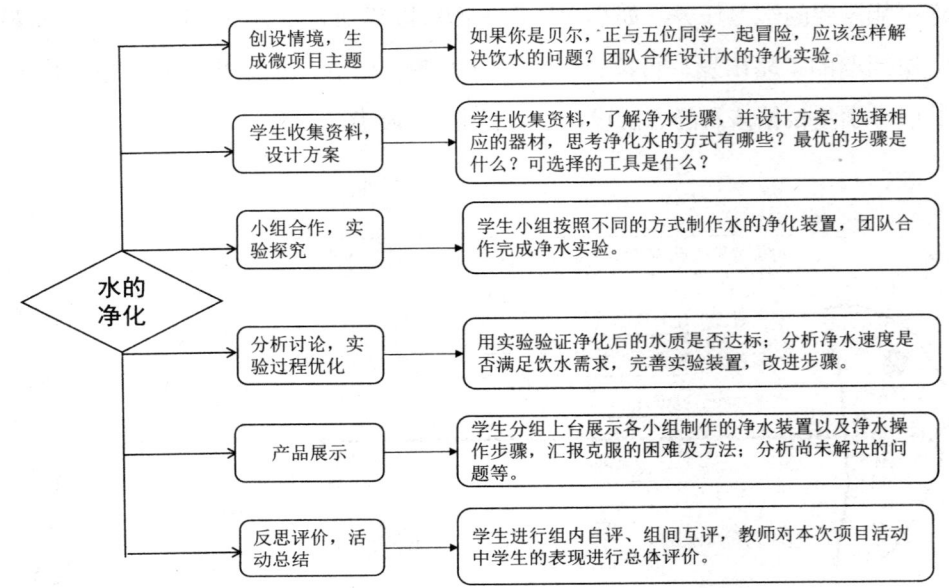

图 2-13 "水的净化"任务设计的逻辑

还可以通过板块的方式，将更加复杂的任务分解为多个板块，在每个板块中设计相应的任务，在设计时既要考虑板块之间是否存在交叉或遗漏，又要考虑每个板块下的任务之间的逻辑关系。如在"自制水钟——小学科学《计量时间》"项目中，为解决驱动问题"如何使水钟计时更精准、更有创意"，教师设计了以下四个任务[2]，见表 2-29。

表 2-29 自制水钟——小学科学《计量时间》任务设计

| 任务 | 具体内容 |
| --- | --- |
| 任务一 | 收集材料，了解水钟的相关知识，明确水钟精准计时需求。 |
| 任务二 | 聚焦设计创意水钟问题，明确设计框架，协同绘制展示，优化设计方案。 |
| 任务三 | 梳理制作过程，列出材料清单，完成模型制作，明确展示任务。 |
| 任务四 | 完成方案发布，参加现场答辩，整理专家意见，改进设计及模型。 |

①该案例由临沂实验中学李路瑶老师设计。
②该案例由临沭县郑山街道中心小学杜成艳、袁琦老师设计。

首先，任务一给学生提供问题情境，学生通过采访、收集信息，以科学小报的形式呈现内容，学习水钟的相关知识，了解计时工具的发展史。接着，任务二通过课堂学习，了解古代的水钟，认识水钟的类型。经研究发现，初始水位高度和孔径不变，流出相同水量所需的时间一致；保持水位高度不变水流速度不变，水位降低，水流速度变慢，利用水流的这一特点可以用于计时。据此提出问题"如何设计计时精准、富有创意的水钟呢？"根据各组讨论分析，明确计时范围、水钟类型、材料准备等。然后，小组合作设计方案，绘制设计图，开始任务三制作改进水钟。最后，任务四学生展示模型，汇报交流，接受专家问答评价。纵观整个项目，各个任务之间呈线性逻辑关系，任务之间相互联系，层层递进，环环相扣。

（二）任务设计的具体方式

进行学习任务的设计有多种形式，从教师可操作的需要出发，我们认为可以采取以下设计方式进行设计。

1. 依据学习活动的程序设计

在达成目标的过程中，学习需要按照一定的顺序进行，各项任务的进程是递进的，前面一个任务的完成是后一个任务学习的条件和保证。对这类项目可以采取程序化任务设计的方式进行。既可以按照学习进程的顺序，也可以按照完成时间的顺序进行设计[1]，见表 2-30。

表 2-30 自制保温箱的程序化任务设计

| 任务 | 详细要求 |
|------|----------|
| 探究 1 | 物体的温度为什么会变化？餐食变冷与哪些因素有关？ |
| 探究 2 | 哪些材料具有保温性能？如何根据保温箱的需求选择材料？ |
| 探究 3 | 如何根据需求设计制作保温箱？ |
| 探究 4 | 使用保温箱时的需求 |
| 制作 | 根据老师提供的材料、设计、制作及优化保温箱 |
| 比赛 | 分组进行评比 |

---

[1]该案例由临沭县郑山街道中心小学杜成艳、袁琦老师设计。

图 2-14 是"潜水艇制作"项目学习活动的程序设计，这是综合了活动顺序和时间顺序进行的任务设计[1]。

**第1周**
- 组建赛队
- 可以个人形式参加，也可以小组形式（不超过3人）参加

**第2周**
- 完成探究
- 进行动力系统、浮力系统、材料系统、电路系统的实验探究，并对试验中的关键操作、现象、数据进行记录

**第4周**
- 书写报告
- 根据各项系统实验的探究报告，撰写完成探究活动总设计报告

**第5周**
- 设计图纸
- 根据探究活动总设计报告进行分析、设计完成潜水探测器的制作图纸

**第6周**
- 反思评价
- 思考和评价不同小组或个人设计制作图纸的科学性、操作的规范性、产品的适用性，如何改进完善现有的设计方案

**第7周**
- 产品制作
- 根据改进、优化后的设计方案，完成产品制作

**第8周**
- 展示比赛
- 将参赛作品进行展示评比，评选结果设置奖项：优秀设计方案奖、优秀模型奖 和实战优胜奖

图 2-14　按照活动顺序进行的任务设计

2. 根据不同情境进行设计

有些驱动问题所要解决的问题在不同时段、不同情境下的要求不同，因此可以按照不同的场景要求设计学习任务。如"智慧校园灯光控制"的项目化学习中，

---

① 该案例由兰陵县矿坑镇初级中学蒋竹泉老师设计。

围绕无人、保护视力、补光等实际需要进行灯光智慧控制场景设计任务，可以更加全面的保证学生获得多种情境下的学习能力，见表2-31。

表2-31　智慧校园灯光控制的情境与任务设计

| 情境 | 任务 |
| --- | --- |
| 学校晚自习时，走廊上空无一人，厕所里没有人，但灯一直亮着 | 设计并制作人体感应灯控制系统 |
| 从健康角度考虑，太弱或过强的光线，都会对视力造成不良影响，然而教室里光线的强弱很难控制在我们需要的范围内 | 设计并制作自动调光控制系统 |
| 图书馆的照明存在很多问题，太阳光照很好，但里面的灯全开着，图书馆没人时或人很少时灯也都开着 | 设计图书馆节能灯光控制系统 |

依照情境进行学习任务的设计时，不仅可以考虑情境的区域、需求，还可以将所要解决的驱动问题分解成板块，根据每个板块所需要解决的具体问题进行学习任务的设计。

3. 依据问题序列进行设计

驱动问题在设计中会分解成相应的子问题，在解决每个子问题的过程中都需要相应的学习活动，根据解决子问题所需要学习、思考的内容，可以设计出相应的学习任务。

如在"水的净化"这个项目中，将驱动问题继续分解成为递进的子问题，每个子问题对应一个子项目，设置相应的任务，思考所要解决的能力问题，前一个问题的解决是后一个问题学习的基础,这样的设置方式可以通过层次追问的方式，引导学生更好地解决驱动问题，实现学习目标[1]，见图2-15。

---

①该案例由临沂实验中学李路瑶老师设计。

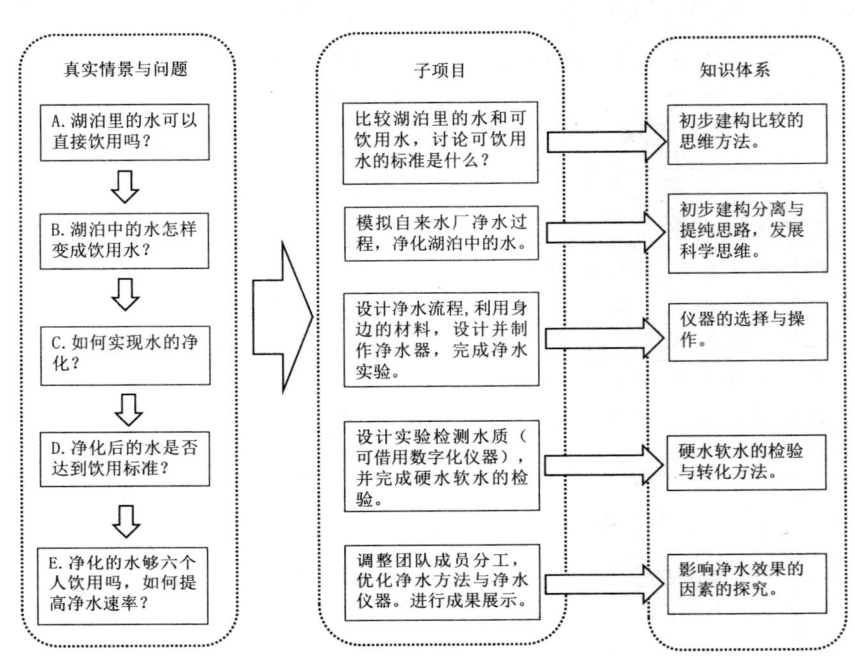

图 2-15 "水的净化"序列问题设计

（四）设计细化

设计完成之后，要重新审视学习任务是否合理，从其指向的目标、任务本身的难度、认知负荷等方面要进行认真地思考，可以自我反思、师生共同讨论，也可以教研组老师一起研讨。有条件的学校还可以整合外部专家资源参与，既可以采取头脑风暴，也可以现场论证答辩等，一旦发现设计的学习任务不合适要进行二次设计。

以"疫情期间的豆芽菜"设计为例，最开始设计的学习任务包括结合所学的知识，总结豆芽的营养价值；上网查阅或咨询他人，画出一张生豆芽的流程图；用照片展示生长的豆芽；用图片或视频展示所炒的一份豆芽菜。这样的任务是学生能够操作的，但学生在学习中只是集中在信息搜集的能力，所有的操作都是简单的技能，这样的学习任务就不能完成项目化学习的目标。针对这种情况，围绕学生对问题的探究、分析、创造等能力，设计了这样的学习任务：①从多个渠道分析豆芽菜的历史价值，为什么古人要发明豆芽菜；②结合实际，探究豆芽菜的生长过程，分析是哪些因素影响豆芽的质量，如何进行流程或器皿的改进？③结合豆芽菜的特点调查，分别找出一种最有影响和最有味道的做菜方法，并尝试做出来，调查并分析家人的感受。

设计完成的学习任务相对于学习过程的操作而言，还是有些难度。因此，在条件允许的情况下，可以进一步细化相应的学习任务，包括每个任务要完成的时间、需要的资源、支架等。这里以"胶囊保护空投鸡蛋"项目的学习任务细化设计为例，见表2-31。

表2-31 "胶囊保护空投鸡蛋"项目的学习任务及资源、支架一览表

| 流程 | 任务 | 支架工具 |
|------|------|----------|
| 项目引入 | 按要求完成一个胶囊设计，确保鸡蛋从四楼抛下不破损；<br>选择合适的人员组成团队，寻找支持专家；<br>讨论制定实施方案，列出资源清单。 | 团队协约；<br>任务导引单；<br>编制方案工作单。 |
| 认识鸡蛋 | 完成一周随身的鸡蛋保护；<br>了解鸡的培育史和鸡蛋的营养价值；<br>了解生熟鸡蛋的特点。 | 鸡蛋保护记录单；<br>意外事故处理单；<br>鸡的发展史思维导图；<br>鸡蛋营养价值汇总表；<br>生熟鸡蛋研究报告单。 |
| 设计方案 | 实验验证物体下落的碰撞情况，影响因素；<br>结合自主设计胶囊制作方案；<br>通过头脑风暴优化设计方案；<br>咨询相关研究专家或其他人员。 | 实验报告单；<br>产品设计导引单；<br>头脑风暴讨论单；<br>咨询记录单。 |
| …… | | |

# 第三章

## 实验项目化学习的实践

　　项目任务的实施环节是进行项目化学习的重要环节，是将学习目标转化为学生学习能力的重要环节。项目化学习有着不同于传统学习的特点，在实施阶段有着不同的学习要求和组织方式。在具体实践环节，项目化学习遇到的困难主要是学生参与的积极性不高、得不到有效的学生支持和学生在学习过程中参与深度不够等问题，这与前期的设计有关，也与教师各个环节的引导和支持力度有关。对于设计的因素，需要在反思问题的基础上提高设计的针对性和科学性；对于学生参与度的问题，要充分利用各种资源和支架，让学生充分参与到整个学习过程。

# 第一节　实验项目化学习的入项

　　项目化学习要想实现预期的学习目标，离不开高质量的实施。与传统的教学不同，项目化学习的实施不是简单的教师指导下的学习活动，而是有着特定的实施流程与实施要求，只有在实施过程中遵循项目化学习的要求，才有可能达成项目化学习的目的。要想提高学生学习的积极性，就需要做好入项工作。

## 一、项目化学习的实施流程

　　一般研究认为，项目化学习实施过程主要是聚焦问题本身，通过对问题的有效探究与解决，产生预期的可展示、交流的成果，在这个过程中，必然要经历提出问题、理解问题、形成初步成果、交流讨论、形成最终成果等不同的阶段，并与反思优化形成一个结构性的闭环。项目化学习围绕复杂情境中的问题进行综合性的解决，对于提出一个有意义的问题在第二章的项目化学习设计中已经完成，所以在具体的实施过程中，主要是包括理解问题之后的各个环节，见图 3-1。

　　也有研究者提出了入项、实践和出项三个阶段，主要包括项目启动、项目过程和项目评价。基于这种分类和上海在 2020 版项目化学习的实践环节操作，我们将项目化学习的环节从易于操作的角度进行了划分，具体划分及每个阶段的主要任务见表3-1。

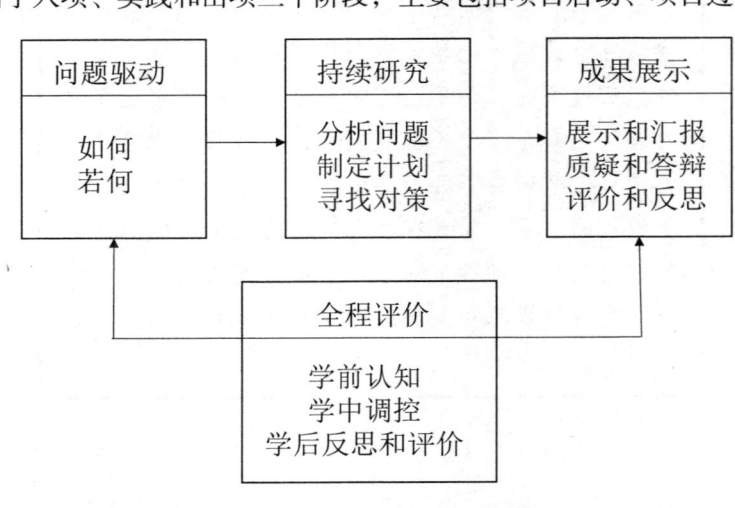

图 3-1　项目化学习的基本模型

表 3-1 项目化学习的基本流程

| 环节 | 主要内容 | 具体任务 |
|---|---|---|
| 入项探索 | 学生对驱动问题进行自由探索、头脑风暴，进行真实体验，产生惊讶、疑惑，通过可视化工具提出对驱动问题已有的想法，形成认知冲突。 | 启动项目<br>引入驱动问题<br>关于驱动问题的头脑风暴<br>分组<br>确定目标、时间发展线<br>明确最终必须和可能的成果 |
| 知识与能力建构 | 基于入项中学生表现出的认知难点，在这一阶段通过更深入的文本、工具和支架持续深化学生的探索，进行有针对性的教学、报告、微视频分享，通过提供富有支持性的指导，引导学生对问题形成新的认识和理解。 | 通过网络探究搜集相关背景信息<br>对各种相关人员进行调查或访谈<br>评论已有信息<br>拓展跟进信息的来源<br>回顾以往知识<br>学习有关项目的微课程 |
| 合作探究 | 学生带着新的理解再一次进入到低结构的合作解决问题过程中，学生组成项目小组，相互之间进行对话，借助学习工具分享不同的观点，涌现出与入项、知识与能力建构阶段不同的解决方案。 | 组内分工<br>形成设计图<br>制作模型<br>形成书面或口头报告<br>最初解释设计和模型<br>讨论和评价 |
| 形成与修订成果 | 根据合作探究中涌现出的各种解决方案，教师引导学生进行集中的批判性分析，评估其可行性、与问题的匹配性以及其中的知识严密性等。整个项目形成可行的成果方向，进行成果的迭代。评论和修订是根据标准、量规进行的再度高结构的过程。 | 进行书面或口头报告<br>开展交流与评价<br>教师或专家给出建议<br>修订成果 |
| 出项 | 出项是学生展示自己和同伴对项目的理解与成果，学生可以用非常丰富、自由的样态来呈现自己的项目过程和成果。 | 举办公开的成果展<br>对成果展进行分工与设计<br>接收更多的信息<br>再次修订成果或模型 |
| 反思 | 反思是回顾项目历程，可以在教师引导下对前期的各种过程进行高度结构性的反思，最有效的聚焦前期的失误、经验和教训。 | 回顾项目历程<br>填写反思表<br>接受总结性评价<br>分享新情境中的运用 |

在实际的学习过程中，各部分有关的操作和内容又存在着交叉或相互借鉴的部分，需要教师在实际教学中灵活使用。在组织学生进行项目化学习的过程中，教师应该转变观念，否则很难适应项目化学习，也很难达到预期的学习效果。

在学习方式上，以《纸桥承重》为例，传统的学习是老师给出纸桥制作的材料、制作的步骤，学生按照学习要求和步骤完成相应的学习任务，这种学习方式被称为线性学习方式。这种学习方式最终的学习成果多数是简单的操作技能，如果学生遇到了新的情境，如要求学生制作美观的纸桥，学生可能就无法做到，也就是说这种学习很难培养学生的迁移能力，难以适应解决现实问题。还有一种学习方式是学生一起讨论制作纸桥的标准，然后讨论拟定制作的方案、所需要的资源等，接着开始尝试制作纸桥，对照标准，发现问题后再次寻找解决方案，直到最终制作的纸桥达到标准。学生通过这样的学习获得能力，即使在以后的学习中，教师要求学生制作的不是纸桥，而是花桥、纸汽车等，学生同样能够完成任务。这种学习方式是迭代学习方式，是项目化学习所需要的学习方式。

在学习形式上，项目化学习除了微项目外，往往都有着较长的学习周期，如果这些学习都在课堂上进行，不仅时间难以保证，在资源的选取和学习方式的选择上都会有一定的困难。因此，在多数项目化学习中都会存在非正式学习，大量碎片化、低结构的自主拓展学习（如文献查阅、实地考察等）、自主探究或小组合作开展项目活动等非正式的课后学习环节，在其中发挥着重要作用，直接关系项目化学习的成败。需要教师转变观念，调整原有的教学组织和实施模式，适应项目化学习相对松散、正式学习与非正式学习相互糅杂的新特点。

在课型上，一般存在启动课、推进课和展示课三种课型。启动课是入项环节，目的是引起学生强烈的学习愿望、厘清项目研究的思路；推进课是结合学习的进程、学生取得的经验、遇到的困难和问题，组织学生交流、构建相互支持的协同学习团队；展示课是对项目的成果进行梳理、修订的过程，包括项目成果的形式、成果的内容以及支撑成果的证据等，以及对项目成果进行展示、评价和复盘。

## 二、入项需要解决的问题

在项目化学习过程中，入项不是简单的实验教学准备，这个环节不仅仅是引导学生投入学习，更是通过学生对问题的理解、分解以及设计解决问题的方案，让学生明确项目化学习的具体内容，为实现有效的项目化学习奠定基础。

### （一）入项事件

根据驱动问题情境，在组织学生进入项目化学习过程中，要充分利用好各类事件来调动学生参与的积极性，为后续的学习奠定基础。根据现有的研究成果，可以利用的入项事件包括真实体验类、模拟体验类、阅读体验类等，老师在入项时并非将所有的事件都用到，而是在选取的过程中既要考虑问题情境和现有的资源，又要考虑到学生的年龄特点和需求，见表3-2。

表3—2　项目化学习入项事件一览表

| 入项事件类型 | 具体事件 |
| --- | --- |
| 真实体验类 | 实地参观：参观工厂、作坊、农博园、科技馆、种植基地等与实验、研究有关的内容。<br>实地体验：自己经历、参与的生活事件，社会发展中的科技、实验等相关的体验。 |
| 模拟体验类 | 专家报告：某个科学领域、生物领域的专家的经历、研究的成果等的报告。<br>特定需求：某些特殊人群的需求，如健康饮食、辅助行走等事件。<br>角色扮演：通过在情景剧、游戏等中的角色来引发对学习的愿望。 |
| 阅读体验类 | 文献：查阅与项目主题相关的文献资料，形成系统的相关认知。<br>音视频：与项目有关的音频、视频等资料，引发学生的认知冲突。<br>新闻事件：与项目相关的新闻事件等，以真实性的情境引入项目。 |

如在高中铝热反应的项目化学习中，在项目引入上，可以采取这样的新闻事件：2001年的911事件中，飞机撞击双子塔世贸大厦导致倒塌，报道中分析是"因为高温使混凝土内的支撑钢筋软化导致难以支撑巨大的重力，形成连锁反应，所以整个大楼都会倒塌"。而根据相关的文献知识可以知道，航空煤油的最大燃烧温度是980℃，混凝土的熔点在1500℃，无法在很短的时间内造成大楼倒塌。但现实是，世贸大楼却倒塌了。那么，如果你是一位科学家，能否利用已有学习的

知识,推断这个分析的真实性？这样的入项情境能引出学生对该问题的探究兴趣。

在入项事件的选择上,不同的呈现方式对学生的学习行为会带来很大的影响,如在氯气的相关项目化学习中,有的教师选择氯气泄漏造成的伤害等新闻报道内容,然后阐释氯气的作用,结果在学习中很多学生不敢动手操作;有的教师则选取氯气在生活中各种场景的应用,在学生深刻体验的基础上,也谈到了避免氯气伤害的问题,在学习过程中则学生有着较强的解决问题的表现。

（二）理解问题

入项是将所要学习的目标围绕驱动问题及情境展开,将问题变成可操作性实践的桥梁,是引导学生理解问题并寻求解决问题方案的过程。理解问题是项目化学习的中心,理解问题的水平高低既影响到学生创造性解决能力的培养,也影响到学生对该项目学习的接纳程度和后续参与学习的积极性。由于阅历、认识以及需求的不同,对同一问题不同的学生会有不同理解,因此采取切实有效的方式引导学生理解问题、分析问题以及基于问题制定必要的方案,是入项环节需要重点解决的问题。

理解问题是学生基于已有的经验和认知对驱动问题进一步细化分解成子问题的过程,是将大概念下的主要问题变成易于解决的小问题,在这一过程中,教师要鼓励学生积极思考,进行思维碰撞,形成大家认同的问题链或问题树,为进一步拟定学习计划提供参考依据。在引导学生理解问题的过程中,要创设自由的和安全的氛围,给学生情感上的支撑和积极的引导。

在实验学习过程中,会遇到各种实验类型,在不同的实验类型中所需要解决的问题各不相同。因此,要根据项目化学习的目标和关键问题,确定该实验的类型,为后续追问和细化问题奠定基础。一般说来,在不同的实验类型中所考虑的问题各不相同。

实验研究基于一定的假设,在理解问题的基础上,形成研究假设,围绕这些研究假设进一步理解问题和设计子问题。如在小学阶段遇到的"空中投鸡蛋"中涉及需要解决的问题是"胶囊保护器如何制作？"对于这个问题,首先要思考制作哪一类胶囊,学生结合已经学过的知识和快递防损的保护材料,知道目前有直接制作的空气膜、小泡隔离的减震材料、泡沫塑料等,围绕这些材料,可以制作哪种减震胶囊？这些胶囊的减震效果如何？其次要考虑制作的方法，是直接缠绕，还是采取其他方式？不同的材料使用哪种制作方式最为合适？如何防止下降过程中开裂？通过这样的追问和思考，从材料本身的性质、制作要求、减震效果等多个方面综合分析，然后确定解决问题的思路。

在明确了要研究的问题后，需要借助一定的学习支架理解问题，追问所要解决的关键问题是什么，并根据问题形成解决问题的体系。这里以"制作健康饼干"为例，进一步阐释学生理解和分解问题的思路，见表 3-3。[①]

表 3-3　明确和定义研究任务的关键问题

| 关键问题 | 定义、内容 |
|---|---|
| 要解决的问题是什么？ | 1. 饼干等零食中含有过多的糖分和添加剂，吃多了对健康不利，比如会蛀牙、长胖等<br>2. 产品在包装上不能满足不同人的需要 |
| 我们想要设计什么？ | 进行个性化的设计，创造出一种自己喜欢的、健康的、美味又好玩的饼干品牌 |
| 它为谁设计？ | 我们的小伙伴、亲人 |
| 希望收礼物的人有什么感受？ | 通过询问、调查了解 |
| 我们的饼干产品的标准是什么？ | 1. 不含糖、人工色素和香精<br>2. 有甜味、天然香味、鲜艳的颜色<br>3. 营养搭配均衡<br>4. 包装上有自己的 LOGO，符合接受者的特点<br>5. 外观设计独特，可以当作玩具、文具或艺术品 |
| 我们有什么条件限制？ | 1. 采用家用的饼干制作工具，比较简单<br>2. 产品设计的工具主要来自学校实验室 |
| 我们的目标是什么？ | 当一回设计师，开发出一种满足自己喜好的饼干品牌：健康、美味，包装具有一定的功能又好玩，我们可以把这些亲手设计的独特产品在一些特殊场合或时间送给自己的小伙伴或亲友，增进彼此的感情 |

在明确了关键问题之后，还可以使用多种学习支架，进一步分解问题，找到自己需要解决的问题和解决的思路，见表 3-4。[②]

---

①沈艺，郭琪琦，张海银.STEM 课程的评价领域及学习性评价策略 [J]. 中小学教师培训，2019（4）：46-50.

②陆凯莉.基于理解六侧面的探究性学习活动设计 [D]. 南京：南京师范大学，2018.

表 3-4　问题情境和探究的 KWHLAQ 方法

| 问题情境 | 探究的 KWHLAQ 方法 |
| --- | --- |
| 校园里蚊子较多，使用灭蚊药会造成环境污染，学校想着使用植物驱蚊法，你作为学校中药研究社的一名成员，如何在校园种植适合的中药材，并为你班中的每位学生制作一个驱蚊香囊？ | 我们认为我们已经知道（kow）了什么？探索先前知识。 |
| | 我们想要（want）什么，需要查明什么？ |
| | 我们将如何（how）继续调查我们的问题？如何组织时间、获取资源和做汇报？我们如何自我评价我们的进步（例如，使用某个量规）？ |
| | 我们正在（每天）学习（learning）什么知识？在调查的最后，我们学到（learned）了什么？ |
| | 我们如何将我们的调查结果应用于（apply）该门学科或其他学科或我们的日常生活中，以及将其应用于什么地方？ |
| | 我们现在产生了什么新的问题（questions），在之后的单元里，我们如何继续探讨这些问题？ |

在理解问题后，学生可以进行整体性自我评价，通过自我评价反思在理解问题过程中出现的问题，针对遇到的实际情况进行调整、反思和进一步追问，以做好更为准确地理解问题，学生可以使用问题提出单进行交流。

---

问题提出单

1.看到这种现象或达到预期的目的，你最想解决的问题是：

_____

_____

2.针对你提出的问题，大家给的建议是：_____

_____

3.你想跟谁组成一个团队一起研究这个问题？选择他（她）的主要原因是什么？_____

_____

---

在学生理解问题并确定了后续研究的子问题后，要对问题是否符合预期的目的、能否解决驱动问题、学生的操作性如何等进一步引导学生思考、评价与反思，根据具体的情况进行适当的调整和优化，确保学生能够选择最为合适、有针对性的小问题。

### 三、编制学习方案

学生进行实验方案的编制，既是学生学习的需要，也是在实验教学中必须培养的能力，无论是学生解决问题还是创新能力的提升都离不开编制研究计划，也就是实验方案，采取项目化学习的实验教学依然需要重视这一环节。在新课程标准中，对学生制定计划的目标有着不同学段的要求，如小学低年级需要知道科学研究要提前制定计划；中年级学生则能制定简单的研究计划；高年级学生则能围绕需要解决的问题制定完整的研究计划，包括有变量控制的实验计划等。因此，要根据不同阶段学生的能力发展水平引导学生制定不同的研究计划，也可以在这一过程中提供不同的支架。

（一）学生自我编制方案

根据小组交流和团队碰撞出来要解决的问题，简单的问题可以直接进行解决，但在项目化学习过程中，由于要培养学生综合解决问题的能力，所遇到的问题也比较多元和复杂，一般需要提前进行规划设计，而编制实验方案本身就是实验教学要培养的能力，项目化学习的过程中不是仅仅要求按照实验方案的操作，引导学生进行方案编制，编制方式的过程就是培养学生设计能力的重要过程，因此在理清问题后，要组织学生编制学习方案。在具体的实施过程中，一般要考虑理解问题、编制方案和组建团队等内容，详细的支架见表3-5（表见下页）。

**表 3-5  入项过程中需要思考的问题**

| | | |
|---|---|---|
| 理解问题 | 分析情境中包含的驱动问题 | |
| | 仔细阅读入项事件 | |
| | 查阅相关的文献资料 | |
| | 列出需要解决的问题 | |
| | 还存在的困惑 | |
| 编制方案 | 填写项目计划书 | 项目任务：<br>具体步骤：<br>所需资源： |
| 团队组建 | 需要的团队构成 | |
| 评价方式 | 编制评价的标准和要素 | |

对于实验研究方案，一般包括实验名称、实验目的、实验仪器及药品、实验步骤等，项目化学习虽然也涉及实验或相关的研究工作，但主要是针对需要设计的问题进行编制方案，一个完整的方案主要包括三个因素，一是解决该问题需要哪些资源；二是解决问题的步骤、具体操作方法是什么；三是在解决问题过程中会遇到哪些困难，有哪些注意事项等。

编制方案的过程就是把解决问题的思路变成文字等描述的过程，在这一过程中，既可以直接使用前面的学习支架，还可以借助思维导图进行。思维导图是将知识、逻辑和事物之间的关系以及自我的思考等直观呈现出来，有利于帮助学生形成思维结构，更深层次的理解知识和获得能力。借助思维导图对所要解决的问题与目标、措施之间的关联进行思考，形成解决问题的初步框架图。常用的思维导图有圆圈图、气泡图、双气泡图、括号图、流程图、桥型图、鱼骨图、组织结构图等多种形式，不同形式思维导图的功用、设计方法、训练策略也各不相同，需要根据实际情况加以运用，既可以使用软件，也可以手工画制。关键不在于形式，在于能否找到每一级的思维节点和彼此之间的逻辑。图 3-2 是"水的科学"项目化学习中学生通过思维导图设计的解决问题方案。

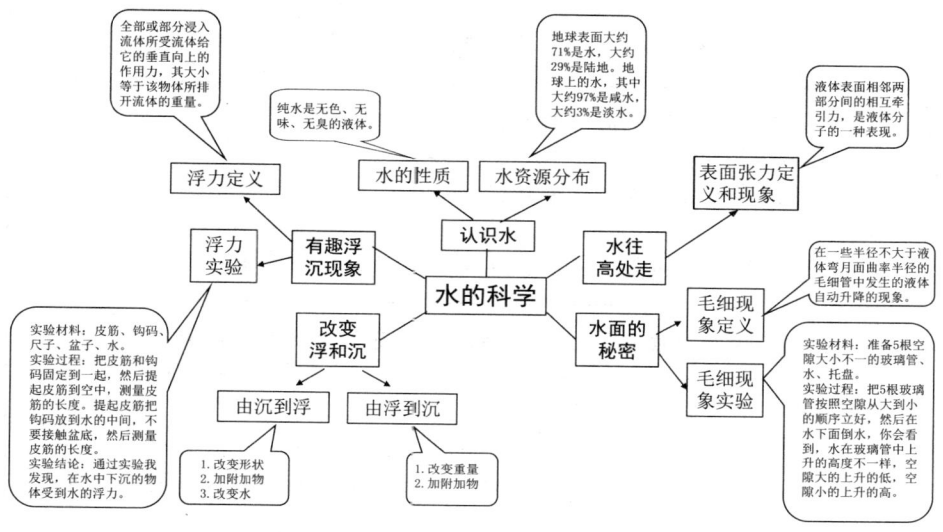

图 3-2　"水的科学"项目化学习思维导图

（二）交流方案

通过交流方案，既可以优化方案，避免在后续实施过程中遇到困难，而且交流能力是提高学生人际沟通能力的重要平台，对学生综合素养的提升有着重要的价值。交流方案不仅仅是在项目化学习的起始阶段有必要，在整个项目化学习的各个环节和内容中都有可能发生，也有必要组织。在交流过程中，一般采取头脑风暴的模式进行，也可以直接进行头脑风暴再由学生设计学习方案。

一般来说，在组织头脑风暴时，会提前通知相关的主题，学生要提前查阅文献、思考或编制个人的思考方案。当然，直接围绕主题进行头脑风暴后再由学生制定学习方案也有一定的操作性。为了保证学习效果，在组织头脑风暴的过程中，要有必要的规则，也可以参照团队学习的规则组织①，见表 3-6。

_____

①该表由兰陵县矿坑镇初级中学蒋竹泉老师设计。

表 3-6　头脑风暴活动指南

| 序号 | 要求 |
| --- | --- |
| 1 | 指定专人记录本团队的各种想法 |
| 2 | 团队的每个成员分别表达自己的想法 |
| 3 | 一人发言时，其他成员唯听、不评、不质疑、不打断 |
| 4 | 一轮发言后，打破思维定式，再进行具有创新性的奇思妙想 |
| 5 | 倾尽自己的想法，言无不尽 |
| 6 | 按主题要求，团队评议，综合讨论各方观点，形成最佳方案 |
| 7 | 制定最终方案的标准：有创新性；易实践性；支撑资源易得；无操作限制条件；成果或产品符合预定标准要求 |

　　在进行头脑风暴的过程中，为了保证学生有序地进行，有明确的思考导向，可以进一步思考组织过程的基本要求，见表 3-7。

表 3-7　头脑风暴的组织要求

1.将全班分成 4—6 人为一组的小组。
2.检查标准：
·每个人都参与；
·注重数量；
·保留判断——事实上，我们接受所有的想法；
·以彼此的想法为基础；
·把你的想法边写出来边大声地说出来；
·玩得开心！
3.给每个团队一张大纸或白板上的一块空间。
4.给每个小组足够的笔，让组内所有人都能同时书写。
5.围绕一个项目核心：设计一个生态水池、分析某种饮料的成分。
6.每个人用"是的，而且……"承认别人的观点并加入自己的创新元素。
7.计时，在 5 分钟内写完一整页。
8.留存证据，交流反馈。

在进行头脑风暴的过程中，为了保证完整地记录整个思考的过程，更好地梳理团队的思考，一般使用头脑风暴记录表，见表3-8。

表3-8　头脑风暴记录表

| 团队名称 | | 讨论时间 | |
|---|---|---|---|
| 主要议题 | | | |
| 成员 | 观点摘记 | 团队评议 | |
| | | 创意观点 | 不足之处 |
| | | | |
| | | | |
| | | | |
| 最终方案 | | | |

# 第二节　实验项目化学习的探索

项目探索阶段是实验项目化学习最为关键的阶段，理论上，成果的梳理、修订也属于实践探索的过程，考虑到成果与评价的一致性，兼顾到篇幅的大小，将成果的梳理与修订纳入到成果评价与复盘这一节中。从实验教学的需要出发，基本涵盖了项目化学习中的知识与能力建构、合作探究、形成与修订成果等不同的环节。在这些学习环节中，教师需要重点思考或明确以下几个方面的问题：保持学生的参与积极性、组织协同学习、教师的支持与工具的使用等。

## 一、开展有效的协同学习

项目化学习因为长期性和指向高阶思维，在学习过程中一般需要以团队的方式进行，而且培养学生合作意识和合作能力也是项目化学习的重要目标。

（一）项目化学习中的合作

合作不是人类特有的行为，动物界有很多值得借鉴的合作典范，如蚂蚁、蜜蜂的群体行为。《现代汉语词典》对合作的定义是"互相配合做某事或共同完成某项任务"。合作的形式包括空间上的合作，即面对面合作以及信息技术支持的大范围合作；时间上的合作包括同时互动和延时互动等。合作的形式往往受到任务的特征、要求和条件等因素的制约。

人类之所以看重并积极培养合作能力，除了因为大工业社会的发展外，还与当下人们对未来生存的一种关注有关，习近平总书记提出的"人类命运共同体"，更是在全球层面上明确了合作的意义和价值。鲁宾顿和温伯格曾经指出"一个被归为某种类型的人会逐渐意识到由群体成员赋予他的这种新规定，当他同这些成员打交道时，就会重视这种对自身的新理解"。[①] 项目化学习作为一种育人的手段和形式，加强合作的研究和合作能力的培养，是必然的选择，从为了学习的合作

①耿潇逸．学校场域中的教师标定 [J]．教学与管理，2016（33）：1-4.

到为了合作的学习应该成为一种新的认识。

在 PISA 测试中提出合作解决问题能力，包括建立与维持共同的理解、采取恰当的行动解决问题、建立与维持团队组织，并且细化了每一种能力的具体指标，这为指导学生合作和提高合作能力提供了标准依据。也有研究指出，要想推动合作，构建协同的学习，需要采取的策略一是设定明确的团队合作指南，引导学生的自我监控和修正；二是根据学生的性别、个性、特长和任务的特点进行异质分组；三是每一节课设置有难度梯度的任务，进行明确的分工，让每个成员都有机会为团队做出贡献；四是引导团队成员间的互评和反馈，促进相互协助。

合作学习作为新课程改革中的重要学习方式，已经成为教师习惯和熟知的形式，在大大小小的课堂、活动展示中，如果没有合作的场景和要素，似乎就是讲课水平不高，课堂效果不好。实际上，司空见惯合作学习并非就一定科学和有效，如果用合唱来比喻，很多合作学习还是齐唱阶段，远没有达到分声部的合唱水平，至多也就是小组学习。笔者想说的是，合作学习即使被说过千万次、用过千万次，未必就是真正意义上的合作，尽管我们不过分进行理论研究，但还是需要了解合作是什么、合作能力是什么以及具体的观察维度，避免出现合而不作的问题。

项目化学习中的合作往往不同于传统课堂中的小组合作，具体见表 3-9。另外，项目化学习中的合作不仅仅在正式课堂的学习中用到，在大多数的非正式学习活动中也需要大量的合作。

**表 3-9　项目化学习中的合作探究与日常课堂中小组合作的区别**

| | | 项目化学习中的合作探究 | 日常课堂教学中的小组合作 |
|---|---|---|---|
| 不同点 | 目的 | 完成项目，形成共同的成果 | 解决某个小问题，交流观点不一定产生结果 |
| | 时间 | 入项到出项需要多长时间 | 课堂中的某个片段，一般几分钟 |
| | 团队性质 | 带有专业团队性质，像科学家、工程师一样合作项目，经历项目管理、分工、讨论与辩论、产生成果等过程 | 学习伙伴关系 |
| | 合作伙伴 | ① 2—4 人小组；②全班的项目小组；③跨班级、年级的项目组④跨学校、国家的项目组 | 同桌或四人小组 |

续表

| 相同点 | ①智力的平等；②情感上的互相依赖；③通过深入交流达到超越个体学习的成效 |
|---|---|

（二）构建有效合作的氛围

崔允漷教授等人曾经指出，任何合作都必须具备有主体的意愿、可分解的任务、有共享的规则、有互惠的效益等要素[1]。所以要想实现有效的团队协同学习，必须引导学生建立良好的合作关系，营造有效的合作氛围。

学生对团队认同是构建良好氛围必须达成的，在认同的策略上，如果团队样子与学生渴望的一样，学生的认可度就高。对此，在可能的情况下以学生自选的方式组建团队。在学习开始前，组织学生对好团队画像。学生对自己渴望的团队样子进行画像，然后根据画像的结果进行团队讨论，形成约定团队成员的行为方式。对团队样子的描述，可以使用"好团队画像"表格进行，见表 3-10。

表 3-10 "好团队"画像

| 好团队：看上去是怎样的 | 好团队：说话是怎样的 | 好团队：做事是怎样的 | 好团队：给人什么样的感受 |
|---|---|---|---|
| | | | |

要想保证团队的运行，建立大家认同的规则很有必要。要想建立大家能接受的规则，就需要每个人都能参与，通过协商制定相应的要求，一般要对以下问题进行约定：①团队目标，包括团体和个体目标、团队与目标吻合的命名、激励口号等；②角色分工，包括学习中需要解决什么样的问题，承担的任务以及与之匹配的角色、每个角色的任务要求及标准等。③学习制度，包括资源利益共享的规定、不按规则承担任务或不进行分享的惩罚措施、成员不到位的情况处理、其他可能出现的问题的解决办法以及突发问题的协商机制。④成果展示，包括成果的归属、利用形式、展示方式、成员间的互相帮助、反馈与认可方式等。图 3-3 是

---

[1]崔允漷，郑东辉. 论指向专业发展的教师合作 [J]. 教育研究，2008（6）：78-83.

以往团队制定的团队协议。

团队协议

团队名称：

团队成员：

团队目标：

我的目标：

成员的目标：

我们共同的目标：

团队中成员的任务和角色：（学生需要讨论如下问题）

· 项目需要哪些角色和任务？

· 我们将如何选择领导者？

· 每个人的角色和任务是什么？

我们将共同遵守如下约定：（学生需要讨论如下问题）

· 当有些人不工作时会发生什么？

· 如果有人没有履行职责将会遭到怎样的惩罚？

· 如何让大家共享材料，共享回报？

· 如果有人缺席或不准时提交任务会怎样？

· 团队将如何处理团队内部出现的各类问题？

我们团队的规范：

· 我们认可并利用每个团队成员的特殊才能；

· 我们以团队的方式发展思想并创造产品；

· 单独完成的任务将在团队中汇报以寻求反馈；

· 我帮助团队解决问题并管理冲突；

· 我给团队成员有用的反馈；

· 我会在团队成员需要时帮助他们。

团队签名：

时间：

在合作学习过程中，还要有清晰的任务分工，只有职责明确，各司其职，才能更好地协同解决问题，在操作中可以通过制定学习合约的方式进行，见表3-11。

表 3-11　学习合约

| 完成时间 | 任务 | 方法 | 资源 | 人员分工 |
|---|---|---|---|---|
|  |  |  |  |  |
|  |  |  |  |  |
|  |  |  |  |  |
|  |  |  |  |  |
|  |  |  |  |  |

在本次学习中，可能会遇到的问题是：_____

_____

_____。

（问题包括出现的矛盾、资源、时间安排、自身水平、其他等）

　　在项目化学习过程中，可以采取小组工作快速检查表的方式，见表 3-12。[①]组织学生利用简短的时间进行快速的评价，既可以在每次活动之前，也可以在活动之后，通过团队评估，发现在学习过程中存在的合作问题加以改进，实现学生的自我审视和改进团队行为的目的。

表 3-12　小组工作快速检查表

| 是 | 否 | 每个小组成员都参与到小组讨论中了吗？ |
|---|---|---|
| 是 | 否 | 当小组内其他成员发言时，每个同学都认真听了吗？ |
| 是 | 否 | 在小组讨论中，有没有一两个成员起主导作用？ |
| 是 | 否 | 每个小组成员都在约定集合的时间里按时到达了吗？ |
| 是 | 否 | 每个小组成员集合时是否已经准备好开展工作了？ |
| 是 | 否 | 在集合讨论过程中，每个小组成员是否很好地展示了自己的观点？ |

①沈艺，郭琪琦；张海银.STEM 课程的评价领域及学习性评价策略 [J]. 中小学教师培训，2019（4）：46-50.

| 是 | 否 | 每个小组成员在小组工作中都竭尽全力了吗？ |
|---|---|---|
| 说明 | | 请快速地在每个问题设置的"是"或"否"选项上画圈，并在离开时交给老师。 |

（三）积极开展交流研讨

按照一定的任务分工开展协同学习，在学习过程中能否按时完成任务、完成任务如何、有何收获和问题，需要及时组织好交流研讨活动，研讨不仅仅是为了解决问题，也是为了实现资源共享，在分享、碰撞过程中获得更多的学习机会和成长经验，更好的实现项目化学习的价值。交流是一种合作、分享的形式，交流的方式有很多，包括个人之间的随时交流以及有组织的交流。

在学习过程中，可以项目会议的形式进行及时的交流和研讨，在项目会议的组织过程中，要对会议的内容、时间以及过程组织要有清晰的了解，可以使用图3-4项目组会议支架工具。

---

**项目组会议**

目的：了解项目进程，解决项目中的问题。

时段：可以根据实际情况考虑每天还是每周，每次进行的小组数量。

流程：

· 项目小组轮流提出本项目中经过讨论还是难以解决的问题；

· 其他同学倾听并提出解决办法；

· 同伴评议；

· 总结提炼。

---

图3-4 项目组会议支架工具

在交流的过程中，难免会出现"沉默的螺旋"现象，也就是有时为了团队的和谐，有些少数意见者会屈从于多数或优势意见，而不去真实地表达自己的看法，为避免这种现象，讨论问题特别是问题复杂且需要更多思考时，可以采取倾听记录单的形式，以提高交流效果，见表3-13。

表 3-13　倾听记录单

| 轮次 | 时间 | 主要观点 | | | | 达成的共识 | 存在的分歧 |
| --- | --- | --- | --- | --- | --- | --- | --- |
| | | 成员 1 | 成员 2 | 成员 3 | …… | | |
| 第一轮 | | | | | | | |
| 第二轮 | | | | | | | |
| …… | | | | | | | |
| 最终共识 | | | | | | | |

针对需要创新解决问题，还可以采取头脑风暴的方式进行，相关的研究成果有很多，可以学习借鉴使用。在具体的组织过程中，要形成安全的、自由的氛围，每个人都能尽可能地提出自己的观点，积极倾听他人的观点，认真做好记录，并按照解决问题的要求进行综合、精简和优化后形成最佳的方案，可以使用记录与评价表，也可以使用思维导图呈现。

（四）及时记录阶段成果。

及时记录每一位成员的活动情况，既能够把握学习活动的进程，保证项目化学习的进度，也有利于对团队的成员做出及时的评价，增强团队之间的合作意识，进而增强团队的凝聚力，提高合作学习的效果。在操作中，一般采取两种方式，即以节点记录单和日志的形式进行记录。

阶段性的里程碑记录，就是根据每个学习进程的关键节点，将其中发生的团队活动和重要的学习事项记录下来，可以使用表 3-14 的团队节点活动记录单，也可以根据实际需要自编习惯的记录表。

表 3-14　团队节点活动记录单

| 团队名称 | | 时间 | |
| --- | --- | --- | --- |
| 节点事件 | | | |

| 完成事项 | 问题 | 解决措施 | 成员表现 | 记录人 |
|---|---|---|---|---|
|  |  |  |  |  |
|  |  |  |  |  |
|  |  |  |  |  |

日志是所有团队或组织在开展活动过程中，记录活动的进程、关键事件的有效方式。在项目化学习过程中，也可以参照日志的形式对团队的学习活动情况进行记录，记录时重点要围绕具体的任务及要解决的问题，记下团队和重要成员的探究、解决问题的活动情况，既可以使用表 3-15 的团队学习日志记录单，也可以根据需要自行设计。

表 3-15　团队学习日志记录单

| 团队学习日志 | | | | |
|---|---|---|---|---|
| 团队成员： | | | | |
| 学习任务： | | | | |
| 时间 | 任务 | 需要解决的问题 | 学习活动情况 | 责任人 |
|  |  |  |  |  |
|  |  |  |  |  |
|  |  |  |  |  |

## 二、项目化学习的动机激发

之所以将这个问题作为主要的问题进行阐释，是基于当前教学的现象的认识，在教学过程中，对于知识本身和流程乃至操作方式等问题认识，也具备一定的操作技巧，但是对于学生主动学习以及激发学生学习积极性等问题尚未引起足够的重视。学生学习积极性的激发不仅仅是完成学习任务的保障，更是学生在成长过程中必须具备的素质。有研究者在对埃及金字塔的研究中发现，金字塔的建造者不可能是奴隶，而是平民，因为只有在自由和安全的情况下才能激发人的主动性和创造性[①]。有鉴于在以往教学中对这一问题的忽视，教师往往代替学生思考或难以提供自由和安全的学习氛围，影响到学生最终学习的质量。因此，在本书中对这一部分进行了重点阐释。

（一）兴趣的培养

人之所以喜欢做某件事、积极地做好某件事，有四个可以思考的视角，学习也是如此。以主动吃饭为例，一是自身的需求，因为饿了自然就会产生这种需求，对于学习来说，大量超负荷的训练，很难产生这种内在的需求。但就学习本身而言，学生如果遇到未知的、有矛盾和冲突的现象常常会产生好奇和探究的欲望，这就是学习的内在需求，因此在特色班级建设过程中，班主任可以通过创设情境或者设置问题等方式实现这个目的。二是新颖的形式引发了兴趣，比如饭菜花样多、色香味俱全等，因此对小学生来说可以采取新颖的学习形式，包括设计新颖的学习方式、评价方式等。三是人知道了吃饭的价值，主动吃饭。对小学生来说，这个有一定的难度，但可以通过价值教育、评价或者强化过程的收获感实现。四是与要求者的关系，比如我们本来不渴，如果是爸爸妈妈要求喝水，也会听话喝水，因此如果教师能够与学生建立良好的师生关系，其要求也会被学生接受。当然，并非需要上述四个条件同时具备，只要做到了一点，就可以改变学生的生存状态，实现真正的自主学习。

兴趣、爱好需求是学习动机的基础，是一种内发动机，要想提升这种动机，有三个要素，一是拥有引发自我决定满足需求的方法的自律性；二是拥有能够出色地完成课题所必需的能力的有能感；三是拥有同他人与社会建构关系的关系性。兴趣的发展往往经历四个阶段，见表3-16。

---

① 舍得教育.金字塔不是奴隶建造的[EB/OL]（2022-08-31）.https://m.sohu.com/a/552953005_121124348/.

表 3-16 学生的兴趣发展阶段及其主要表现

| 阶段 | 类型 | 主要表现 |
|------|------|----------|
| 一 | 激发的情境兴趣 | 外界的情境引发学生的短暂注意，在外界环境的影响或他人的支持下，转而注意到这次经历。 |
| 二 | 维持的情境兴趣 | 新的信息或重新关注、别人帮助等，发现了引起注意的内容，并且与自我的经历产生关联，意识到其中的价值、知识，产生积极的情感体验。 |
| 三 | 最初的个体兴趣 | 产生并非常关注一些新奇的问题，独立参与并积极寻求答案，获得积极的情绪体验，建构起相关的知识关联。 |
| 四 | 稳定的个体兴趣 | 有自己独立参与的内容，对一些新奇问题能轻松、愉快地调适、建构后寻求答案和积极的反馈，有清晰的目标意识和愿望，经历挫折或失败也能坚持，产生愉快、幸福的情绪体验。 |

杜威将学生活动的兴趣划分为身体活动的兴趣、发明的兴趣、理智的兴趣和社会的兴趣四个方面，进一步阐释了学生兴趣发展的阶段和培养的重点。钟启泉教授研究发现，从迄今显示的科学根据来看，起作用的不是在"产出"环节而是在"投入"环节，即不是在久远的将来而是在近期的将来就给予奖励更有效，儿童存在满足眼前利益优先的策略。因此，关注学生在学习过程的付出和新颖的发现，并给予及时的反馈兑现，往往有助于提高学生参与的兴趣和动机。英国著名脑科学专家 Howard-Jones 指出："不确定性奖励能够增强学习者的情绪反应，这种情绪体验的学习会使学习者产生更长时间的'强化注意窗口'与'可教育时刻'。因此，一些不确定的外部奖励，如含有运气成分的游戏型学习任务等有助于调动学生学习的积极性。这启示我们，学习借鉴游戏设定情境和任务有助于激发学生的学习动机。

（二）强化学习动机

项目化学习是一个解决问题的过程，不仅仅需要团队合作，也需要学生的自主学习。由于项目化学习本身的特点，其心理与往常的学习有所不同，真实性的问题情境有着较强的吸引力，容易引发学生的学习兴趣，在一步步解决问题的过程中，多元的评价和展示能够让学生体验到学习的价值，带来强烈的成就体验。

但同时，驱动问题的综合性和复杂性又使得在解决问题的过程中超出学生的现有水平，无论是在查阅文献还是其他的实践性活动等方面以往都缺少相应的训练，加之项目化学习的周期较长，团队合作过程中会遇到一些问题和矛盾，对学生的学习状态和毅力都是一种挑战。因而，学生会因困难和挑战所带来的压力引发无助、焦虑的情绪，造成一定的退缩或逃避行为。因此，关注学生在项目化学习中的动机和动机激发就显得尤为重要。

在项目化学习中，要想激发学生的学习动机，需要有较高质量的驱动问题、构建良好的合作氛围、提供有效的支持、优化成果展示和评价平台等，目的是帮助学生在良好的氛围中克服困难，获得有效的成就体验。在具体操作中有很多的实践经验可以学习利用。从另一个方面来说，要想从根源上激发学生的动机，就需要研究相关的动机激发理论，从老师的实际看，关于动机的认识和理论都相对较弱，如果展开论述又会偏离本书的定位，因此需要老师能够抽时间学习研究动机激发的理论和做法。关于动机的研究理论有很多，其中很多动机激发的做法也值得借鉴学习，关键是教师要根据学生的特点、学习任务和教师自身的水平选择合适的理论研究。表 3-17 列出了部分激励理论研究分类。

**表 3-17 激励理论研究分类**

| 分类 | 研究内容 | 相应理论 |
|---|---|---|
| 内容型 | 重点研究激励的内容 | 马斯洛的需求层次理论<br>赫茨伯格的双因素理论<br>阿尔德弗的 ERG 理论<br>麦克利兰的成就需要理论 |
| 过程型 | 重点研究动机的形成过程 | 美国心理学家维克托·弗鲁姆的期望理论<br>美国行为科学家亚当斯的公平理论 |
| 调整性 | 重点研究调整和转化人的行为 | 美国心理学家斯金纳的强化理论<br>挫折理论是由奥地利心理学家弗洛伊德创立的 |

其实，还有很多理论可以研究，诸如基于期望价值理论，约翰·M·凯勒提

出 ARCS 动机模型，即从注意（Attention）、相关（Relevance）、信心（Confidence）和满意（Satisfaction）四个方面激发学生的学习动机。[1]卡罗尔·埃姆斯提出 TARGET 模型，要注意任务设计、权利分配、肯定方式、小组安排、评估活动和时间分配六个影响学生成就目标的因素。而 TC 动机设计模型则强调在初始（态度、需要）、展开（情感、刺激）和结束（能力、强化）阶段分别采取不同的激发策略。当然，每一种理论和模型都有其特定的操作，需要一个阶段的研究和强化训练。

（三）关注认知负荷

任何学习活动都需要脑力的付出，付出的过程中就会有一定的认知负荷。对这一问题，很多教师缺乏必要的认识，特别是在项目化学习过程中，由于所解决问题的复杂性和挑战性，学生学习过程中的认知负荷会更大，认知负荷不仅仅直接影响到学习效率，更会影响到学生的学习心态和学习行为，最终会影响到项目化学习的效果。因此，在推动学生的实践性学习过程中，要对此引起高度的重视。

大脑一般存在着三种活动机制，一是忽略机制，当所提供的情境、问题过于容易时，难以引发大脑的参与兴趣，学习兴趣和效果都不理想；二是保护机制，当所开展的活动过于困难时，大脑会自动选择进入保护状态，以避免可能出现的伤害；三是颉颃机制，在遇到日常经验与科学知识的冲突时，日常经验就会干扰科学经验解决问题，如 25 人乘船，每艘船乘坐 6 人，需要租几艘船？科学的知识是 5 艘，但很多孩子会选择 4 艘，理由是有几位同学偏瘦，生活中经常这么租船等。这三种机制的存在使得在设计和实践过程中都需要充分考虑学生学习的可能性和效果。三种机制的出现与认知负荷有很大的关系，认知负荷学习是科学研究中比较关注的问题，超出教师的认知，是需要我们引起重视的，特别是小学阶段，学生正处在身心发育的关键阶段，如果我们对认知负荷把握不好，不仅影响到学生的学习效果，也会影响到他们未来的发展。

认知负荷理论是 1988 年澳大利亚心理学家斯威勒提出的，是指人类信息加工过程中能够加工的信息总量。认知负荷包括外部认知负荷、内部认知负荷和相关认知负荷。内部认知负荷是由所学材料本身的复杂程度和学习者已有的认知结构决定的，诸如三角形的面积公式 $S=1/2ah$，包括 4 个因素；长方形面积公式

---

[1]严珏. 关于高中生英语学习动机的研究 [D]. 上海：华东师范大学，2009.

S=ab 只有 3 个要素，理论上三角形面积公式比长方形面积公式认知负荷大；一般教材上将三角形面积公式的学习安排在五年级，如果让一年级学生学习内部认知负荷就大。外部认知负荷是由活动中信息传递渠道不畅通、设计不合理、学习活动方式复杂所引起的，外部认知负荷越大，学习的效率越低。一个简单的例子就是学习包括符号认知（文字表述）和表征认知（图片、视频等），如果用到的PPT 全部是文字，比图文结合的认知负荷要大；PPT 中详细说明的文字比提示性的文字认知负荷大。相关认知负荷是指学习者形成认知图式及知识结构过程中想要主动投入的认知资源数量，受到学习动机和学习兴趣影响。诸如我们阅读专业书籍中，有大量不熟悉的术语，认知有困难，这类认知负荷就属于相关认知负荷，通俗地说，就是学习某项知识技能外拓或关联的信息、知识量越大，认知负荷就越大。

与之有关的是脑科学家的研究成果，美国脑科学家哈特研究发现，大脑在个体受威胁、压力或焦虑状态下会自我保护，将从大脑皮层逐渐调整至更古老、更自动的边缘系统和爬行类的联合体（边缘体），简称为"换低档"，学生更倾向于靠得住的程序与思维方式，其思维活动与认知学习将会弱化。

通过上述分析知道，关注认知负荷对提高学生的学习效果很重要，因为一个项目化学习不可能不关注学生的学习效果，否则无论活动形式多么新颖，都难以持续下去。学习效果就相当于我们平时所说的健康与财富，如果没有健康这个 1，无论财富有多少个 0 都是没有价值的。当然，在目前情况下，反映学习效果的是学业成绩，尽管学业成绩不应该看得这么重，但依然是无法绕过的问题。

在设计与实施过程中，都要了解学生的认知负荷，可以借助认知负荷的专家研究成果，借鉴相关的量表。从实际操作的角度，还可以通过与学生交流，根据学生的感受做出判断，针对认知负荷过重的问题要及时进行调整和优化。针对内部认知负荷，可以降低目标、调整任务难度、采取现行组织者策略，提供先前相关联的知识或关联知识。针对外部认知负荷，减少不必要的任务要求、形式、减少非相关信息的呈现、增强对比度等方式。针对相关认知负荷，则应减少项目或活动的综合性要求，培养学生学会求助，强化归纳逻辑等结构化思维的训练以及自信心的培养等。

# 第三节　项目化学习中的支架

　　项目化学习的核心是促进学生思维、能力等的综合成长，特别是高阶思维、批判性思维和创新思维等能力的发展，在学习过程中会遇到不少的学习难点以及超越学生自主学习能力的综合学习方式，不仅影响到学生的学习质量，也会影响到学习的信心。项目化学习依然离不开教师的指导，与传统教学不同的是，学生不是单单通过教师的讲解、示范和督促获得知识，教师在学习过程中更多地扮演着引领者和指导者的角色。因此，面对学生在项目化学习过程中可能遇到的困难，教师可通过提供学习支架对学生进行指导，推动项目化学习。

## 一、学习支架的理解

　　学生在学习过程中，无论是在参与学习、获得知识还是解决问题本身，往往会获得成人提供的支持，就像盖楼过程提供的脚手架一样，是学生成长的重要支持，称之为学习支架。在此支持下，学生能够学习更多的新知识、解决更难的问题或实现难以独立达成的目标等。

### （一）学习支架的类型

　　不同的研究者在对学习支架的分类上各不相同，有研究者按照支架的表现形式将学习支架分为范例、问题、建议、向导、图表等。为了便于理解，我们对相关的学习支架分类标准进行了归纳，一是按照学习类型进行分类；二是按照支撑学习方式进行分类；三是按照学习过程的作用进行分类。表 3-18 所列的是按照学习类型进行分类。

表 3-18　按照学习类型分类的学习支架

| 学习类型 | 学习支架类型 | 作用 | 学习支架形式 |
|---|---|---|---|
| 核心知识 | 概念支架 | 指向学科核心知识的习得 | 提问、学习单、概念图、范例、核心知识评价量规等 |
| 认知策略 | 元认知支架 | 指学生对自己认知过程、结果的思考和监控 | 问题解决流程图、矩阵分析、维恩图、时间线等 |
| 学科能力 | 策略支架 | 引导学生统筹思考、分析问题、合理选择方法 | 思维导图、头脑风暴、问题导引单、建议、提示等 |
| 学习素养 | 程序支架 | 帮助学生在实践过程中针对解决具体问题 | 创新性思维技能、探究性对话、合作规则等 |
| 资源 | 资源支架 | 为帮助学生解决遇到的困难所提供的文献、人力和社会资源等 | 网址、视频、电影片段、辅助阅读材料、新技术工具等 |

（二）学习支架的进一步理解

1. 概念支架。是帮助学生识别关键概念，或形成明晰的概念组织结构。一般来说，为了帮助学生更好地理解学科核心知识，将难以简单理解的概念转化为学生易于理解的图表、框架、范例等，以帮助学生更好地理解概念，获得核心知识。以临沂第八实验小学的"楼顶农场"的小学科学项目化学习为例，其中涉及一个概念支架：楼顶农场的合理规划，用到的概念支架见图 3-5。

---

**概念支架：楼顶农场的合理规划**

楼顶农场与一般农场最大的区别是什么：
需要考虑的因素：植物类型、数量、价格、安全、水肥、过程管理……
· 需要如何设计农场：
· 可以种植的作物是什么：
· 怎样种才更合理：
……
最终的决定是什么：
选择这样种的理由是：

---

图 3-5　概念支架：楼顶农场的合理规划

2. 策略支架。在项目化学习中，学生在解决问题的过程中要统筹思考问题、选择合适的解决方法，这种能够导引学生进行思考、规划的工具就是策略支架。策略支架的形式很多，如建议、导图、解释及提示、图表等，比如学生在设计方案过程中，教师所提供的指导方法；在解决问题过程中，教师提供的相应方法等，都是引导学生自主完成学习的策略支架，以及前文提到的思维导图和头脑风暴的组织、记录单等也都是策略支架。

3. 程序支架。主要是为了学生在项目化学习过程中，围绕所要学习的任务开展各种学习活动的指南，可以有多种表现形式，比较常见的有学习建议、学习表格（如前文中的团队日志）、操作提示（如项目组会议）等多种形式，在常用支架设计中也有很多程序支架。

4. 元认知支架。元认知是认知的认知，也就是学生在认知过程中，对自我的认识行为进行监控和调节。元认知支架目的是为了让学生能够清晰地把握自己的思维和学习过程，能够有效地反思自己的思维和学习行为。该支架一般以问题为主，也可以是建议。以《生活中的"力"》这一项目化学习为例，其中的元认知支架见图3-6。

---

**元认知支架**

关于生活中的"力"，我们进行了哪些思考？
· 我们是如何思考解决这个问题的思路的？
· 在实验过程中，遇到了什么样的错误，对这些错误有什么样的反思？
· "我"选择的方法与团队中的其他人的方法是否一致？从中受到哪些启示？
· 在解决问题的过程中，还有哪些不足是需要思考的？

---

图3-6 《生活中的"力"》项目化学习中的元认知支架示意

5. 资源支架。项目化学习需要大量的资源，限于学校条件和学生生活实际，在学习过程中常常会遇到资源不足，项目化学习无法持续或困难重重的情况，因此在学习过程中，教师要根据学习的需要提供必要的资源。比如相应的文献资源包、导航、网站、学习平台、多媒体资源库（如音频、视频、图片）等文献资源，也可以介绍有关的专家、社会人员、特长人员等人力资源，还包括自然、人文、场馆等社会资源等。

### 二、学习支架来源

在项目化学习中，教师主要是通过学习支架的形式引导和促进学生的学习。在学习过程中的任何一个环节都需要支架，但无法按照一定的标准对支架做出分类，不过从实践探索阶段的学习需求看，有些支架还是需要教师了解和使用的。

#### （一）选用已有的学习支架

项目化学习能够提高学生解决问题的能力，这其中最为主要的能力和成长是思维的改变，而思维受到固有方式和习惯的影响，改变有着很大的难度。因此，在项目化学习过程中，教师应该结合项目化学习的阶段和特点，不仅要设计有思维含量的问题以及选择引发思考的方式，还应通过提供有效的支架，引导学生进行积极的思考。对此，有很多专业的研究成果可以直接根据需要进行移植使用。

如在学习过程中需要关注学生的思维发展，除了在具体活动中的训练外，也可以使用相应的学习支架。由于思维训练的专业性，加之对此有很多专门的研究成果，因此可以直接根据需要选择专门的思维训练工具，通过专门的课程或渗透在项目化学习活动中训练学生的思维方式。这些工具的使用既可以在学习前进行，也可以在某个阶段的学习中，学生思维发展的需要时进行。针对思维训练的方法有很多，现在的研究成果主要有三类。一是思维指引工具，其目的在于引导学生拓展感知，对外在的信息进行系统的整合、梳理、分析，逻辑化地呈现。主要工具包括 5W1H 分析法、SWOT 分析法、因素分析法、层次分析法、对比分析法、柯尔特思维课程等。二是思维激发工具，其目的不是对已有信息的分析，而是侧重于对新想法的激发，主要有亚列克斯·奥斯本的头脑风暴法、爱德华·德·波诺的水平思维系统。三是思维组织工具，其主要作用是建构思维的流程和秩序，形成结构化的思考方式和结果。主要包括麦肯锡问题分析与解决七步法、罗伯特·J·马扎诺的 ThinkingProcess 系列，爱德华·德·波诺柯尔特思维课程的 T–E–C 和 P–I–S–C–O 法、To–Lo–Po–So–Go 流程、六项思考帽等。

在这类来源中，教师需要做的工作主要有两点，一是要在平时的学习过程中注意搜集、整理，以储备丰富的学习支架资源；二是要能了解这些支架的作用，熟练地掌握使用方法，在需要时能够灵活运用。

（二）设计开发工具

学生在学习过程中，尽管有了特定的情境和驱动问题，但学习过程的组织和实施依然会存在一定的困难，特别是小学阶段更需要提供必要的学习工具，以帮助学生解决可能遇到的困难，获得更好的学习体验和学习效果。这类工具有很多，有些可以直接借鉴，有的就需要对这些学习支架进行改编、整合或者重新进行设计、制作。

1.学习导引单

结合学生的学习任务，根据学习的需要，系统规划每个学习阶段的任务、学习要求，既可以以单页的形式印发给学生使用，也可以以学习手册的形式呈现给学生，学生既可以作为学习的依据和进行记录学习过程，也是学生学习成果的重要展现。

具体内容以工作单的形式设计，工作单分为引导性工作单、结构性工作单和开放性工作单。如在《科学》中的种植养殖项目化学习中，教师在四年级实验学习中设计了蚕的养殖项目化学习活动，设计了"蚕宝宝成长记"学习手册，按照蚕的成长阶段设计了不同的工作单。

（1）引导性工作单采取不开放的填空、具体任务等形式呈现，适合低年级或学习能力差的学生，见表3–19。

表3–19 "蚕宝宝成长记"孵化阶段的引导性工作单

| 天数 | 日期 | 观察时间 | 温度 | 大小 | 形状 | 颜色 |
|------|------|----------|------|------|------|------|
|      |      |          |      |      |      |      |
|      |      |          |      |      |      |      |
|      |      |          |      |      |      |      |
|      |      |          |      |      |      |      |
|      |      |          |      |      |      |      |

（2）结构性工作单使用半开放结构，引导学生学习每一个具体任务、流程等，适合于中等水平或已经有了类似经验学习的低年级学生，见表3–20。

**表 3-20 "蚕宝宝成长记"喂食活动的结构性工作单**

- ·查阅资料，设计喂食记录表，把每次的喂食结果记录在喂食记录表中。
- ·观察蚕宝宝的变化情况，将观察到的现象记录下来。
- ·根据你的探究，能够发现蚕宝宝成长与食物的量之间有什么关系？
- ·在下一个阶段，如果你继续探究喂食与成长的关系，是否调整方案？如果调整，请将新的方案写下来。

（3）开放性工作单是全开放结构，只是给定某个大的任务或问题，难度较大，适合高水平或高年级学生，见表 3-21。

**表 3-21 "蚕宝宝成长记"结茧阶段的开放性工作单**

请你为蚕宝宝的结茧设计一个最佳方案。

上述三类学习单既可以在不同的阶段单独提供给学生学习，也可以根据项目化学习的需要设计成学习手册，供学生在学习过程中作为工具使用。

2.学习任务单。

根据在每个任务阶段学生可能遇到的困难，设计出具体的学习任务单，学生可以根据学习任务单落实学习任务，探索所要解决的问题。在不同的学习阶段和任务类型上，学习任务单还会有所不同。学习任务单不仅是学生学习的依据，也是评价获得证据的重要方式。在学生学习过程中，可以用到的学习单有以下几种，见表 3-22。

**表 3-22 任务单类型及作用**

| 类型 | 作用 |
| --- | --- |
| 驱动式学习任务单 | 创设与之相对应的问题串，将实验探究的难点分解成许多小问题，引导学生层层深入，做到驱动学习。 |
| 选择式学习任务单 | 多种方案使学生通过选择交流活动，相互分享实验的方法、成果，进一步评价探究过程中的不足，避免独立探究的片面性和局限性。 |

续表

| 整合式学习任务单 | 对教材进行再创造和整合，把核心素养学习目标整合在其中，使学生学习的内容更加全面、系统。 |
|---|---|
| 补全式学习任务单 | 针对课堂学习零碎、不全面的情况，补全式学习任务单是在一个问题的研究和解决不完整或片面时，引导学生在课外进一步的探索，形成知识的完整和多面性。 |

任务还可以分解成具体的活动，围绕活动可以设计相应的学习任务单。以沪科版八年级物理第六章《熟悉而陌生的力》的单元项目学习活动任务单为例[1]，见表 3-23。从实际运用的需要分析，任务学习单可以是具体的一次学习任务，也可以是以成册的方式呈现整个问题解决的任务清单。

### 表 3-23 "熟悉而陌生的力"活动任务单

第一步：阅读第六章《熟悉而陌生的力》共五节的教材内容。

第二步：找出你认为教材中需要修改的内容。

1. 我找到的要修改的内容在书中第_____页的_____地方；

2. 简述这部分内容在教材中出现的原因是：

_____

3. 我认为这部分内容需要修改的理由是：

_____

4. 我打算这样修改：

_____

第三步：把你的想法告诉团队同学，听听他们的意见和看法。

1. 同学们的意见是：

_____

2. 我的结论是：

_____

学习过程记录单，就是针对学习过程学生可能遇到的困难，或者为学生更好地学习所需要的支架进行设计，支持学生顺利地完成学习任务。下表是"学校生态水池"调查人们的看法设计采访记录单[2]，见表 3-24。

---

① 该案例由兰陵县矿坑镇初级中学蒋竹泉老师设计。
② 该案例由临沭县店头镇中心小学胡荣倩老师设计。

表 3-24　采访记录单

| 发现更多的校园水池问题，在采访中挖掘更多的信息 | |
|---|---|
| 我采访的角色是_____ | _____，您好！我是校园水池调研小组的_____。想采访一下您，您方便吗？ |
| 1. 表明来意<br>_____，您对我们对校园水池有什么看法？ | |
| 2. 更深入地挖掘<br>_____，您为什么会有这样的想法？看到过什么现象，或者有什么经历可以和我们分享的吗？ | |
| 3. 了解更多需求<br>_____，对于水池改造，您有什么建议或者意见吗？ | |
| 设计采访问题→小组采访获取信息→个人整理小组汇总→小组讨论达成共识 | |

以产品设计为核心的学习，则采取"设计与制作（原理、工艺、材料等）——产品测试（效果）——改进优化（改进方案、产品优化）"的学习流程，按照相应的设计阶段提供学习工具，这是设计阶段的学习任务单，见表 3-25。

表 3-25　设计阶段的学习任务单

| 任务名称 | | 设计团队 | |
|---|---|---|---|
| 成员分工 | | | |
| 可能困难 | | | |
| 我们的设计 | 设计草图 | 设计意图（文字） | |
| | | | |
| 设计后反思 | 如何进行分工的？采取何种学习方式？ | | |
| | 学习过程中遇到何种困难？如何解决的？ | | |
| | 后续优化什么？还需要何种帮助？ | | |

针对设计的结果进行验证，是判定设计是否达到预期目的、学习是否达到预期成果的一种方式，可以采取研究报告、工程报告等多种形式。这里以《纸桥模型的制作》工程报告书为例，见表3-26。

表3-26　工程报告书

| 关于纸桥模型的工程报告书 | |
|---|---|
| 团队：<br>成员： | |
| 纸张数量 | |
| 设计图 | |
| 制作过程 | |
| 测试结果分析 | |
| 修改与完善 | |

# 第四节　项目化学习的成果梳理、评价与复盘

　　项目化学习与以往学习一个重要的不同点是特别重视成果的展示，通过展示，可以更好地梳理和整合成果，回顾学习历程；通过评价，可以看出学习的效果和学习过程还需要优化的地方；通过反思、讨论与交流，改善和优化学习方式，促进学习成果的迁移。多样化的、大范围的认可能增强学生的学习自信，更好的实现自主发展。由于已有观念的影响以及人们价值追求的差异、对信息的选择性、认识的局限性等。受到已有观念和习惯的影响，很多教师对这些问题无论在认识上，还是在实践操作上都还有很多需要优化的地方，需要对这一问题深入学习和思考。当然，评价不仅仅是结束阶段，也要融合到学习过程，但为了书稿的整体性，将所有的评价实施部分都纳入到出项阶段，其中的很多操作可以在项目探索阶段借鉴使用。

　　无论是何种学习，都要关注学习结果，在不同的学习方式中，学习结果的表现各不相同。在项目化学习中，是以成果的方式呈现的。可以说，学习成果，也就是学生在学习过程中的努力和最后学习结果的表现。学生进行成果的梳理本身就是一种学习的过程，也是学生进行学习评价的重要素材。

## 一、项目化学习的成果整理方法

　　成果的整理是将学习过程以及结果按照一定的方式呈现出来，既包括对前期学习过程、材料的整理，也包括对研究结果的整理，这个过程同样是学生学习实践的过程，其中所包含的能力既是项目化学习的要求，也是学生必须获得的能力。在整理过程中要对项目化学习的成果有所了解，并能运用合适的方式。

　　（一）项目化学习成果的理解

　　项目化中的成果是学生经历学习实践后呈现的结果，主要成果在总体上分为三大类，一是产品，在实验及其延伸学习中，生产出来符合目标的物品，可以被延伸为可以满足人们需求的载体，诸如纸桥、自动浇水器、地图等；二是作品，

是学生通过创作活动而产生的属于文学、艺术或科学领域能以一定形式表现的独创性智力成果，如设计方案、调研报告、倡议书等；三是观点，是学生通过学习得到的对某些事件、事物等的带有个人评价的认识表达，如倡议书、社会问题的研究结论等。

在项目化学习中，成果与传统教学的学习结果有所不同，既包括个人的学习成果也包括团队的整体成果，所有的成果在学习之初就进行了设计，与学习目标有着高度的一致性，这种学习结果指向了驱动问题，能够呈现出学生成长和思维发展的真实性过程。项目化学习中的成果不单单是结果，还包括为什么做、做了什么以及如何做的整体阐释，也就是说这类成果包含了清晰的理由、过程以及产生结果的条件、原因等。

值得注意的是，项目化学习过程一定要有成果，并且通过成果才能验证学生的学习效果，但是评价的过程并非仅仅盯着成果的质量，过分追求成果的完美，而是关注学生在整个学习过程中的认知发展、思维训练以及有效的成长。因此，项目化学习的成果不仅仅包括最终成果，也包括过程中取得的阶段性成果以及获得成果的路径、方式等。

在展示最终成果之前，需要对成果进行梳理和修订，尽管上述三类分类标准较为清晰，但从展示来看，无论是何种成果都包括制作（含实验操作）类的成果和解释类的成果，其中制作类的成果包括食品、纸桥、画报、地图、发射器等，解释类的成果包括演讲、演示、海报、研究报告、说明书……

（二）项目化学习成果梳理的支架

要想将这些成果完成并梳理出来，除了学习过程中的支架外，如项目化学习单、实验手册等，还需要一些针对成果梳理与修订相关的学习支架，指导学生借助这些支架可以更好的对成果进行更科学有效的梳理。

1. 文献阅读支架。

文献学习能力是学生需要获得的重要能力，在整个项目化学习中都会进行文献学习，学生在文献的使用过程中一是为了获得相关信息的阅读，二是基于文献的写作。在文献学习过程中，会用到文献阅读支架。在不同阶段，文献学习的要求及作用各不相同。表 3-27 是文献阅读支架。

表 3-27　文献阅读支架

| 项目化学习 | 阅读 | 写作 |
|---|---|---|
| 入项探索 | ·寻找并阅读这一主题的阅读材料，建立各种文本主要内容、文本与驱动问题、与核心知识之间的关系；<br>·阅读文章或书籍，运用注释、画圈等阅读策略、笔记，提出有价值的问题。 | ·围绕提出的问题搜集多方面的信息，有选择地搜集证据，写出解决问题的思路或观点。 |
| 项目过程 | ·寻找并阅读这一主题的阅读材料，理解项目中各词语和问题的含义；<br>·分析不同来源信息之间的关系，整合和评价各种不同形式的信息，评估推理证据与观点之间的联结程度；<br>·阅读各类能够促进驱动问题理解的文本<br>·阅读图表、数据表等非连续性文本。 | ·撰写解释性文本，如陈述问题的起因；<br>·设计和撰写调查方案、调查问卷；<br>·撰写说理性文本，为研究计划提出合理的解释。 |
| 项目成果 | ·阅读他人的报告，分析观点与证据间的关联，提出疑问和可以改进的地方。 | ·撰写项目报告，在项目报告中运用各类证据，基于证据对他人和小组的报告做出评价。 |

2. 写作支架。

要想将自己的想法、实验的过程、结论以及研究过程结果等呈现出来，就要通过写作进行梳理。可以说，专业的写作是连教师都十分头疼的事情，也是教师稍微弱项的地方。而写作能力不仅影响成果质量以及学生学习的效果，而且也是学生未来生活中需要掌握的重要能力，因此要充分利用好各种支架引导学生进行有效的学习。

从写作的要求上看，一是表达（包括文字表达和视觉表达）观点和思想；二是解决问题说明，对问题解决的原因、过程以及结论等说清楚。具体的解释见表3-28。[1]

①张羽，王存宽.PISA2021创造性思维测试述评[J].比较教育研究，2020，42（1）：19-25.

表 3-28 文字、视觉表达与社会、科学问题解决说明

| 广泛领域 | 子领域 | 说明 |
|---|---|---|
| 创造性表达 | 文字表达 | 创造性写作需要逻辑一致性和想象力；学生需要以文字形式表达想象，尊重规则和惯例，让文字能被人理解，并能对其他人的文字进行改进。 |
| | 视觉表达 | 该领域的实用性随技术发展不断增强，学生需要使用数字绘图工具参与开放的视觉设计任务（如海报）；根据给定的场景形成思路，对给定的不同形式的视觉材料进行原创性改进。 |
| 问题解决 | 社会问题解决 | 在学生的日常生活中，使用创造性思维解决社会问题很常见；学生需要（单独或协作）在社会场景中提出方案、想法，并对给定的方案进行原创性改进。 |
| | 科学问题解决 | 科学中的创造性思维有多种表现方式，如理解概念（知识创造）、得出假设、设计实验、发明创造、设计工程活动计划等,还与科学探究能力密切相关；测试以开放式问题考查想法的创新性，学生需要基于给定情境提出想法，对给定的实验方案进行原创性改进、针对一个问题提出多个方案、在模拟实验室环境下发明创造等。 |

　　在呈现学习成果时，无论是撰写研究报告，还是撰写学习结论，都需要用证据来说话，也就是说有证据证明其观点和结论是正确的，这就需要用到证据的写作支架 PeeL 工具。PeeL 工具,即 point（观点）主要说明了什么;evidence（证据）说明或支持自己观点的理由，explain（解释）解释观点和证据之间的关系，将观点和证据与现实 link（连接）起来。借助该工具，学生能够将阅读、研究过程中自己的观点进行梳理，提高学生的逻辑思维和写作能力，见图 3-7。

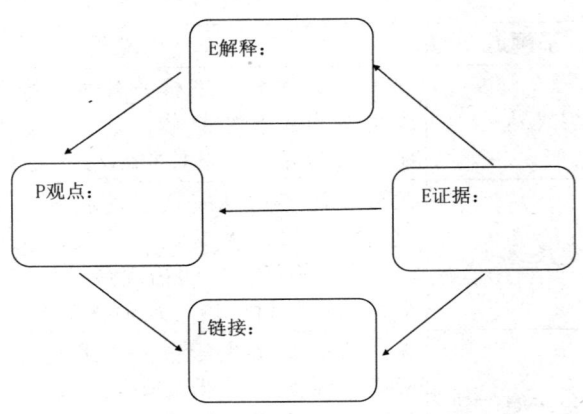

图 3-7 PEEL 工具

　　针对研究报告的写作还可以提供相应的写作支架，如研究报告可以按照不同的类型进行设计，包括调研报告、实验报告、体验报告等。实验报告与调研报告、课题研究报告等都有规定的格式，有文献可查阅。也可以编制开放式工作单来作为设计的模板，以支持学生更好地梳理和展示成果。这里以观察类的研究报告写作支架为例加以说明，教师可以根据学生学习的需要搜集和编制更多的写作支架以提供给学生学习使用，见表 3-29。

表 3-29 研究报告写作支架（观察类）

| 阶段 | 学习要求 |
|------|----------|
| 写作前 | 1. 按照一定的顺序仔细观察，从上到下、从远到近、从局部到整体等。<br>2. 连续观察。记录每次观察的日期、时间、主要观察点。<br>3. 运用图示辅助观察。除了用眼睛仔细观察外，还可以用拍照、画草图、符号记录、录音等方式记录下观察内容。 |
| 写作中 | 1. 给出观察目的，写下观察的原因。<br>2. 按照时间顺序呈现观察表或观察日记，可以采用图文结合或表格的形式。<br>3. 运用准确的词来描述所观察到的形状、大小、颜色、纹理、行为、运动轨迹等。 |
| 写作后 | 1. 修改文章，确保时间顺序、配图的准确性。<br>2. 修订病句、错字，保证文通句顺。 |

　　学生写作后还可以使用研究报告模板进行梳理，见表 3-30。

表 3-30　研究报告模板

| 班级 | | 姓名 | | |
|---|---|---|---|---|
| 项目名称 | | | | |
| 研究主题 | | | | |
| 研究报告内容： | | | 研究体验： | |
| | | | 家长留言： | |

（三）成果的检查与改进

对成果的思考、审视与优化，不仅能提供更好的成果，也是培养学生自我检查、反思与团队合作能力的重要过程，更是培养学生严谨的学习态度、科学精神的重要方式。考查的主要内容包括下列内容，见表 3-31。

表 3-31　考查项目化学习成果学习质量的指标

```
·是否反映了对概念的深层理解·······················（     ）
·是否指向目标中的高阶认知策略·····················（     ）
·是否回答了驱动问题·······························（     ）
·是否包含个体和团体两方面成果的设计···············（     ）

·是否让不同类型的学生有选择性的成果···············（     ）
·是否同时兼顾制作表现类和解释说明类的成果·········（     ）
·是否在成果中考虑了不同的实践类型·················（     ）
·是否尽可能包含了多样的人群来参加公开成果展·······（     ）

填写说明：1（低）——3（中等）——5（高）
```

研究成果的检查与改进主要有自我核查与团队合作核查两种方式。

1. 自我核查。自我核查是学生依据一定的核查标准，进行自我反思对照，出现问题后对相关部分进行修改。这些清单既可以选择现成的标准，如对实验操作的标准、设计方案的标准等，也可以是各种单独的知识技能标准，如提出问题的标准等。也可以根据需要在原有研究成果的基础上进行修改或自编，比如针对研究报告，网上有专门的报告核查清单，但过于专业。结合学生学习的可能，我们进行了修改，包括研究背景、研究问题、研究方法、结果分析、分析讨论、参考文献等，学生对照标准，打对号，如全部通过则说明研究报告符合标准，如不通过则需要进一步的修改完善。案例是研究背景部分的核查清单，见表 3-32。

**表 3-32　研究报告自我核查清单**

研究背景：

1. 为什么要研究这个问题？　　　　　　（　　　）
2. 是否选用必要的证据( 数据、实例或新闻……)清晰阐明了研究价值？（　　　）
3. 采取这样的描述能否引起别人的兴趣？　（　　　）

研究问题：

1. 这样的选题角度是否值得研究？　　　　（　　　）
2. 对问题的阐释是否清晰？　　　　　　　（　　　）
3. 问题的阐释别人是否理解？　　　　　　（　　　）
4. 是否进行了科学的问题分解？　　　　　（　　　）
5. 分解后的问题之间是否符合逻辑？　　　（　　　）

　　2. 团队核查。即团队进行一次集体讨论或学习活动，采取团队组织或自我邀请的方式进行。依据教师制定的标准要求或提供的工具进行，见表 3-33。

**表 3-33　成果评议改进记录表**

| 自我检查完成成果并尽力修改，然后和同伴分享。邀请他们评议并完善。 | | | |
|---|---|---|---|
| 成果名称： | | 参与人： | |
| 评议人员 | 主要优点 | 主要不足 | 可改进的建议 |
| 评议人 1： | | | |
| 评议人 2： | | | |
| 评议人 3： | | | |
| 整理的修改方案： | | | |
| | | | |

## 二、成果展示

项目化学习还有一个与其他学习方式不同的地方在于要公开其学习成果，公开的方式有很多，诸如展览、交流、报告、发表以及媒体宣传等，通过对成果的梳理以及公开，让学生能够进一步回顾整个项目化学习的过程，期间的讨论与交流、反思、体验等，用可视化的方式展示其成长。更为主要的是在对成果进行公开的过程中，既可以因为丰富的过程与收获有着较强的成就体验，也会因为存在的不足进行反思而获得改进和优化。

（一）展示内容

成果展示主要是学生在项目化学习中所形成的观点、制作的产品、获得的相应作品，以及在学习过程中能够佐证学习成果的过程性材料等。一般说来，成果展示的主要内容包括以下方面。

1. 学习计划或方案。项目化学习由于周期长、任务多，解决的问题相对比较复杂，且解决问题的过程多数是由小组（团队）完成的，在项目开始初期，对项目化学习任务设定的一些计划，可以让学生以主题研究的成果展示出来。学生在进行大量的访问、调查、查阅资料、观察、探究等实践活动之后，将获得的一手资料进行加工、整理、提炼之后，形成具有自我思考的结论或观点。

2. 积累的原始材料。选定项目确定主题后，教师一般会指导学生制定观察记录表、采访计划和调查问卷等。活动结束后，学生收集整理这些过程性、即时生成的、动态变化的、稍纵即逝的原始材料，将这些资料作为成果展示，能生动地再现研究的经过。如在"辣椒的旅行"这一实践活动中，学生的社会调查就涉及了学校食堂调查、酒楼调查，这些均可以作为成果进行呈现，而在活动结束后撰写研究报告（调查报告）是主题研究成果展示的重要形式。

3. 整理分析的结果。由于项目化学习成果展示需要在规定的时间内完成，这就对学生收集整理、归纳提炼资料的能力提出了一定要求。教师要指导学生去粗取精、去伪存真，对有用的资料进行分类、梳理、提炼，保留最有价值的信息，同时让学生学会整理分析运用。除了对结果进行整理分析，教师还可以指导学生用表格或者思维导图的形式来展现，理清研究对象在研究周期中的发展变化，这样的成果展示，不仅具有极强的说服力，而且也展示了小组成员实践过程的辛苦和严谨。

4. 隐形成果与情感体验。学生在项目化学习过程中必然会伴随着一定的情感体验，在克服困难的过程中也会有着不同的收获。因此，在展现"物化"的、"可视"的成果时，更要注重"显性"与"隐性"相结合，要引导学生抒发自己在整个研究过程中的情感体验。学生在汇报交流过程中一定会遇到很多困难，当遇到困难的时候，学生是如何解决的？在过程中发生了什么？收获了什么？这些都是学生在学习中的隐性成果，在一定程度上更能凸显项目化学习的教育价值。

5. 相应的作品或产品。通过项目化学习的开展，学生均能获得一定的知识，或技能，学习过程中获得的知识、结论和技能的展示必不可少。成果展示方式分为文字成果、图片成果、视频成果和作品成果四大类，可根据主题选择恰当的方式。如在"辣椒的旅行"实践活动中，选取的是以实物为主的展示方式，辅之以辣椒的制作方法折页图等；在"小学生结绳自救"项目活动中，则以结绳自救视频作为主要的成果展示方式。调查研究类的活动可采取汇报交流、调研报告、图文结合等形式呈现，侧重静态的交流；社会实践类活动可以故事分享、情景剧等形式呈现，侧重动态的展示。

6. 影响及社会效应。项目化学习过程中以及取得的成果会在某种程度上产生一定的影响，因此要结合学习的结果展示一定的社会影响，这种展示不仅仅能够强化学生的成就体验，增强学生学习的自信心和积极性。同时，也会得到社会的认可，在后续的学习中能够得到更多的支持，获得更多的资源，从而进一步提升项目化学习的效果。

（二）展示设计

公开成果不仅仅是一种展示，更是学习的过程。基于这样的考虑，有两种方式可以使用。一是评价与推介同时进行，以学生学习成果展示评价的方式进行，邀请相关利益人参与并作为评价主体。二是先进行成果的评价，然后以成果发布会、展览会、宣传板（教室外、校园）、媒体报道等方式进行。在这两种形式的组织过程中，都需要组织好学生的成果展览与推介。

项目化学习的成果包括个人成果和团队成果。

（1）个人成果。论文是项目化学习成果的呈现形式之一，也是学生将问题的

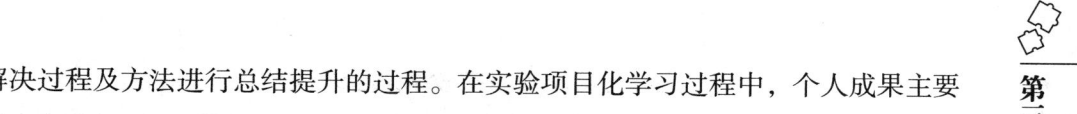

解决过程及方法进行总结提升的过程。在实验项目化学习过程中，个人成果主要是以实验报告的形式呈现。除此之外，还包括学生在项目化学习过程中的观察日记、项目日志、思维导图、学习档案袋等。

（2）团队成果。通过小组合作等方式，将学习成果通过科普海报、研究报告、现场答辩、诗歌、绘画、图表数据、调查报告、实物模型等形式呈现出来。

从实验教学的情况看，团队成果包括两大部分。一是科普海报，在绘制的过程中，学生对海报的构图、色彩和文字等多个因素进行了交流，并反复修改，达到最美的视觉效果和宣传效果，美育的价值都可在团体成果呈现中得到体现。二是实验报告，报告内容要新颖有价值、有条理性和逻辑性，演讲过程流利；演示生动、直观。另含附件资料包括开题报告、研究计划或研究方案、项目研究图纸、研究方法类材料等，如参考文献、考察记录；活动过程中的表格，如访谈提纲、访谈记录、调查问卷、建议书或者倡议书等；活动记录、活动日记；活动反思，主要是学生个人的感悟和体会、指导教师反思等。注重图文并茂，综合多样。

对于报告的撰写，学习小组可先讨论提纲，由指导教师和小组成员认同后开始动笔撰写研究成果报告。报告的内容可涵盖活动背景、组员分工情况、活动目标、活动准备、活动过程、活动成果、活动评价、感悟反思和展望等。高年级以上的学生则应按照规格以实验报告或研究报告格式撰写。通过研究报告，可以全面梳理活动过程，提供真实的可供借鉴的实践活动案例。

在成果展示过程中，要将成果的展示作为学生学习的一个重要环节，需要提供必要的支架或工具，引导学生完成相应的学习任务。在设计中，应将展示策划作为一项学习内容，围绕展示的目的、观众、分工、筹备的工作、结果记录等阶段提供必要的思考支架，诸如展览的目的、需要思考展示的主题是什么，要达到什么样的目的、展示的观众，需考虑打算邀请谁、采取何种形式邀请、怎样让他们接受邀请、邀请来让他们做什么、采取何种形式才能吸引他们等。

在学习过程中，要对具体展示的内容进行设计，设计时结合学习过程的子项目或任务，重点围绕成果形式、展示参与人、展示地点等进行，如在"小鬼当家"项目化学习中的成果展示，学生进行的成果展示设计，见表3-34。

**表 3-34 小鬼当家成果展示设计表**

| 项目 | 子项目 | 成果形式 | 参与人 | 场地 |
|---|---|---|---|---|
| 小鬼当家 | 校园设计 | 设计方案／3D模型 | 校长／家长／社区人员／同学代表 | 报告厅多媒体教室 |
| | 卫生工具改进 | 改进方案／工具样品／宣传板／应用体会 | 班主任／科学老师／劳动老师／同学／家长 | 教室 |
| | 节水、节电 | 调查报告 | 校长／后勤主任／其他感兴趣的师生 | 教室报告厅 |
| | 我会做美食 | 美食文化／美食图版／现场制作 | 校长／餐厅人员／家长／其他感兴趣的师生 | 学校餐厅 |
| | …… | | | |

**（三）展示汇报**

在系统学习后，结合对应的成果进行展示。在展示过程中，要进一步编制相应的提问预设表、介绍关键点表等。如果需要进一步推介，可以将整个展览的过程制作成视频、图版，以相应的方式进行推介，以进一步加强社会的认可度，增强学生学习的自信心。

汇报是成果展示时的重要组织形式，通过学习阶段的思考，对成果理解和梳理等，是对所要展示的学习成果进行介绍、阐释的组织方式，既是学习过程中共享观点和解决问题的学习形式，更是在成果展示阶段的重要环节。所要汇报的内容多数是学生独立思考、团队协同学习或合作探究过程中形成的个人或小组的学习成果。同时，汇报也是学生获得表达能力的重要方式，是学习的重要内容和成果。遗憾的是，长期以来，汇报仅仅被当成一个学习发言的步骤，缺少针对性的指导和要求，这需要引起教师的高度重视，否则会影响到项目化学习的效果。

在成果汇报过程中，低年级的学生往往通过提供支架的方式进行汇报，一般用到三种形式：①归纳汇报，就是提取核心成果进行汇报，并对成果提供必要的证据；②回顾式汇报，在汇报成果的过程中，梳理学习的过程及收获；③分段式汇报，就是按照学习的阶段，对每个阶段的学习成果及收获等汇报。小学高年级以及初高中学生的学习汇报会更加系统和复杂，除了简单的问题展示，还会用到PPT、演讲、报告等多种综合的讲解、汇报形式，学生在这些汇报中用到的能力在日常的学习中多数已经获得，如果学生所需要的能力不足，需要纳入到项目化学习中，借助学习支架等学习，以便更好地完成该项目学习的能力发展任务。

### 三、项目化学习的评价

任何学习都需要对学习结果进行评价，以判定学习方式的有效性和学生学习的达标程度，项目化学习中的评价主要是通过对学生学习过程的实践活动以及学习成果进行的评价，以此来判定学生核心知识的掌握程度。评价结果的运用不仅仅是对学生学习结果的认可，也是进一步提升学习效果的重要手段。从有效的组织看，对于评价结果的运用过程需要考虑运用后是否达到预期的目的和目标、学生能否得到了预期的告知、其结果能否改善学习、对评价结果的解释是否适当、能否引起相关利益人（学科教师、学生、学校、家长乃至社区、上级教育主管部门）的认可等。

在评价的设计中，已经阐释了根据评价目的项目化学习三种评价类型，即为了学习的评价（AfL）、作为学习的评价（AaL）和对于学习的考评（AoL）。项目化学习的评价不仅仅是针对成果的评价，还嵌入到学习的全过程，以AaL贯穿始终，以AfL作为关键节点，只在最终评价的时候纳入AoL，对项目成果和项目化学习的目标达成进行总结性的评价。夏雪梅教授总结的项目化学习中嵌入的评价类型及阶段[1]，见图3-8。

---

①夏雪梅. 指向核心素养的项目化学习评价 [J]. 中国教育学刊，2022（9）：50-57.

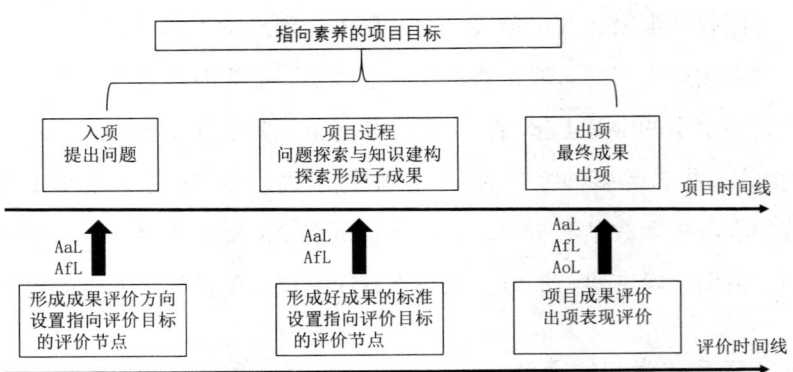

图 3-8　项目化学习中嵌入的评价类型及阶段

项目化学习的评价，需要关注以下几个问题：①最终成果是否回答了驱动问题；②在最终成果中是否产生了对概念的深度理解和掌握了相关的知识技能；③学习实践的质量如何；④在过程性的成果中是否证明了相应的学习实践的产生；⑤在类似的情境中是否产生了迁移。

根据前期的评价设计，对学生展示的结果进行评价，如针对评价技术方面的操作等。根据学习的需要，组织他们使用相应的评价技术进行评价，见表 3-35。

表 3-35　评价实验学习表现的技术

| 评价内容 | 评价指标举例 | 评价技术 |
|---|---|---|
| 关于实验程序的知识 | 描述相关程序；<br>区分仪器和用途；<br>批评有缺陷的实验。 | 纸笔测验<br>实验室区分测验 |
| 设计实验的技能 | 计划并设计要执行的实验。 | 关注结果的表现性评价（核查表） |
| 实施实验的技能 | 选择仪器；<br>安装仪器；<br>进行实验。 | 关注过程的表现性评价（等级量表） |
| 观察和记录技能 | 描述所使用的程序；<br>正确地进行测量；<br>组织并记录结果。 | 表现性评价（分项评分与报告） |

| 评价内容 | 评价指标举例 | 评价技术 |
|---|---|---|
| 解释结果的技能 | 发现有意义的关系；<br>确定数据中的缺陷；<br>得出有效的结论。 | 表现性评价<br>口头提问 |
| 工作习惯 | 有效操作仪器；<br>迅速完成工作；<br>清扫实验现场。 | 关注过程的表现性评价<br>（核查表） |

在项目化学习中，不仅仅是教师参与评价，与之相关的人员、同伴、学生都是评价的主体。评价的过程不仅仅是为了获得结果，更是在引导学生对学习过程进行反思，以此实现学习的迭代提升。相关的评价操作在教师日常活动中都已经经常用到，值得注意的有三点。

1. 评价技术使用的科学性。不同的评价方式所适应的评价形式不同，比如纸笔评价更多地评价学生的知识掌握程度等，表现性评价关注学生的综合素质发展等。在评价过程中，既要依据最初的评价设计进行评价，也要在评价过程中注意评价对学生学习行为、发展等产生的影响，要从伦理学的角度审视评价实施过程中是否会对学生造成歧义或伤害。在对结果的解释上要从科学和有利于学生的角度进行。

2. 评价证据收集的丰富性。在项目化学习中，评价是基于一定的证据，要根据最初设计的评价中所涉及的相关证据进行搜集，特别要围绕学生的学习过程以及成果来进行，包括学习过程中的记录、产生的产品、相关的音频、视频材料、撰写的报告等。在搜集的过程中，要采取多种方法，既有平时的记录，也有进一步的调查、访谈等多种方式。

3. 评价主体的多元性。在评价时要充分考虑评价主体的代表性，比如邀请家长、相关学科教师、专业人员及学生同伴参与等。从提高学生自我评价能力的发展要求出发，在评价时应该充分考虑学生在评价中的参与程度，引导学生学习相关的评价技巧，要进一步指导学生明确评价的目的、目标。同时，要审视学生是否参与了评价任务、标准的设计、评价过程以及针对评价结果进行交流等。

### 四、复盘

我们强调项目化学习的思维性以及迁移性，就是期望学生具备能够将所学习到的能力迁移到新的情境中，但是由于思维方式以及迁移能力的复杂性，期望学生通过一次实践就能具备这种能力，不是很现实，这就需要在类似的情境中重复学习。要想解决前期学习中遇到的问题，就需要能够总结前一次的成功和反思前一次学习中遇到的问题。由此进行常规的总结和反思也许能达到预期的目的，但实际上，对于项目化学习来说，最为有效的应该是复盘。

复盘最早是围棋中的术语，是指一次比赛后，把原来走过的棋的每一步还原过来，在全盘的视角下看每一步的合理性。后来被广泛地应用到企业中，作为一种提高行动学习能力的一种重要组织形式，为团队提供了反思一个项目、活动、事件或任务的机会，使团队从过去的成功和失败中得到经验教训，以改进未来的表现。它也是一个结合了技术和人为因素的快速报告工具，以便下次可以做得更好。

与总结和反思相比，复盘是以学习为导向，强调态度中立，就事论事，不批评不表扬，是一种计划性、全盘性的思考。总结是以结果为导向，重视目标有没有达成，任务有没有实现，常常会对结果进行奖惩。反思则是为了解决问题，是对某个问题、某个事情的及时总结和分析。因而，复盘是项目化学习与其他学习方式不同的一个环节。

在复盘时，教师需要引导学生对成果进行辨析，讨论好的成果的特点是什么，有所欠缺的成果该从哪些方面进行改善或修正，如果继续迭代本项目，该如何调整关系或补充支架等，这个过程的活动目的意在培育学生灵活的思辨能力和扎实的迁移能力。借鉴企业成熟的复盘流程，完整的复盘过程包括四个步骤，即目标回顾、结果陈述、过程分析、规律总结。对于每个步骤的具体要求见表3-36。

表 3-36 复盘的步骤及思考的问题

| 步骤 | 思考的问题 |
|------|-----------|
| 目标回顾 | 当初行动的意图或目的是什么？<br>事件／行动想要达到的目标是什么？<br>我们计划怎么做？<br>预先制定的计划是什么？<br>事先设想要发生的事情是什么？ |
| 结果陈述 | 实际上发生了什么事？<br>在什么情况下，是怎么发生的？<br>与目标相比，哪些地方做得好？哪些未达预期？ |
| 过程分析 | 实际状况与预期有无差异？<br>如果有，为什么会发生这些差异？是哪些因素造成了我们没有达到预期目标？<br>失败的根本原因是什么？<br>如果没有失败，成功的关键因素是什么？ |
| 规律总结 | 从过程中学到了什么新东西？<br>如果有人要进行同样的行动，我会给他什么建议？<br>接下来我们该做些什么？<br>哪些是我们可直接行动的？ |

在项目化学习中，复盘可以使用复盘分析框架，对学习的阶段及每个阶段的学习情况进行复盘，见表 3-37。

表 3-37 项目化学习复盘分析框架

| 项目设计 | 复盘问题 |
|---------|---------|
| 项目总体思路 | 对项目的总体设计有什么看法？ |
| 学生在项目中的投入度 | 该项目期间学生的参与度怎样？<br>项目设计或实施中的哪些关键方面有助于学生参与度的提高？ |
| 学生学习的总体效果 | 学生在多大程度上实现了目标？<br>项目设计或实施的哪些关键方面有助于提升学生学习的总体结果？ |

续表

| | |
|---|---|
| 项目的真实性和价值 | 项目是否专注于真实世界中的问题？<br>项目对其他人有用吗？它能满足真实需求吗？<br>学生是否向家人或课堂以外的听众介绍过该项目？<br>学生是否要考虑关于问题的多种观点？<br>是否邀请学校外的专家帮助学生完善工作？ |
| 项目的一致性和性价比 | 驱动问题和项目目标、项目成果之间是否一致？<br>整个项目中使用了哪些策略？<br>有哪些证据可以表明项目所花费的时间获得了比原有的教学更好的效果？ |

复盘的组织常常以会议的形式围绕复盘的问题进行坦诚的交流，以真实地进行剖析和总结，可以以会议记录的形式记录复盘的结果，也可以以表格的形式呈现复盘的结果，见表3-38。

表3-38 复盘记录表

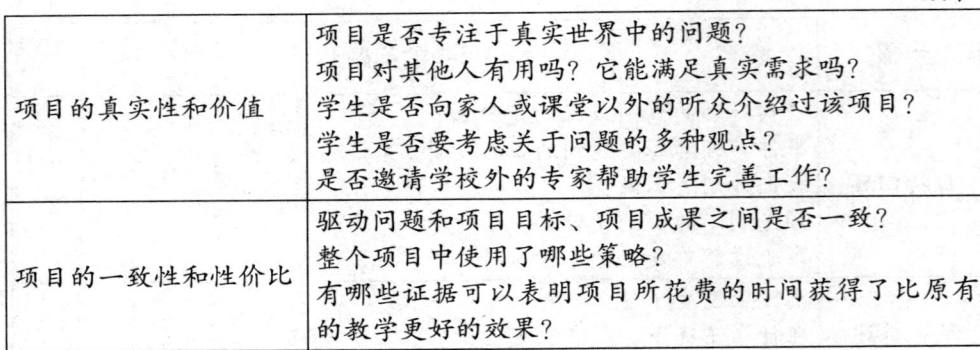

| 回顾目标 |
|---|
| 当初的目的是什么（期望的结果） |
| |
| 要达成的目的 |
| |
| 总结规律 |
| 经验 & 规律（不要轻易下结论） |
| |
| 行动计划 |
| 开始做了什么 |
| 停止做了什么 |

| 过程做了什么 |
|---|
| **评估结果** |
| 亮点（与原来目标比） |
| |
| 不足之处（与原来目标比） |
| |
| **分析原因** |
| 成功关键因素（主观／客观） |
| |
| 失败根本原因（主观／客观） |
| |

在复盘后，要对复盘的结果进行反思。学生在项目化学习过程中，通过积极的探究实践等活动，会出现两种结果，一是没有很好地解决问题，存在着需要改进的地方；二是成功地解决了问题。无论是何种结果，都需要有相应的反思，进而加深对核心概念的理解，走向新的成功。

对于不成功的反思，需要重点围绕以下三个方面进行，一是出现问题的反思，对在解决问题过程中出现的偏差、错误等进行判断分析，以促进对核心知识的理解和掌握；二是通过成果展示与预期目标的比较分析，知道在学习过程中存在的优势和不足，与目标的距离，反思自我是否真正理解了核心知识，还有哪些方面需要改进；三是质疑后的辩论，遇到质疑的地方，要通过讨论、辩论等方式，以弥补原来理解上的偏差，完善自己的观点和作品。

对于成功的反思，主要围绕事实、技能、概念和迁移四个维度进行，一是反思已经知道了什么，就是通过解决问题的过程反思已经掌握的基本知识，诸如力的种类、力的作用、生活中常见的力等；二是反思掌握了何种技能，能够做什么，就是反思在实现项目化学习过程中，解决问题用到了哪些操作技能，会使用何种工具，用了哪些策略或方法等；三是反思对核心概念的理解，对大概念的构成、关系以及应用大概念在指导解决问题等方面所寻找到的规律、模型及基本原理等，如实践活动"动物的器官与功能是相匹配的""应用化学变化是为了更美好的生活"等；四是反思所学到的知识能够迁移解决哪些新的问题，也就是学习后还能做什么等，通过这种反思，寻找到解决问题的基本规律和策略。

在进行项目化学习反思过程中，可以借助有效的学习支架组织。

1.PMIQ 表格。

组织学生在学习规划前填写，可作为设计的依据；在学习过程中组织学生填写，可作为把握学生学情和调整学习组织方式的重要依据，见表 3–39。

### 表 3–39　学习反思 PMIQ 表格

| Plus<br>已学懂的知识 | Minus<br>还未懂的知识 | Interest<br>想继续关注的知识 | Questions<br>还存在疑问的知识 |
|---|---|---|---|
| | | | |

2. 反思——整理支架。

通过有效的引导学生反思，引导学生养成反思和整理的习惯，有助于推动学习的迭代优化，这个过程中可以使用反思——整理支架。比如针对成果展示的评价，可以从两个维度进行，一是对作品的系统反思；二是对学习过程的系统反思，这里仅仅提供一个设计案例，见表 3–40。教师可以根据学生的学习发展情况、学习的进程和遇到的问题等，自行设计更多类型的反思——整理支架。

**表 3-40 "校园生态水池"项目展示阶段的反思——整理支架**

| 反思的维度 | 反思的角度 |
|---|---|
| 作品维度 | 生态水池的设计方案合理吗?<br>生态水池的制造成本在预期范围内吗?<br>生态水池的管理方便吗?<br>生态水池安全吗?<br>如果重新完善作品,可以进一步改进什么? |
| 过程维度 | 数学在这里发挥了何种作用?用到了哪些知识?<br>科学在这里发挥了何种作用?用到了哪些知识?<br>遇到了哪些数学问题?遇到了哪些科学问题?遇到了哪些美术问题?<br>你对生态的概念有了哪些不一样的理解?<br>还有哪些与以往学习不一样的收获? |

  复盘的结束意味着该项目化学习的结束,如果该项目是学生需要持续发展的能力或者需要持续拓展的项目,复盘则意味着下一轮学习的开始。实际上,项目化学习就是这样迭代延续下去,为学生的全面发展搭建更为广阔的平台,使得实验成为学生成长的重要载体。

# 附　录：

## "养蚕"项目化学习案例

　　我国是世界上最早养蚕和养蚕业发展最悠久的国家。数千年前，蚕丝制品随着古老的丝绸之路输送到国外，不仅见证了我国同世界各国的文化交流，对推动人类经济发展和社会进步，也发挥了不可替代的作用。养蚕不仅是学科教学的内容（小学科学四年级下册第15课），也是很多学校组织社团活动、综合实践以及校本课程等重要的学习内容。从实验的角度分析，养蚕过程中涉及生物、物理和化学等诸多的学科知识和实验知识，围绕养蚕进行的项目化学习，学生感受生命的变化，体会生命的价值和意义，还能深化学科知识的学习，优化知识结构。更为重要的是，有助于逐步完善学生蚕桑文化的知识架构，提升学生对蚕桑文化和蚕业发展的认同感和关注度，在潜移默化中增强文化自信。

　　基于此，我们选取了不同学段和学科关于养蚕的设计与实施案例。当然，作为一种从实验角度的尝试，其中还有不少需要改进和优化的地方。

# 小学《快乐养蚕》学习任务及具体活动

临沂杏园小学　韩金彦

| 流程 | 任务及具体活动 | 设计要素 |
|---|---|---|
| 项目引入 | 在项目开始前，教师用以下几句话来引出项目，开始挑战。<br>· 在接下来的 3 个月里，你将沉浸在一个名为"快乐养蚕"的任务中。<br>· 你自己或与合作伙伴一起来养蚕，你会经历蚕的一生即卵、幼虫、蛹、成虫 4 个阶段。到时会有其他班级的学生、老师、家长、社区人员和媒体来参观。<br>· 每周你都会得到来自老师、家长及养蚕专家的具体指导和知识来支持你实现这个目标。<br>· 在项目期间，你不会被当作学生或孩子，而会被当作饲养家、工程师或科学家，因此你需要用一件实验服或者白色礼服衬衫和一个写字板来装备自己。<br>· 关于养蚕的过程有几点明确要求。第一，给桑前的准备，剔除不良桑叶、叠叶、切叶；给桑的次数，小蚕期每昼夜给桑 2-3 次，大蚕期给桑 4-5 次；给桑的方法，要求均匀而迅速；第二，蜕皮过后，蚕变得不爱吃桑叶，身体也会变短一些，同时体色会变黄，呈现透明状，可能要吐丝结茧。<br>· 现在我们可以讨论接下来需要哪些特定技能、支持信息、学习过程、人力和物质资源，列出清单，以便制定接下来的工作计划。 | 有形产品<br>明确界定的观众<br>设计规划<br>明确的标准<br>角色扮演<br>混合调度<br>合作学习<br>专家咨询<br>核心素养 |

| 第一周:了解养蚕的知识 | ·主要目的: 了解养蚕的知识及相关方法, 知道蚕从生到死的生命历程, 为之后的养蚕活动做好铺垫。<br>·具体内容: ①大部分学生每个人都拥有1到5只一龄蚕, 将它当作"婴儿"放在"摇篮"中照顾, 给它们取名字。小部分同学以小组的形式轮流养蚕。在上课期间把它们放在家里的安全空间, 每天早上上学前科学的喂蚕, 下午放学的时候观察蚕宝宝的生长情况, 并记录下"养育一个蚕宝宝"的经历, 从中体会养育是一项非常艰巨的工作。②通过查阅资料或询问父母及老师, 了解养蚕的知识及相关方法, 同时展开关于蚕、蚕蛹的营养价值、蚕砂的作用、蚕丝的用途、缫丝的过程等方面的学习。<br>·活动特色: 所有可以学习的机会都被加以利用。例如, 当蚕不爱动的时候, 学生如何判断是生病还是将要吐丝结茧。还有在养蚕的过程中, 如果蚕宝宝不慎死去, 我们要从卫生、温度、湿度、桑叶的用量等方面分析原因, 并填写一份意外死亡表格, 记录关于卫生、温度、湿度、桑叶的用量以及关于如何避免此事故的反思。如果发生了不爱惜蚕宝宝的或随意伤害蚕宝宝的恶意行为或疏忽, 教师要让学生对自己的行为进行反思并写检讨。 | 角色扮演<br>整合科目<br>个性化体验<br>材料盒 |
| --- | --- | --- |
| 第二周:寻找桑叶之旅 | ·主要目的: 让学生通过阅读书籍或查阅资料了解蚕宝宝的食物有哪些, 知道桑叶、莴苣叶、榆叶都是蚕宝宝的食物, 其中桑叶是蚕宝宝最喜欢也是最有利的; 让学生运用调查的方法, 了解自己及周边小区哪里有桑树。<br>·具体内容: ①学生查阅资料, 了解有关桑叶的知识, 并通过画一画桑叶的样子, 标一标它的结构, 知道桑叶的叶柄、叶肉、叶脉、叶缘等结构, 可以引入植物的光合作用等基本概念的教学; ②学生分享自己的生活经验即在哪里可以找到桑叶以及如何区分桑叶和其他叶的不同; ③学生通过头脑风暴进行如何找桑叶的问题讨论, 向社区中的管理员和养蚕专家进行咨询, 解决尚且不明确的问题, 在进一步交流和讨论中正确认识桑叶; ④教师和养蚕专家对学生的想法以及疑问提出相应建议, 学生进行调整, 完善自己的认知, 包括如何保存桑叶、选什么样的桑叶蚕宝宝最爱吃、什么是桑葚等问题。 | 合作学习<br>个性化体验<br>专家咨询<br>核心素养 |

**核心素养视角下的实验项目化学习**

| | | |
|---|---|---|
| 第三到第七周：体验养蚕过程 | ·主要目的：让学生亲自体验养蚕的过程，用图片、视频或文字的方式记录蚕宝宝的生长发育过程。<br>·具体内容：①教师鼓励学生给蚕宝宝准备一个干净的"家"和"专属病房"（如干净的纸箱、无味的塑料盒或塑料碗等）。②学生进行深入具体的讨论，向老师咨询尚不明确的问题，如如何处理蚕砂？家里的温度有点低，如何保温？蚕宝宝蜕皮的时候，需要清理吗？③留心观察，用心记录。如幼虫经历4次蜕皮后，身体逐渐变得透明，开始吐丝、结茧。结茧后4天左右，幼虫变成蚕蛹。再经过2周左右，蚕蛹变成蚕蛾，破茧而出。成熟后，雌、雄蚕蛾交配，雌蚕产卵。 | 合作学习<br>个性化体验<br>咨询专家或老师 |
| 第八周：作品展示 | ·主要目的：让学生展示和介绍项目相关作品，蚕宝宝是否变成蚕蛾及产卵。<br>·具体内容：①将科学实验室改造为陈列室——"蚕宝宝展示厅"，展示学生的作品及其他相关的项目作品，如蚕宝宝各个阶段的照片、学生养蚕的观察日记、学生画的桑叶的照片等；②其他班级的教师和学生预定参观这个实验室，在穿着实验服的小小饲养家们的介绍下了解蚕的一生；③在活动的最后，小小饲养家给参观者们准备了许多干净的塑料盒及新鲜的桑叶，把蚕卵分享给喜欢养蚕的人。<br>·活动特色：采取多种措施保证活动的有序性。如参观的学生要保持好个人卫生，不随便摸蚕；要保持安静、活动有序；认真倾听小小饲养家的讲解，做好记录；想领养蚕的同学要等活动结束之后在领养处领取。 | 明确界定的观众<br>角色扮演<br>合作学习<br>个性化体验<br>塑料盒 |

# "'温馨'蚕室设计"项目化学习设计

临沂沂河实验学校　岳洪艳

| | |
|---|---|
| 项目名称："温馨"蚕室设计 | |
| 学科：物理 | |
| 项目简述：　　我国养蚕业源远流长，蚕有着重要的经济价值。让学生亲自动手参与养蚕不仅能让学生学会尊重生命、理解生命、热爱生命，还能培养学生的耐心、动手能力、综合运用所学知识解决问题的能力，打造温馨蚕室是其中重要一环。　　蚕是变温动物，对生活环境要求非常严格，特别是环境的温度和湿度直接影响蚕的生长发育。因此，蚕室的设计，特别是蚕室的温度、湿度的调控非常重要。　　本项目融合初中物理中的力学、电学、磁学、热学知识，以蚕室的建造、蚕室温、湿度的自动调节为主要研究课题，提炼驱动型问题，通过学生动手实践，形成项目学习成果。 | |
| 核心知识 | 1. 相关学科所涉及的主要知识点：·知道什么是温度、湿度。·知道常用温度计的工作原理，并能自制温度计。·知道什么是蒸发，知道影响水蒸发快慢的因素。·了解电磁继电器的构造及其工作原理。·知道电热器的工作原理。 |
| 驱动问题 | 1. 本质问题：环境对生命的影响是怎样的？如何创造最利于生命生长的环境？2. 驱动问题：如何为不同生长时期的蚕宝宝建造温暖舒适的生活环境，让蚕宝宝健康成长？ |

| 成果与评价 | 个人成果：<br>· 不同时期蚕宝宝对环境温度和湿度需求的调查报告；<br>· 蚕养殖地近几年养蚕月的最高、最低气温和平均气温，以及湿度、风力、光照等情况的调查报告；<br>· 感温装置设计图；<br>· 湿度传感器的使用说明；<br>· 电热器设计图。 | 评价的知识和能力：<br>· 温度的概念；<br>· 温度计的工作原理及其使用；<br>· 蒸发的概念；<br>· 影响水分蒸发快慢的因素；<br>· 焦耳定律；<br>· 电磁继电器的工作原理；<br>· 搜集证据的能力；<br>· 分析证据的能力。 |
|---|---|---|
| | 团队成果：<br>· 团队合作，分析当地气温、风力、光照、湿度情况，选择合适的材料搭建养蚕棚；<br>· 汇总并分析各调查报告，制定蚕室温度、湿度自动调控设计方案；<br>· 绘制蚕室温度、湿度自动调控装置设计图；<br>· 分析不同材料性能，选择合适材料，并依据方案选择合适工具；<br>· 小组合作，制作蚕室温度、湿度自动控制器，调试、改进，最终完成温度、湿度自动控制器的制作。 | 评价的知识和能力：<br>· 分析数据和处理数据的能力；<br>· 使用工具进行长度测量，会用简单工具进行支架搭建、外层包装；<br>· 建构温度概念；<br>· 温度计的工作原理及其使用；<br>· 焦耳定律；<br>· 电磁继电器的工作原理；<br>· 电与磁之间的关系。 |
| | 公开方式：<br>学生以小组为单位，将调查报告、分析报告、设计方案、设计图纸，以及蚕室和温度、湿度控制器的设计安装等做成PPT和视频，向老师和同学们展示实践的全过程。最后，演示"温馨"蚕室的工作过程，并进行效果展示。 | |
| 高阶认知 | 主要的高阶认知策略：<br>问题解决（    ）决策（    ）创见（√）<br>系统分析（    ）实验（    ）调研（√） | |
| 实践与评价 | 涉及的学习实践：<br>· 探索性实践（√）<br>调查不同生长阶段的蚕宝宝对生活环境的要求，结合当地养蚕月的环境调查报告进行综合分析，讨论并制定蚕室选材、搭建及温度、湿度自动调节方案。 | |

| | |
|---|---|
| 实践与评价 | · 社会性实践（√）<br>小组进行分工合作，调研现状、收集证据、分析论证，探讨并广泛征求意见，搭建蚕室，并制定蚕室温度、湿度调节方案。<br>· 审美性实践（√）<br>合理布局蚕室，设计蚕室色彩搭配，让蚕室温馨、简洁、实用，并具有美感。<br>· 调控性实践（√）<br>明确实验目标，制定实践计划，经过不断交流、反思，优化实施方案。<br>· 技术性实践（√）<br>依据需要，选择粗细、长短、硬度合适的材料搭建支架，依据光照、风力等因素，设计蚕室外层材料透明度、厚薄度、隔热性能等，设计通风口位置及大小，进行合理布局设计，并借助工具进行制作。<br>选择合适的测温材料，并制造成温度自动控制器。<br>通过数据分析，选取阻值、形状、规格合适的发热丝。<br>用多媒体制作汇报用的 PPT 和视频。 |
| | 项目过程：<br>1. 入项活动<br>· 观看视频。<br>传统蚕室建造以及养蚕的过程：当气温降低时，蚕宝宝几乎不动，不能正常生长，为了让蚕宝宝健康成长，有时需要在蚕室中烧柴火、撒石灰、洒水。<br>· 引导学生思考。<br>在蚕室烧柴火的目的是什么？烧柴火会带来哪些危害？<br>在蚕室洒水的目的是什么？<br>蚕宝宝对生活环境的要求是怎样的？当地的气候条件是怎样的？<br>· 引入驱动问题。<br>如何为蚕宝宝建造一个"温馨"的生活环境？<br>· 头脑风暴。<br>蚕室"温馨"的标准是什么？如何依据蚕对生活环境的要求，结合当地的气候特点，制造"温馨"蚕室？<br>· 分组并制定各组的项目目标<br>①准备阶段分组。<br>  一组：查阅资料、走访蚕农，调研不同生长时期蚕宝宝对环境的要求；<br>  二组：查阅资料，了解当地养蚕月的光照、温度、湿度、降水量、风力等气候特点； |

| | 三组：查阅资料，了解传统蚕室结构及建造的特点。<br>②实施阶段分组。<br>一组：设计并搭建蚕室；<br>二组：设计蚕室温度调控装置；<br>三组：设计蚕室湿度调控装置；<br>四组：设计蚕室加热装置。<br>·制定项目活动时间计划表。 |

| 时间 | 内容 |
|---|---|
| 第一周 | 确定项目主题和探究内容，进行入项活动。 |
| 第二周 | 查阅资料、走访调查，形成调研报告。 |
| 第三周 | 设计蚕室搭建方案，温度、湿度调节方案，并绘制相应设计图。 |
| 第四、五周 | 选择合适材料，搭建蚕室，制作温度、湿度自动调节器。 |
| 第六周 | 各小组提交成品，开展成果发布会。 |

**实践与评价**

2. 知识与能力建构
·查阅资料、走访调研，收集证据，做好前期准备阶段：
①会用表格形式整理数据，如下表。绘制不同时期的蚕宝宝对环境的需求表，可以借助曲线图、柱状图等其他方式处理数据。

| 生长阶段 | 时长 | 温度 | 湿度 | 光照 | 通风 |
|---|---|---|---|---|---|
| 卵 | 10～11日 | 21℃～29℃ | 70%～80% | 先适度光照后黑暗 | 通风 |
| 一龄蚕 | 4～5日 | 27℃～28℃ | 80%～85% | 黑暗 | 密封 |
| 二龄蚕 | 3～4日 | 26℃～27℃ | 85%～90% | 昏暗 | 密封 |
| 三龄蚕 | 4日 | 25℃～26℃ | 75%～80% | 昏暗 | 密封 |
| 四龄蚕 | 6日 | 24℃～25℃ | 70%～75% | 昏暗 | 通风 |
| 五龄蚕 | 7～9日 | 23℃～24℃ | 65%～70% | 较暗 | 通风 |

续表

| | |
|---|---|
| 实践与评价 | ②了解蚕宝宝对光线的要求，依据光的直线传播、反射、折射规律满足蚕室光照需求。<br>③当地养蚕月的历史最高气温、最低气温、平均气温、降水量、光照情况、风力等是怎样的?<br>④明确什么是温度、湿度；常用的温度和湿度的测量工具有哪些，它们的工作原理分别是什么？如何检测温度和湿度，并自动控制温度湿度器的工作情况?<br>· 蚕室搭建阶段：<br>①设计蚕室建造所用的支架，会用工具测量尺寸、裁剪；建构杠杆概念，明确杠杆平衡条件，搭建蚕室支架。<br>②依据不同材料的特性选取合适的外罩材质，并绘制出蚕室结构设计图。<br>· 设计蚕室温度、湿度自动调节器阶段：<br>①依据温度计、湿度传感器、电磁继电器的工作原理，设计温度、湿度自动调控装置。<br>②明确焦耳定律内容，依据要求选取阻值、长度、材质合适的电阻丝，设计电热器的工作原理图。<br>③明确影响水蒸发快慢的因素，依据不同生长阶段蚕对湿度的要求，设计湿度调节装置，并绘制设计图。<br>3. 探索与形成成果<br>· 学生分小组进行网络搜索、查阅资料、走访蚕农，调研蚕在不同生长阶段所需的时长，以及对温度、光照、湿度、通风等条件的需求，形成调查报告。分析数据，设计蚕室的结构，依据透光性、保温性能等选择蚕室的外罩材料，并设计通风口位置、大小、方式等，从而绘制出蚕室的结构设计图。<br>· 查阅资料、选取合适的测温材料，设计温度自动控制器，当温度降到特定温度时会自动开启加热装置，温度达标时能够自动切断加热装置，温度过高时能自动开启通风装置降温。绘制出相应设计图，并制作模型。<br>· 依据蚕室对温度均衡等的要求设计发热丝的长度、分布方式、电阻、功率等，绘制出发热器设计图，并制作相应模型。<br>· 梳理设计、制作过程，录制视频、做成 PPT，便于汇报。<br>4. 评价与修订<br>·模拟蚕室正常工作过程，进行小组内、小组间交流、研讨、修订。<br>·邀请蚕农和老师进入项目组进行指导，根据意见和建议进行修订。 |

续表

| 实践与评价 | 5. 公开成果<br>· 召开成果发布会。<br>· 展示成果，介绍设计过程、制作过程和最终成效，向老师、同学、家长们进行产品演示。<br>· 记录他人意见和建议，以备后期改进。<br>6. 反思与迁移<br>· 撰写反思笔记。 |
| --- | --- |
| 所需资源 | · 设备：电脑、投影仪。<br>· 材料：木头、泡沫塑料、纱网、铁丝、导线、发热电阻丝、开关、电源、湿度传感器、水银、导线、磁铁、弹簧。<br>· 工具：扳手、钳子、透明胶、绘图工具。 |

# 桑蚕一体的初中生物实验项目化学习案例设计

临沂第四十中学　高敏敏

**项目情境：**

视频或现场参观临沭县郑山街道宅子村，该村拥有500亩桑园、350间养蚕大棚，郑山街道制定了蚕桑业发展的规划和奖励措施，实现村里40余家养蚕户年创收百万元。

**项目价值：**

蚕和桑都是药食同源的，在这一方面，桑树和蚕都得到了很好的利用。蚕蛹可食用，蚕丝是传统的缫丝制绸的原料，桑叶可以生产桑茶，桑葚已成为一种水果，还可以作为饮料加工原料，也可以酿酒等。可以说，蚕和桑两者自身及深加工产业都已成型。结合图片进行观看获知。从历史的角度，养蚕是我国特有的文化符号，我国是世界上最早养蚕和养蚕业发展最悠久的国家。数千年前，蚕丝制品随着古老的丝绸之路输送到国外，不仅见证了我国同世界各国的文化交流，对推动人类经济发展和社会进步，也发挥了不可替代的作用。

**项目学习目标：**

通过该项目，学生可以获得生物学基础知识、基本技能；跨学科融合，通过历史课上"丝绸之路"的学习，培养传承民族文化的历史责任感；融合语文课本中的诗句"春蚕到死丝方尽，蜡炬成灰泪始干"，分析对错，养成实事求是的科学态度；通过不同的实验探究活动，体验科学探究过程，初步具有发现、分析与解决问题的能力及同伴之间合作交流的能力。

**项目课前规划：**

桑蚕一体的初中生物实验项目化学习内容涵盖了桑树的生长、发育和繁殖以及蚕的发育过程。依据初中生的学业水平和认知结构，做以下计划。桑树种子的萌发探究活动安排在人教版七年级上册"种子的萌发"教学中；探究桑树幼苗的根对无机盐的吸收，安排在人教版七年级上册"植株的生长"教学中；桑树扦插苗繁育安排在人教版八年级下册"植物的生殖"教学中；桑树的光合作用和呼吸作用安排在七年级上册"光合作用和呼吸作用"教学中；家蚕的生殖和发育安排在人教版八年级下册"昆虫的生殖和发育"教学中等。

附表格：

| 项目内容 | 课程安排 | 结合教材 | 课时安排 |
|---|---|---|---|
| 桑树的生长、发育和繁殖 | 第一节桑树种子的萌发 | 人教版七年级上册种子的萌发 | 1课时 |
| | 第二节探究桑树幼苗的根对无机盐的吸收 | 人教版七年级上册植株的生长 | 1课时 |
| | 第三节桑树扦插苗繁育 | 人教版八年级下册植物的生殖 | 1课时 |
| 桑树的光合作用和呼吸作用 | 第一节利用桑叶探究植物的光合作用 | 人教版七年级上册绿色植物通过光合作用制造有机物的实验 人教版七年级上册光合作用吸收二氧化碳释放氧气 | 2课时 |
| | 第二节利用桑树幼苗探究植物的呼吸作用 | 人教版七年级上册绿色植物的呼吸作用 | 1课时 |
| 家蚕的生殖和发育 | 第一节家蚕的生殖和发育 | 人教版八年级下册昆虫的生殖和发育 | 1课时（课堂呈现1课时，蚕的发育和观察安排在课下兴趣小组进行） |

项目实施过程（以项目一和项目六为例）：

### 项目一：桑树种子的萌发

【项目情境】桑树全身都是宝。桑叶可以生产桑茶，桑葚已成为一种水果，还可以作为饮料加工原料，也可以酿酒等。那么桑树种子是如何萌发长大的呢？学生会有很大的探究欲望。人教版初中生物七年级上册教材中，已经通过实验向学生展示了种子在湿纸巾上的萌发情况，学生可借鉴教材，发挥聪明才智，创新实验用具和材料进行科学探究。

【教师引导】

同学们，你们能否尝试设计一组对照实验来探究桑树种子萌发的环境条件？通过观察描述桑树种子萌发的过程。

【任务】写出探究桑树种子萌发的实验方案。

【驱动问题】尝试设计对照实验，探究桑树种子萌发的环境条件。

【学生活动】学生以小组为单位，参照课本，讨论探究桑树种子萌发的实验方案，并写出来。

【展示交流】小组派代表讲述本组实验设计的方案及可以适当进行操作演示。其他小组进行点评并指出问题，最后老师总结并对学生解决不了的问题进行指导，完善实验方案。参照课本图，可进行创新。

【学生方案】

| 瓶号 | 水 | 温度 | 观察结果 |
|---|---|---|---|
| 1 | 不放水 | 室温 | |
| 2 | 一点水 | 室温 | |
| 3 | 过量水，使种子浸没在水中 | 室温 | |
| 4 | 一点水 | 冰箱 | |

【步骤提示】

1. 将四个培养皿放在实验台上，内放两层纱布，标号1、2、3、4号。

2. 依据表格进行条件设计。

3. 将 10 颗桑树种子，用镊子放在四个培养皿的纱布上。

4. 设计好表格，观察不同条件下桑树种子的萌发情况，并及时记录在表格中，必要时可借用放大镜进行观察。

【实验说明】

桑树种子的取材方法：将采摘或购买的桑葚用孔径很小的纱布包裹起来，然后反复揉搓，使果肉与种子分离，在清水中多次漂洗，飘去果肉和浮籽，剩下黄褐色或淡黄色，细小而扁卵形的饱满颗粒，就是桑树的种子。桑树种子可能会黏附在纱布上，可选用镊子取下做实验。

【成果展示】

1. 实验数据分析；

2. 实验研究报告；

3. 实验过程材料、影像等。

### 项目六：家蚕的生殖和发育

【项目情境】展示图片，我国的养蚕业历史。其实，早在三千年以前，我国就开始饲养家蚕，生产蚕丝，并用蚕丝织成美丽的绸缎。可以说中国是世界上养蚕最早和养蚕业发展最悠久的国家。负责吐丝的小小家蚕，它的一生会经历哪些过程呢？各个阶段都有哪些特点呢？同学们，你们是否可以结合教材和课外资料给老师和其他同学讲述一番呢？

【任务 1】观察家蚕不同阶段的形态特征等。

【学生活动】老师提前饲养好家蚕，准备好不同阶段下的蚕放在培养皿中，发给不同小组，学生认真观察蚕宝宝形态特征。告诉同学以小组的形式轮流养蚕。在上课期间把它们放在学校兴趣小组教室内，每天科学的喂蚕，下午放学的时候观察蚕宝宝的生长情况，并记录下"养育一个蚕宝宝"的经历，从中体会养育是一项非常艰巨的工作。

【任务 2】家蚕的生殖和发育过程

【驱动问题】蚕宝宝得长到多大才能吐丝呢？教师提供不同时期的家蚕图片以及自己提前收集的亲自饲养的不同时期的家蚕照片，并播放视频《家蚕的一生》。

【学生活动】根据视频中呈现的家蚕的生殖和发育过程，小组内进行讨论。不同阶段的家蚕在形态结构及生活习性上都有差异性，而这种发育就是什么发育呢？导出变态发育的定义。然后各小组比较家蚕幼虫、蛹和成虫时期的不同特征，并通过表格形式直观对比，加深印象和理解。

【教师追问】"春蚕到死丝方尽，蜡炬成灰泪始干"是大家耳熟能详的古诗。通过刚才的学习，你觉得有问题吗？

【学生思考】不对。蚕是在幼虫期吐丝，到蛹期就不吐了，不是"到死丝方尽"。

【教师追问】是不是所有的昆虫发育过程都和家蚕一样呢？有区别吗？

【学生思考】应该是不一样的吧。有的知识比较丰富的学生能举出例子来，但很多学生并不清楚。

【多媒体展示】教师播放视频《蝗虫的一生》，结合图片，组织学生组内讨论蝗虫的生殖和发育过程、特点。

【学生活动】各小组通过表格形象直观交流展示家蚕和蝗虫生殖和发育的异同点。教师接着引导学生分析两种发育的不同。进一步引出变态发育包括完全变态发育和不完全变态发育两种不同类型，指出家蚕的发育过程为完全变态发育，蝗虫的发育为不完全变态发育，并给学生图片展示不完全变态发育的昆虫有哪些。完全变态发育的昆虫有哪些等。学生进一步理解内化。

【拓展活动】提供家蚕发育四个时期的彩图，作为素材包提供给班级的每个小组。限时进行 PK 赛，看哪个小组能在最短的时间内准确的组合出家蚕生殖和发育的过程图。适当进行物质和精神奖励。

【活动结果】PK 赛进行得很顺利也很热烈，8 个小组中有 6 个小组能快速准确地组合出家蚕生殖和发育的过程图。另外两个小组有个别小的错误，比如幼虫期和蛹期顺序混乱，不过经过别的小组提醒能立马意识到错误并改正。学生学习热情高涨，进一步加深了对家蚕发育过程的理解。

【课外活动】通过学习，让学生亲自体验养蚕的过程，用图片、视频或文字的方式记录蚕宝宝的生长发育过程。

【具体内容】

1.教师鼓励学生把课上发的蚕宝宝，放进一个干净的纸箱。

2.学生根据饲养过程中产生的或者提前查网络尚不明确的问题，向老师或者专业人员提问。如如何处理蚕砂、如何保温、蚕宝宝蜕皮的时候，需要清理吗、这是处于发育的哪个阶段等，同时展开关于蚕、蚕蛹的营养价值、蚕砂的作用、蚕丝的用途、缫丝的过程等方面的学习。

3.留心观察，用心记录。如幼虫经历4次蜕皮后，身体逐渐变得透明，开始吐丝、结茧。结茧后4天左右，幼虫变成蚕蛹。再经过2周左右，蚕蛹变成蚕蛾，破茧而出。蚕蛾成熟后，雌、雄蚕蛾交配，雌蚕产卵。学生分小组合作观察获知，进行个性化体验，并咨询专家或老师。

4.让学生通过阅读书籍或查阅资料了解蚕宝宝的食物有哪些，知道桑叶、莴苣叶、榆叶都是蚕宝宝的食物，其中桑叶是蚕宝宝最喜欢也是对它最有利的；让学生运用调查的方法，了解自己及周边小区哪里有桑树；学生分享自己的生活经验即在哪里可以找到桑叶及如何区分桑叶和其他叶的不同；向社区中的管理员和养蚕专家进行咨询，解决尚且不明确的问题，在进一步交流和讨论中正确认识桑叶；结合学习的七年级上册叶片的结构，标一标它的结构，知道桑叶的叶柄、叶肉、叶脉等组成。

【项目成果】

学生展示和介绍项目相关作品，蚕宝宝是否变成蚕蛾及产卵。举办"蚕宝宝展示厅"，展示学生的作品及其他相关的项目作品，如蚕宝宝各个阶段的照片、学生养蚕的观察日记、介绍蚕的一生、学生画的桑叶的照片等。让养蚕成功的同学们交流心得体会；让没有成功的同学谈自己的心情，学会热爱生命、珍爱生命。锻炼学生的语言表达能力和感受生命的变化，体会生命的价值和意义。在活动的最后，饲养员可以给参观者们准备塑料盒及新鲜的桑叶，把蚕卵分享给喜欢养蚕的人。

【项目评价】

桑蚕一体的初中生物实验项目化学习评价由过程性评价和终结性评价组成。其中过程性评价是由教师对学生在项目规划、设计、实施和成果展示过程表现的及时评价，终结性评价由相关测试等组成。

**桑蚕一体的初中生物实验项目化学习过程评价表**

| 评价要素 | 评价维度 | | |
|---|---|---|---|
| | A | B | C |
| 项目情境 | 自然贴切，真实情境，能引起学生思考与热情 | 较贴切，引起学生思考，但稍显牵强 | 情境不是真实的，学生兴趣不大 |
| 问题展开方案设计 | 能根据驱动问题一一展示，并进行方案的设计，很完美 | 能思考到几个点，不是很全面，需要老师的帮助 | 自主思考得不多，基本靠老师给设计方案 |
| 项目实施 | 有条不紊，实施步骤清晰，现象明显 | 大部分能实施成功，有个别的实施过程中存在问题 | 不清楚实施步骤，不知道干什么，需要老师一直辅助 |
| 成果展示 | 效果明显，学生展示自信大方，知识和能力都得到提升 | 效果较好，学生能基本上展示出自己的成果 | 学生不自信，因为参与的不多，自己的思路不清晰，没有成果或失败 |